名校名师通识教育
新形态系列教材

U0647157

创业管理

理论、方法与实践

微课版 | 第2版

ENTREPRENEURSHIP

MANAGEMENT

李东进 秦勇 ◎主编

人民邮电出版社
北京

图书在版编目（CIP）数据

创业管理：理论、方法与实践：微课版 / 李东进，
秦勇主编. -- 2版. -- 北京：人民邮电出版社，2024.7
名校名师通识教育新形态系列教材
ISBN 978-7-115-63793-2

Ⅰ．①创… Ⅱ．①李… ②秦… Ⅲ．①大学生－创业
－高等学校－教材 Ⅳ．①G647.38

中国国家版本馆CIP数据核字（2024）第038578号

内 容 提 要

本书以提高读者的创业综合素质为编写宗旨，以帮助创业者解决创业过程中的关键问题为目标，注重理论知识的系统性、内容的新颖性和实用性。本书按照创业过程的逻辑组织相关内容，全书分为 13 章，包括创业概述、创业环境分析、创业者与创业团队、创业类型与创业模式、创业机会、商业模式选择、创业风险、创业计划、创业资源与创业融资、成立新创企业、管理新创企业、大学生创业、典型创业案例与综合实训。

本书提供电子课件、电子教案、教学大纲、习题参考答案等教学资源。

本书适合作为高等院校本科、专科及各类成人高等教育创新创业基础课的教材，也可作为广大创业者的学习参考书。

◆ 主　编　李东进　秦　勇
　　责任编辑　刘向荣
　　责任印制　胡　南

◆ 人民邮电出版社出版发行　　北京市丰台区成寿寺路 11 号
　　邮编　100164　电子邮件　315@ptpress.com.cn
　　网址　https://www.ptpress.com.cn
　　固安县铭成印刷有限公司印刷

◆ 开本：787×1092　1/16
　　印张：14　　　　　　　　　2024 年 7 月第 2 版
　　字数：329 千字　　　　　　2025 年 7 月河北第 2 次印刷

定价：49.80 元

读者服务热线：(010)81055256　印装质量热线：(010)81055316
反盗版热线：(010)81055315

前 言

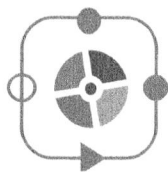

本书第1版自2019年8月出版以来，因内容新颖、理论联系实际，而广受用书教师和学生的欢迎，迄今已重印了十几次，获得了较好的社会反响。近年来，创业管理理论不断发展，创业管理实践也在不断创新，促使我们对本书第1版的内容进行全面的修订。

此次再版，我们在保留原书总体风格和特色的基础上，对篇章结构和内容进行了调整。第2版删去了与管理学课程重复的知识及理论性过强的知识，新增了成立新创企业与管理新创企业的内容，并在全书最后一章新增了创业综合实训。新版教材更新了书中的数据，替换了案例和阅读资料，并针对学习的重点和难点录制了微课，读者通过扫描书中的二维码即可学习。

修订后的教材以创业过程为编写主线，以学以致用为原则，注重案例和实训教学。全书内容可分为5个部分，共计13章。第1部分（第1章和第2章）为创业基础，主要对创业、创业活动及创业环境进行介绍；第2部分（第3章～第9章）为创业实务，内容包括创业者与创业团队、创业类型与创业模式、创业机会、商业模式选择、创业风险、创业计划、创业资源与创业融资；第3部分（第10章和第11章）为创业管理，包括成立新创企业、管理新创企业两章内容；第4部分（第12章）为专题篇，针对大学生创业问题专门进行了阐述；第5部分（第13章）为综合应用篇，分析了4个典型的创业案例，并设计了创业综合实训。

第2版教材在编写体系方面进行了创新，将数字化教学资源与纸质教材整体进行同步建设和设计，提供了丰富的配套教学资源，包括PPT授课课件、补充教学案例、教学大纲、电子教案、题库、课后习题答案、辅助教学视频、补充阅读资料等，并将持续更新。

党的二十大报告指出，"实施就业优先战略""完善促进创业带动就业的保障制度，支持和规范发展新就业形态"。本书全面贯彻党的二十大精神，注重对学生创业能力和创新思维的培养，并积极倡导学生的社会责任意识。

本书由李东进、秦勇担任主编，梁丽军、于洁、马婧、张黎参编。本书在编写过程中得到了南开大学商学院众多校友的大力支持，他们从创业实践的角度对本书的写作给予了指导，在此深表感谢。本书参考了众多专家、用书教师和读者的宝贵建议，在此表示诚挚的谢意！

鉴于编者学识有限，书中难免存在不足之处，敬请各位老师和读者批评指正。

作者

2024年5月于南开园

目 录

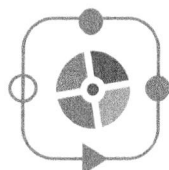

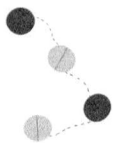

第1章 创业概述

📖 **本章导读**

创业活动始于创业者与创业机会的匹配，是创业者对资源进行优化整合，从而创造更大经济价值或社会价值的过程。本章主要讲述创业的含义、创业活动的基本特点和特殊性、创业的基本要素、创业的过程及创业各阶段的主要任务等内容。通过对本章的学习，我们可对创业及创业活动有一个基本的了解和认识，以便为后继章节的学习奠定基础。

📚 **知识结构图**

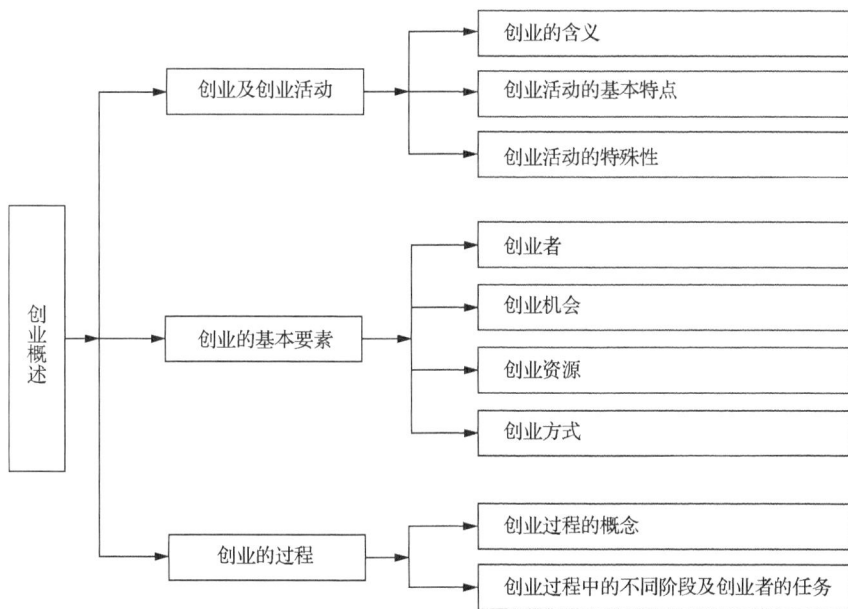

📓 **开篇引例**

蜜雪冰城的创业故事

近年来，蜜雪冰城成为家喻户晓的茶饮品牌，在很多城市的销量都是名列前茅。但是很多人想象不到，蜜雪冰城原本只是一家普普通通的刨冰店。

通过创始人张红超的创业历程，我们来了解一下蜜雪冰城的传奇故事。

张红超在商丘长大，由于家境贫寒，他读完初中就开始创业了，第一个创业项目是在家养兔子。16岁时他前往郑州，想从事销售方面的工作，但因学历太低，并没有得偿所愿，因此他选择了自学考试，除提升学历以外，也想学习一些东西，开阔自己的眼界。

有一次他回商丘时，发现了南方传过来的新产品：刨冰。试吃后，他感觉这个产品非常有潜力。当时在郑州做刨冰的并不多，他觉得这是个很好的机会，于是马上拜师学习制作刨冰。

他的刨冰店每个月能赚几千元，但是刨冰这种产品受季节影响太大。一年只能卖几个月，空余的时间他就去做销售。

这期间，他到处调研茶饮市场，发现冰淇淋销量非常好，但是价格非常贵，当地的"彩虹帽"冰淇淋卖到了十元，而成本只要两元。如果能卖平价且口感不打折扣的冰淇淋，市场会非常大。于是他记下冰淇淋的配料表，去跳蚤市场买了大量的原料，自己研究制作冰淇淋。

张红超凭借自己做刨冰的经验，很快就做出了平价冰淇淋，一款爆品就这样诞生了。但是一个人一家店，局限太大。于是他发动身边的亲戚朋友，开始了连锁经营。慢慢地，蜜雪冰城成了全国知名品牌，也带动了一批人共同富裕。

资料来源：知乎。

1.1 创业及创业活动

在创业的道路上，提前学习和了解必要的创业知识，认识创业的本质以及在创业过程中可能遇到的各种风险、困难和挑战，对于创业者而言具有非常重要的意义。

1.1.1 创业的含义

"创业"一词由来已久。《孟子·梁惠王下》中就有"君子创业垂统，为可继也"；诸葛亮在《出师表》中写道，"先帝创业未半而中道崩殂"。这里所指的创业与现代社会中我们所普遍理解的创业的含义有着较大的区别，多指"事业的基础、根基"，如《辞海》对其的解释就是"创立基业"。

如今，创业被普遍用于描述开创某项新事业的活动，与其联系最多的词汇往往是"开始、创建、创造；新事业、新企业、新产品、新市场"等。此外，与之相联系的还有"追逐机会、风险承担、追逐利润、价值创造等"，如表1-1所示。

表1-1 创业定义中包含的关键词

序号	对创业定义的不同理解
1	开始、创建、创造
2	新事业、新企业
3	创新、新产品、新市场
4	追逐机会
5	风险承担、风险管理、不确定性
6	追逐利润、个人获利
7	资源或生产方式的新组合
8	管理
9	统率资源

续表

序号	对创业定义的不同理解
10	价值创造
11	追求成长
12	活动过程
13	已有企业
14	首创活动，做事情、超前认知与行动
15	首创变革
16	所有权
17	责任、权威之源
18	战略形成

资料来源：Morris M，Lewis P，Sexton D. Reconceptualizing Eutrepreneurship:An Input-output Perspective. *SAM Advanced Management Journal*，1994，Winter 1:21-31.

由表1-1不难看出，由于理解问题的角度不同，人们为创业所下的定义也有较大的差异。常见的有以下几种定义。

"创业是一个发现和捕捉机会并由此创造新颖的产品或服务和实现其潜在价值的过程。"

"创业是一种无中生有的过程，是创业者依自己的想法及努力工作来开创一个新公司，包括公司的创立、组织中新单位的成立，以及提供新产品或者新服务，以实现创业者的理想。"

"创业是创业者通过发现和识别商业机会，组织各种资源，提供产品和服务，以创造价值的过程。"

"创业是一种创建企业的过程，或者说是创建企业的活动。"

"个人或群体为了改变现状、造福后人，依靠自己的力量创造财富的艰苦奋斗过程。"

"创业是一种思考、推理和行为方式，这种行为方式是机会驱动、注意方法和领导平衡。创业导致价值的产生、增加、实现和更新，不只是为所有者，也是为所有的参与者和利益相关者。"

"创业是不拘泥于当前资源条件的限制而对机会的追寻，将不同的资源组合以利用和开发机会并创造价值的过程。"

……

尽管上述创业的定义描述各异，但归纳起来，可概括为以下几点。

首先，创业是一个创造价值的过程；其次，创业是一项创新的过程；再次，创业是一种承担风险的过程；最后，创业还是一个创造财富的过程。

综合以上观点，本书将创业定义为：创业者为追求人生理想和财富，通过投入各种资源要素，组建新组织，提供新产品或新服务，从而开创新事业的成长过程。

1.1.2 创业活动的基本特点

创业活动不同于一般的商务或管理活动，有着自身的特点。南开大学张玉利教授（2005）通过对众多创业活动的研究，总结归纳出创业活动具有以下几个基本特点。

1. 机会导向

创业活动的显著特点是机会导向。机会的最初状态是未精确界定的市场需求，或者未得到利用或充分利用的资源和能力。创业活动的机会导向进一步决定了创业活动的顾客导向，这也是创业与发明、创新不同的重要环节。要识别创业机会，就必须深入理解顾客需求，对顾客的需求做细致入微的研究分析，这不同于简单的市场细分，而是要把握顾客的本质需求。有调查显示，大多数成功的创业者往往是那些对顾客有深入了解的人，他们创建的新事业往往是对原来工作的升华，是在原来工作基础上的创新，他们对顾客需求的感知是在长期工作中的认真思考。

2. 创造性地整合资源

创业的实质是资源整合。创业活动强调在资源不足的情况下把握机会，这并不等同于不重视资源；相反，这样的定义恰恰是在提醒创业者必须创造性地整合资源。对于创业者来说，资源的种类很多，自身所具备的知识、社会关系网络、专长、组织领导才能、沟通能力、对市场和顾客需求的洞察能力等都可能成为有助于其创业成功的重要资源。资源流动是经济全球化的重要特征，资源整合可以突破空间、组织和制度等方面的限制，而在更加广阔的范围内开展，这也是创业活动活跃的重要原因。要成功地整合资源，创业者必须有创新的思维，要兼顾各方利益相关者的利益，达到多赢、共赢。

3. 价值创造

创业活动的机会导向和顾客导向的实质是创造价值。价值创造意味着要向顾客提供有价值的产品和服务，透过产品和服务使顾客的需求得到实质性的满足。例如，20多年前，奇瑞推出迷你型的QQ汽车，让顾客以更低的购车门槛实现了拥有家庭轿车的梦想。奇瑞的QQ汽车累计销量突破了150万辆，取得了巨大的成功。此外，价值创造强调的是对社会和经济发展的贡献，强调对人们物质和精神生活的丰富，只有突出价值创造的创业活动才有生命力。

4. 超前行动

创业活动的机会导向特征决定了创业活动必须突出速度，并做到超前行动。机会都具有时效性，甚至可能稍纵即逝，持续存在的事件往往不是机会，至少是创业者无法在短期内把握的机会。在现实生活中，创业者一旦有了创业的想法，往往会在比较短的时间里快速付诸实施，他们在实践中不断摸索、改进，寻求发展。在许多情况下，进行周密的市场调查，制订严密的工作计划和严格的预算等，是大企业的做法，并不适合创业者创业。

5. 创新和变革

创业的本质是创新，是变革。在现实生活中，我们身边大多数的创业行为，往往都是在做别人已经做过的事情。但创业绝不是单纯的模仿，它要求创业者有创新思维，善于发现新的市场机会并果断采取行动将设想付诸行动。例如，海尔不是第一家生产冰箱的企业；格力也不是第一家生产空调的企业；在华为进军智能手机市场之前，三星公司和苹果公司的产品早已销往全球；巨人推出脑黄金的时候人们早就知道保健品是什么。上述企业都不是行业的开创者，但却取得了非凡的成就。这些成就取得的背后是不断的创新和变革，这其中不仅包含技术创新与变革，还包括制度和管理的创新与变革。

1.1.3　创业活动的特殊性

概括起来，创业活动的特殊性主要表现在以下几个方面。

1. 创业活动的成败与创业者的个人能力高度相关

创业活动能否取得成功在很大程度上取决于创业者的个人能力。长期经营的企业，管理相对规范，各部门各司其职就能使企业正常运营。但创业不同，尤其是在创业的初期，离开了创业者，所有的创业活动几乎都无法顺利进行。从融资到团队管理，从开拓市场到日常运营，都需要创业者亲力亲为。一旦因创业者的能力不足，在某个环节出了问题，创业失败的概率就会大增。大量的创业案例充分验证了这一点。因此，人们常把企业的成功归结为创业者的努力，将创业者视为企业的象征。就像任正非之于华为、马云之于阿里巴巴、雷军之于小米那样。

2. 创业活动是创业者不断摸索的过程

创业是开创新事业，实现从无到有的过程。因掌握的资源不同、所处的环境不同、创业的项目不同等诸多差异，每一个创业活动都是独一无二的，每一位创业者所面临的问题也都是不同的。因此，没有放之四海而皆准的创业真理适用于所有的创业者，也没有可供创业者完全照搬的所谓成功经验。在大多数情况下，创业者只能"摸着石头过河"，在创业活动的实践中不断摸索获取成功的路径。

3. 创业活动具有较高的不确定性

与一般商业活动相比，创业活动具有更高的不确定性，其原因主要有以下三点。一是创业资源有限、创新的产品或服务还不为市场所熟悉，创业者的创新想法还有待验证。二是因缺乏市场的检验，目标客户是否能成为创业企业真正的客户还是未知。三是变化的环境使创业者很难做出精准的预测，同时由于缺乏长期、稳定的运营历史，创业企业制定的目标与计划缺乏必要的依据，容易导致目标不切实际，计划难以实施。

4. 创业活动具有较高的失败率

由于受多种不确定因素的影响，创业活动的失败率远高于成功率，甚至可以说是九死一生。创业失败是大概率事件，放眼全球皆是如此。据《财富》杂志公布的数据，全球范围内创业失败率高达70%，中国创业者首次创业失败的概率在90%以上。但失败是成功之母，创业失败并不意味着创业者的失败。很多商界领袖在成功之前都有过多次创业失败的经历，如华为的任正非、三一重工的梁稳根，他们的创业过程都不是一帆风顺的，不过最后都取得了巨大的成功。但创业失败率高的事实是客观存在的，创业者在创业之前必须做好接受失败的心理准备。

1.2 创业的基本要素

创业是一项艰苦的事业，也是一个复杂和复合的系统，需要很多的前提、条件、资源和要素。创业是需要在充分发挥创业者个人素质和能力、集合团队人力资本的智慧、有足够的资金支撑和人脉关系的基础上，通过创业目标的指引，才能完成的过程。可以说，创业者、创业机会、创业资源和创业方式构成了创业的基本要素。[①]下面就从这四个方面展开进行介绍。

微课堂

创业的基本要素

1.2.1 创业者

创业者是创业的主体要素，是创业活动的发起者，也是创业目标的制定者、创业过程的组织者和创业结果的承担者。1800年，法国经济学家萨伊（Say）首次给出了创业者的定义。萨伊将创业者描述为将经济资源从生产率较低的区域转移到生产率较高区域的人，并认为创业者是经济活动过程中的代理人。当前，国内外学者将创业者的定义分为狭义和广义两种。狭义的创业

---

① 刘志阳，李斌，任荣伟，等. 创业管理. 上海：上海财经大学出版社，2016.

者是指参与创业活动的核心人员，广义的创业者是指参与创业活动的全部人员。在创业过程中，狭义的创业者将比广义的创业者承担更多的风险，也有可能获得更多的收益。

创业是一项极具风险性的活动，其成功与否不仅与创业环境密切相关，而且还与创业者本身的素质有直接的关系。创业活动的成败在很大程度上取决于创业者的个人素质。这其中，心理素质、身体素质、知识素质和能力素质是创业者应具备的最为关键的基本素质。

创业活动可以由个人发起，也可以由团队发起，所以对创业团队的研究也不能忽视。相对于个人创业来说，团队创业往往拥有更多的创业资源和社会网络，能够实现单个创业者难以达成的创业目标。因此，团队创业越来越受到人们的重视和关注。

1.2.2　创业机会

创业的成功或许有一些偶然的因素，但不能将这些偶然因素归结为所谓的运气。事实上，只有那些勇于冒险并善于把握机遇的创业者才更能成为最后的胜利者。

1. 创业机会的定义

创业机会属于广义商业机会的范畴，但又不同于一般的商业机会。创业机会在于能经由重新组合资源来创造一种新的目的与手段（服务什么以及如何服务）间的关系。有关创业机会的定义很多，如美国百森商学院的杰弗里·迪蒙斯（Jeffry A. Timmons）教授认为，创业机会是可以为购买者或者使用者创造价值或增加价值的产品或服务，它具有吸引力、持久性和适时性。英国雷丁大学的卡森教授则认为，创业机会是可以引入新产品、新服务、新原材料和新组织方式，并能以高于成本价的价格出售的情况。

相比较而言，纽约大学的伊斯雷尔·柯兹纳（Israel M. Kirzner）教授的定义则要更为全面一些。柯兹纳认为，创业机会是未明确的市场需求或未充分使用的资源或能力，它不同于有利可图的商业机会，其特点是发现甚至创造新的"方法—目的关系"来实现创业价值，对于"产品、服务、原材料或组织方式"有极大的革新和效率的提高。

2. 创业机会的分类

创业机会的分类方法很多，下面简要介绍按照创业机会来源和"目的—手段关系"的明确程度两种标准进行的分类。

（1）根据创业机会的来源分类

按照创业机会的来源进行分类，创业机会分为问题型机会、趋势型机会和组合型机会三种。

问题型机会是指现实中存在的未被解决的问题所产生的一类机会，如罗红创办好利来蛋糕店就源于此。1990年，身在四川雅安的罗红为了给妈妈过生日，寻遍了整个城市也没能买到生日蛋糕，由此萌生了开一家蛋糕店的想法。

趋势型机会是指在变化中看到未来发展的方向，预测将来的潜力和机会。[①]这种机会一般容易产生在环境动荡的时期，如经济变革、政治变革、人口变化、社会制度变革、文化习俗变革等。美国米勒啤酒公司就是基于对消费者饮用啤酒习惯变化的前瞻性预测，率先成功推出了口味清淡的啤酒，一举占领了全国市场。

组合型机会是指将现有的两项以上的技术、产品、服务等因素组合起来，通过实现新的

---

① 马修斯. 创业测试. 北京：中国人民大学出版社，2004.

用途和价值而获得的创业机会，如风靡全球的芭比娃娃就是一个典型的成功案例。

（2）根据"目的—手段关系"的明确程度分类[①]

根据目的—手段关系的明确程度，创业机会分为识别型机会（目的—手段关系明确）、发现型机会（目的—手段中有一方不明确）和创造型机会（目的—手段均不明确）三种类型，如表1-2所示。

表1-2 创业机会类型

"目的—手段"关系	目标明确	目标不明确
手段明确	识别型机会	发现型机会
手段不明确	发现型机会	创造型机会

识别型机会是指当市场中的目的—手段关系十分明显时，创业者可以通过目的—手段关系的连接来识别机会。例如，当供求之间出现矛盾或冲突，供给不能有效地满足需求或者根本无法实现需求时，创业者简易识别出其中存在的新的机会。常见的机会类型大都属于这一类型。

发现型机会指目的或手段中任意一方的状况未知，等待创业者去发现机会。而创造型机会指的是，目的和手段皆不明确，因此创业者要比他人更具先见之明，才能创造更有价值的市场机会。

在商业实践中，这三种类型的创业机会有可能同时存在。一般来说，识别型机会多处于供需尚未平衡的市场，创新程度较低，这类机会并不需要太繁杂的识别过程，只要拥有较多的资源就可以进入市场获利。而创造型机会的把握非常困难，它依赖于新的目的—手段关系。创业者拥有的专业技术、信息、资源规模往往都相当有限，因此需要具有创造性资源整合能力和敏锐的洞察力，同时还需要承担巨大的风险。而发现型机会最为常见，也是目前大多数创业研究的对象。

3. 识别创业机会的常见方法

创业机会无处不在，但很少有人能够真正抓住它。因为这不仅需要我们有一双发现机会的慧眼，而且还需要我们在发现机会时有能够迅速采取正确行动的能力。正如马克·吐温所说的："我极少能够看到机会，往往在我看到机会时，它已不再是机会了。"由此可见，成功的创业者的确在某些方面具有常人所不具有的一些禀赋。随着研究的不断深入，人们发现其实创业机会的识别是有一定的规律和技巧的，掌握一些必要的有关创业机会的知识，虽然不能保证发现创业机会，但却能给人们的行动提供有益的思路和指导。

识别创业机会的方法很多，如通过调查发现机会、通过系统分析发现机会、从顾客建议中发现机会以及通过创造获得机会等。本书将在后续章节中专门讲述创业机会，在此不做详述。

┃ **阅读资料1–1** ┃

迪士尼的卡通创意

当年，年轻的美术设计师迪士尼因为经济拮据，与太太租住在一间破漏的屋子里。无

[①] 张玉利. 创业管理. 北京：机械工业出版社，2010.

论白天黑夜，都有成群结队的老鼠在房间里上蹿下跳，疲于奔命的迪士尼夫妇也常借着老鼠滑稽的动作慰藉自己。

一天，因付不起房租，他们被房东赶了出来。穷困潦倒的年轻夫妇只好来到公园，坐在长椅上暂度时光。太阳开始西沉，夜幕即将来临，迪士尼夫妇几乎感到穷途末路。这时，从迪士尼的行李包里忽然伸出一个小脑袋，原来那是他平时最喜欢逗玩的一只老鼠，想不到一只小老鼠也有点儿人情味，跟着他们一起离开了公寓。迪士尼望着老鼠那滑稽的面孔，脑海里忽然冒出一个前所未有的创意，他惊喜地叫了起来："对啦，世界上像我们这样的穷人一定不少，他们也得有自己的快乐，让可爱的老鼠逗他们开心吧。"

第二天，迪士尼便开始了别出心裁的创作，不久，一个可爱的"米老鼠"（Mickey Mouse）卡通形象来到人间，一家公司老板慧眼识珠，特邀迪士尼合作，制作米老鼠卡通连环画和电影。

迪士尼靠"米老鼠"开始了自己的创业生涯。

1.2.3　创业资源

创业资源是指创业活动所需的各种要素和支撑条件。在创业过程中，创业者不仅要广泛地获取资源，更要善于利用这些资源。根据林嵩（2007）的观点，创业资源可分为间接资源（间接支持创业企业发展的资源）和直接资源（直接参与生产过程的资源）两大类。其中间接资源又可细分为政策资源、信息资源和科技资源；直接资源可划分为资金资源、管理资源和人才资源，如图1-1所示。

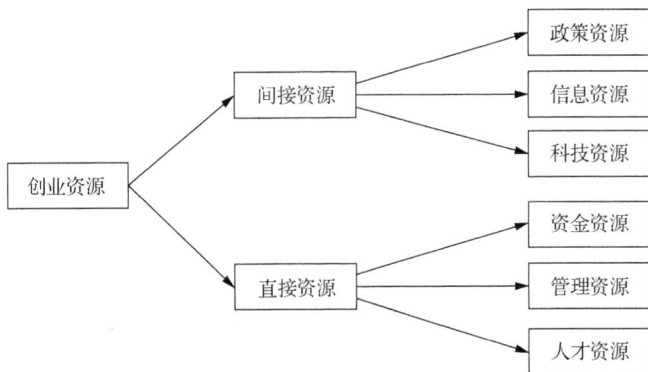

图1-1　创业资源划分

资料来源：林嵩. 创业资源的获取与整合——创业过程的一个解读视角. 经济问题探索，2007（6）：166-169.

创业资源是创业者开展创业活动不可或缺的条件。创业企业为了提高创业绩效、促进企业成长，必须获取其所需的创业资源。

1.2.4　创业方式

目前，学术界对创业方式的定义并未形成共识。但一般认为创业方式是创业者对各种创业要素所进行的合理搭配与整合。创业方式可依据不同的标准划分为多种类型。例如，根据创业动机的不同，创业方式分为生存型创业和机会型创业；根据创业主体的不同，创业方式分为个人独立创业和合伙创业或团队创业；根据创业时代特征的不同，创业方式分为新兴创业和传统创业；根据创业组织的不同，创业方式又可分为新创企业创业、公司创业和家族企业继承创业等。

到底选择何种创业方式，主要取决于创业者所面临的环境、所拥有的资源和创业的理想与意愿。但无论如何，创业者都应实事求是，合理选择创业方式，以便充分发挥自身优势，扬长避短，以最大限度地促成创业活动的成功。

1.3 创业的过程

创业是一项高度复杂的动态的管理活动。在创业的不同阶段，创业者要面临不同的任务与挑战，尤其是在创业之前，必须做好充分的准备，并对创业的风险有一个清醒的认识。

1.3.1 创业过程的概念

创业过程的概念有广义和狭义之分。广义的创业过程通常是指创业者通过对创业机会的识别形成创业决策，并创建新创企业，以及对新创企业进行管理的过程。而狭义的创业过程仅指新企业的创建。显然，广义的定义更能反映创业活动的实际过程。因此，本书下面将从广义的角度来对创业的过程进行介绍。

> **阅读资料1-2**
>
> ### 农村进城务工人员返乡创业　卖山货闯致富路
>
> 农历八月，正是野果八月炸成熟收获的季节，保康县马良镇峡峪河村四组村民张道虎，每天都会到自己打造的"百果园"里，查看八月炸的长势。丰收在望，他总是满脸堆笑。
>
> 八月炸，一种深山野果，学名预知子，可入药，因外形呈肾状，又被称为"中华肾果"或"土香蕉"，可直接食用，味美香甜。
>
> 9月底，八月炸将全面采摘，但是，尚未到9月底，就已有20多名客商通过微信向张道虎预订。"装果子的纸箱我已经从网上买回来了，就等果子落地，装箱邮寄了。"
>
> 峡峪河村距离马良镇中心有十几公里远，全是盘山弯道。每次邮寄水果，张道虎骑着摩托车，前往镇上的快递网点，一个来回需要3个小时。
>
> "客商都是熟人介绍的，主要通过QQ和微信与我联系，有广东的，还有新疆的，总之天南海北的都有。"张道虎说，"八月炸基本都是野生的，季节性强，所以很抢手。预计收获三四百千克，纯收入五六千元不成问题。"
>
> 聊起为啥卖野果，张道虎说，是因为瞅准了未来的健康养生产业。
>
> 张道虎因为家境贫寒，勉强读完高中就辍学了。2000年春，他前往广东打工，先后在玩具厂、五金厂、服装厂当工人。张道虎结识了五湖四海的工友，每年回家探亲，他总会带老家的茶叶、木耳、香菇、熏腊肉、炸胡椒、苞谷饼等土特产回广东，与工友们分享。不少工友觉得东西很好吃，就出钱买，让他从老家邮寄过来。
>
> 转眼到了2016年春，张道虎的孩子要上学，他决定回乡创业，既增加收入，又照顾亲人。
>
> "既然野果和土特产受欢迎，而且是绿色食品，就搞网上销售吧！"2016年秋，张道虎辞工回家，开始在山林里穿梭，采摘成熟的八月炸。两个月时间卖出250千克果子，收入4000多元。这更加坚定了他创业的信心。

经过一年的打拼，张道虎将自家的3亩山坡地改造成了"百果园"，里面种了八月炸、枣子、柿子、野葡萄、辣椒、魔芋等。

"我还发展了五六家农户，采摘、加工臭豇豆、野笋干、苞谷饼等，都是传统手工制作。"张道虎说，"一家致富不算富，还要拉着乡亲们一起干。"

张道虎算了一笔账，光卖野果和土特产，一年他就能赚3万多元。

现在，他又琢磨着注册"峡峪河村土特产"商标，成立专业合作社，发动更多农户加入，把深山美味推向全国。

资料来源：襄阳党建网。

1.3.2 创业过程中的不同阶段及创业者的任务

完整的创业过程包括自我评估、识别创业机会、选择和组建创业团队、制订创业计划、创办新企业和管理新创企业这六大阶段。在不同的创业阶段创业者的任务如图1-2所示。

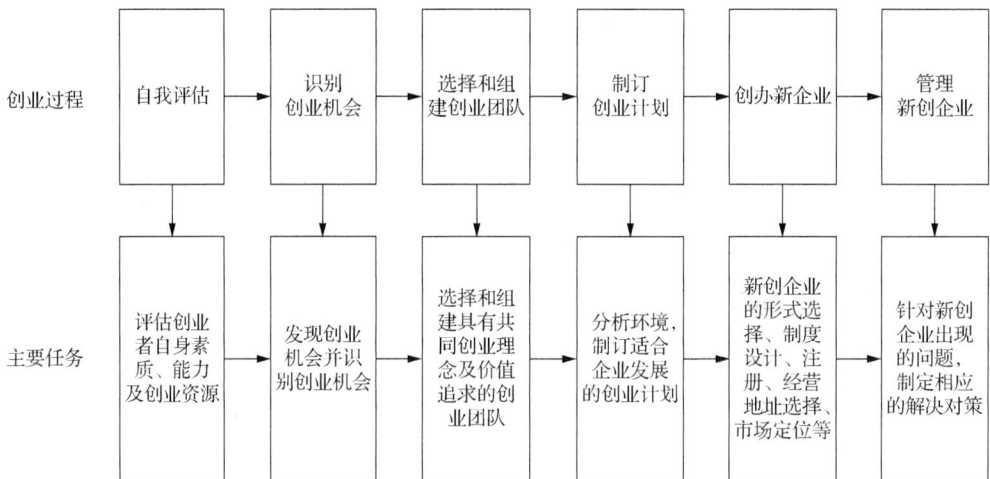

图1-2 创业过程中的不同阶段及任务

1. 自我评估

自我评估是创业过程的起点，是创业的首要环节。创业者要全面客观地评价自己，判断自己是否在心理和身体方面做好了准备，是否具有坚毅的性格和永不放弃的精神，是否掌握了创业所需的必要资源和人脉，是否具备整合资源以及创办和经营企业的基本能力等。

2. 识别创业机会

创业过程中的第二个阶段是识别创业机会。在这个阶段，创业者要发现市场机会、分析市场竞争状况、评估市场风险、预测创业价值并对自身的创业条件以及创业时机等进行评估和分析。在这个阶段，发现机会并对机会进行合理评估是最为关键的环节。例如，360公司敏锐发现免费杀毒软件的市场机会，采用免费的商业模式，颠覆了传统互联网安全的概念，改变了市场格局，迅速成长为中国最大的互联网安全服务提供商。

3. 选择和组建创业团队

创业过程中的第三个阶段是选择和组建创业团队，这是创业过程的核心环节之一。创业活动的复杂性决定了大多数的创业活动很难仅凭创业者个人努力就能完成。因此，选择和组建具有共同创业理念和共同价值追求且又具备技能互补的创业团队尤为关键。合理地组建创业团队，不仅能够避免由于创业者个人的认识偏颇所造成的风险，而且还有助于集思广益，做出科学决策，以及有效整合资源将创业企业做大做强。

4. 制订创业计划

创业计划是创业活动的行动指南，它决定了创业的方向，规划了实现创业目标的具体行动方案。在制订创业计划时，创业者要充分考虑自身的优势与劣势，要分析外部环境所带来的机会与威胁。另外，创业计划要具有可行性和可预见性。创业者要从众多的方案中选择最优方案，从而使创业资源得到合理、有效的利用。

5. 创办新企业

企业是创业行为的产物，是实现创业活动目标的载体。创办新企业是创业活动的重要组成部分，创办新企业之前，创业者需要做好资源整合工作，即整合创业所需的人、财、物等基本要素。这一阶段的具体工作包括新创企业的形式选择、新创企业的制度设计、新创企业的注册、经营地址的选择、新创企业的市场定位等。

6. 管理新创企业

在创办新企业之后，创业者接下来的任务就是进行新创企业的管理。在此阶段，往往会出现以下三大亟待解决的问题。

一是资金紧张，市场开拓不畅。创立初期，创业者往往会低估企业对现金和经营资金的需求，这与创业者过于乐观、目标制定得过高有关。另外，企业在初创期，各方面都需要较大的投入，尤其是当销售快速增长时，为支持这种增长，就需要大量的资金，这时初创企业难免会遇到资金周转方面的困难。此外，由于新创企业缺乏市场开拓经验，面对瞬息万变的市场环境，往往行动滞后，处处被动，从而导致市场开拓不顺，市场局面难以打开。

二是制度有待完善。企业创立初期，许多制度还不尽完善。有不少问题是伴随着经营活动而不断产生的。因此，企业要不时面对毫无准备的各种例外情况，如客户投诉、员工消极怠工、竞争对手恶意竞争、经销商不履行承诺等。这些问题很难在企业初创时都考虑到，这时创业者应不断积累经验和教训，找到最佳的解决办法，并据此制定相应的规章、制度，以便今后方便地处理类似的问题。

三是因人设岗。初创期的企业，由于经营规模普遍较小，很多人的角色是重叠的。例如，一个小餐馆的老板可能既是所有者、管理者，同时又是采购员、服务员、会计兼出纳，甚至还会是厨师。这时企业是围绕人而不是围绕工作本身进行组织建设的。随着企业规模的扩大，创业者的精力和能力都不再适应现有的经营需求，需要适度放权或进行组织再设计，因事设人。如果创业者不能很好地接受这种角色的转变，很可能使企业的发展遇到严重的瓶颈。

针对以上问题，在新创企业的管理过程中，创业者应重点做好以下方面的工作。

一是要加强财务管理工作，多方筹措资金，并加强成本控制，在预算的限定下开展经营活动。二是新创企业要将资源优先投入市场开拓活动，要在最短的时间内迅速打开市场。如果市场开拓不力，新创企业就很难生存和发展下去。所以在创业初期必须把市场营销工作作为企业的管理核心。三是完善各项管理制度，注重职能管理。初创企业管理往往比较粗犷，管理的权力较为集中。创业者主要依靠人格魅力和个人权威进行管理，这在组织规模较小、企业业务较为简单时尚能适用，一旦企业规模扩大或业务变得复杂，必然会出现创业者有心无力的情况。因此，新创企业应尽早完善各项管理制度，充分发挥管理的计划、组织、领导和控制职能，规范各项管理工作，努力做到工作有计划、组织有保障、领导有力度、控制有标准，使新创企业的管理逐渐步入正轨。

本章习题

一、单选题

1. 不少成功的创业者和企业家往往都具有（　　）。
  A. 良好的教育条件　　　　　　　　　　B. 经商家庭的影响
  C. 深厚的政府关系　　　　　　　　　　D. 对成功的强烈愿望

2. 创业活动的机会导向和顾客导向的实质是（　　）。
  A. 整合资源　　　B. 创造价值　　　C. 变革和创新　　　D. 超前行动

3. （　　）是指现实中存在的未被解决的问题所产生的一类机会。
  A. 问题型机会　　　B. 趋势型机会　　　C. 识别型机会　　　D. 创造型机会

4. 下列说法不正确的是（　　）。
  A. 创业者必须进行市场调查，善于发现和捕捉市场机会
  B. 创业资金不是万能的，但没有资金是万万不能的
  C. 创业要成功必须依靠国家政策支持
  D. 要使创业构想要变为实践，创业者必须具备相关知识技能

5. 创业活动的首要工作是（　　）。
  A. 管理新创企业　　　B. 识别创业机会　　　C. 机会开发　　　D. 创业活动反思

二、多选题

1. 创业定义中包含的关键词有（　　）。
  A. 追逐机会　　　B. 管理　　　C. 价值创造
  D. 所有权　　　E. 统率资源

2. 成功的创业应该具备的特点主要有（　　）。
  A. 机会导向　　　B. 价值创造　　　C. 超前行动
  D. 顾客导向　　　E. 财富导向

3. 企业创立初期出现的非正常现象主要有（　　）。
  A. 过早授权　　　　　　　　　　　B. 过早制定规章制度和工作程序
  C. 创业者丧失控制权　　　　　　　D. 刚愎自用，不听取意见
  E. 短期内现金支出大于收入

4. 下列属于创业基本要素的有（　　）。
  A. 创业机会　　　B. 创业者　　　C. 创业目标
  D. 创业资源　　　E. 创业方式

5. 创业过程可以划分为以下哪几个阶段？（　　）
  A. 激发大众创业　　　B. 识别创业机会　　　C. 机会开发
  D. 创业活动反思　　　E. 管理新创企业

三、名词解释

1. 创业　2. 发现型机会　3. 识别型机会　4. 创业方式　5. 广义的创业过程

四、简答及论述题

1. 创业活动的基本特点有哪些？

2. 影响创业机会识别的主要因素有哪些？

3. 创业活动的特殊性主要体现在哪几个方面？

4. 企业在初创阶段，往往会出现哪几个方面的问题？

5. 试论述在不同的创业阶段创业者所要承担的任务。

====== 案例讨论 ======

"老干妈"陶华碧的创业经

贵阳南明老干妈风味食品有限责任公司的董事长陶华碧，1947年出生于贵州省湄潭县一个偏僻的山村。为了生存，1989年，陶华碧用省吃俭用积攒下来的一点钱，在贵阳市南明区龙洞堡的一条街边，用四处捡来的砖头盖了个简陋的"实惠餐厅"，专卖凉粉和冷面。

为了赢得顾客，陶华碧苦思冥想，琢磨出了别人没有的独到的"绝点子"：别人不过是加点胡椒、味精、酱油和小葱等材料，她特地制作了专门拌凉粉的麻辣酱。这个点子一实施，生意果然十分兴隆。有一天，陶华碧没有准备麻辣酱，顾客听说没有麻辣酱，居然都转身走了。她不禁感到十分困惑：难道来我这里的顾客并不是喜欢吃凉粉，而是喜欢吃我做的麻辣酱？机敏的她一下就发现了麻辣酱的潜力，从此潜心研究起来……经过几年的反复试制，她制作的麻辣酱味道更加独特了。很多顾客吃完凉粉后，还要掏钱买一点麻辣酱，甚至有人不吃凉粉，专门来买她的麻辣酱。她不禁喜上眉梢：有这么多人爱吃我的麻辣酱，我还卖什么凉粉，不如专卖麻辣酱。

1996年7月，陶华碧借用南明区云关村村委会的两间房子，招聘了40名工人，办起了食品加工厂，专门生产麻辣酱。她当上老板后，知道管好工厂要靠管理，搞好管理需要懂管理知识，可她从没有学过，怎么管呢？一番苦思冥想后，她认准了一个"管理绝招"，那就是：苦活累活我都亲自干，这样工人们就能跟着干，如此还怕搞不好？

可是，大批麻辣酱生产出来后，当地的凉粉店根本"消化"不了。陶华碧又亲自背着麻辣酱，送到各食品商店和单位食堂进行试销。没想到，这种办法的效果还真不错。不过一周的时间，那些试销商便纷纷打来电话，让她加倍送货。她的麻辣酱很快就在贵阳市站稳了脚跟。这时，精明的陶华碧扩大了规模，注册了公司，正式创建了贵阳南明老干妈风味食品有限责任公司。

思考讨论题：

1. 陶华碧的创业经历对我们有哪些启示？

2. 结合本案例，试分析影响创业成功的关键因素。

第2章 创业环境分析

本章导读

　　创业环境是创业者在开展创业活动之前要考虑的首要因素，创业环境的好坏在很大程度上决定了创业活动的最终成败。本章主要讲述创业环境的含义与类型、环境对创业的影响、创业环境的评价方法以及企业孵化器的相关内容，其中环境对创业的影响和创业环境的评价方法是本章的学习重点。

知识结构图

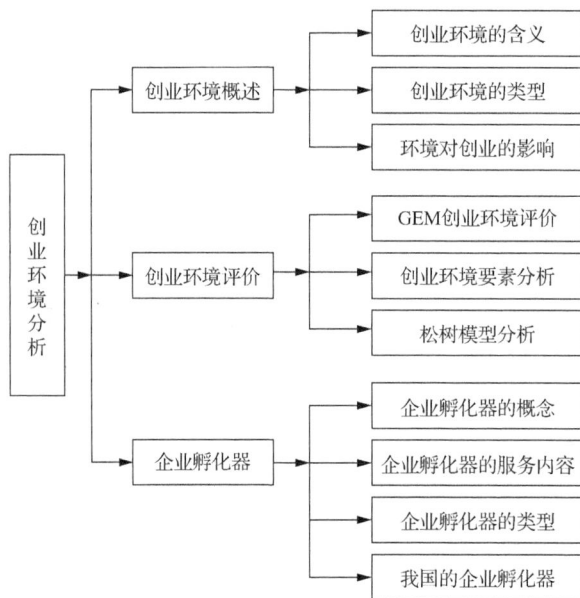

开篇引例

大学生返乡创业回馈家乡

　　对于长春工业大学毕业生杨永奇来说，返乡创业是他不断前行的动力，也是回馈家乡和施展抱负的情怀所依。

　　毕业之后，杨永奇没有选择到大城市工作，而是把"诗和远方"留在了家乡双辽市。

杨永奇的择业、就业之路并非一帆风顺。"我大学时学的是土木工程专业，当时专业的对口性强，工作并不好找。"一次次求职失败，深深刺痛了杨永奇。

互联网技术的兴起，让杨永奇看到了希望。他开始不断参加各类互联网技术和软件开发培训和活动来积累知识经验，为自己实现创业梦想做充分准备。

他认识到，技术并不代表需求，技术再好，没有需求市场，得不到市场的认可也是枉然。他探索着把技术转化为产品，寻找志同道合的朋友合作，多方筹措资金成立公司，尝试着把技术转化为产品。

正在他苦于没有合适的创业地点大展拳脚的时候，一条信息引起了他的注意："双辽市创业联盟协会诚招高校毕业生入驻创业就业服务大厦。"这则信息激发了他的灵感，与其在大城市夹缝中求生存，不如在小城市里寻求一丝发展希望。

杨永奇马上着手进行市场调研。经过调研，他发现互联网技术和软件开发在双辽市还处于空白阶段，便立刻与双辽市创业联盟协会取得了联系。

在得知其情况后，双辽市创业联盟协会明确可为其提供免费的办公场地和一系列帮助。当时，双辽市创业联盟协会还针对高校毕业生分类开展就业创业指导和培训工作，邀请就业创业指导专家在线为毕业生服务，指导各高校针对家庭困难、就业困难等毕业生群体实施"一生一策""一对一"就业帮扶。

为此，杨永奇激动不已，这无疑成为他创业道路上的有力支撑。

"现在，政府出台了一系列政策措施鼓励大学生自主创业，我们很幸运！"杨永奇说。越来越多的毕业生通过创业联盟协会的帮助平稳度过创业瓶颈期。以创业带动就业，杨永奇的经历成为各地为高校毕业生提供帮扶的缩影。

2021年年底，杨永奇回到双辽市并入驻双辽市创业就业服务大厦，成立了吉林省指趣互娱网络科技有限公司，开始了他的创业之路。截至2022年9月，公司已有员工21人，其中17人为高校毕业生，是一家以一群怀揣梦想的年轻人为主导的网络运营公司，以互联网为传输媒介，集游戏开发、运营和手游发行等于一体的新时代高新技术企业。

回首创业历程，杨永奇感悟："很多大学生往往把自己的'诗和远方'放在一个实际上自己无法企及的境地，但其实有时候属于自己的美好未来，可能就在我们的脚下。家乡近些年的积极变化，已经逐渐可以承载我们的梦想，我们一方面可以实现自己的梦想，另一方面还可以为家乡的发展出一份力，何乐而不为呢？"

资料来源：吉林日报—大吉网。

2.1　创业环境概述

创业是在一定的环境中进行的，环境是创业的土壤。有利的环境会促进创业活动的成功，不利的环境会使创业活动遭遇挫折，甚至会导致最终的失败。因此在创业伊始，创业者必须对创业环境有一个全面的了解。

2.1.1　创业环境的含义

创业环境是指进行创业活动所需要的一系列情景或条件。创业环境决定了创业理念能否落实，资金与创业者能力能否有效利用和发挥。一个新企业获取资源以及在市场上竞争都离不开其所处的环境。

20世纪30年代，巴纳德（Barnard）等管理大师开始对创业环境问题进行开创性研究。巴纳德从组织与协作理论角度，提出组织行为可看作对环境条件的反应。2003年，达夫特（Daft）将组织环境定义为存在于组织边界之外，可能对组织局部或整体产生影响的所有因素。

1994年，格尼沃利（Gnywali）和福格尔（Fogel）提出，创业环境是指创业者在进行创业活动和实现其创业理想的过程中必须面对和能够利用的各种因素的总和。一般来说，创业环境要素包括四个一级指标，即政府政策及规程、社会经济条件、创业及管理技能、金融/非金融支持（见图2-1）；每个一级指标又可以进一步划分为几十个观察点。[①]

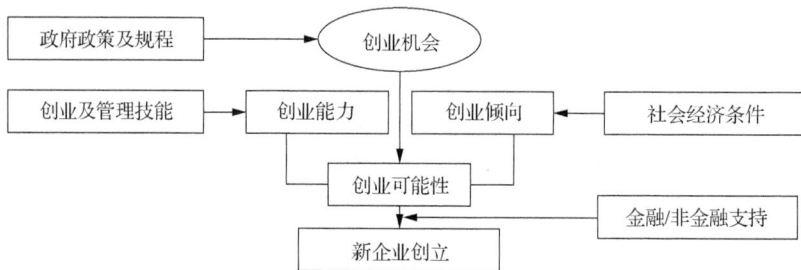

图2-1　创业环境综合模型

奥斯汀（Austin）等将创业环境定义为不受企业家控制，但会影响企业成败的因素，包括宏观经济环境、税收、规则结构和社会政治环境。罗马内利（Romanelli）认为，在有充足可利用资源的条件下，企业会顺利创建。

早期的创业研究侧重于考察创业者的才能、个性特质和文化背景等内部环境，随着研究的深入，创业的外部环境也引起了学者们的重视，并成为创业研究的核心要素。

本书倾向于根据外部因素来定义创业环境，即创业环境是创业者在某一区域或借助某一平台创建新企业时，所面临的经济、政治、法律、科技、文化及自然环境等外部因素的综合。

2.1.2　创业环境的类型

一般来讲，创业环境可以分为以下五种类型。

1. 政治法律环境

政治法律环境是指创业企业所处环境中有关的政治制度和法律规定。不同的国家有着不同的社会制度，不同的社会制度对企业活动有着不同的限制和要求。此外，在同一国家，由于执政党不同，政府的方针政策也会有所不同。这些都会对企业的创建产生影响。

微课堂

创业环境的类型

适宜的政治法律环境可以为创业者创造新的市场机会，有利于企业获得创新性发展。例如，政府制定的税收优惠政策、金融政策、贸易政策、福利政策等会直接影响创业者的创业决策和企业的选择。研究发现，政府制定的政策和法律对于创业者的意愿和行为都具有重要的影响。在企业创建成本高的国家或地区，个人成为创业者的意愿很低。政府的改革和开放政策直接通过经济增长和市场变化率影响创业机会。同时，政府通过提供政策支持、法律规范及优良服务，营造公平、友好的创业环境，可以激发区域内的创业活动。

① 陈忠卫，曹薇. 创业环境与创业活动关系的研究视角及其进展. 科技进步与对策，2009，26（18）：156-160.

政府规章过多、税率过高、获取贷款困难等则成为企业创立的关键障碍。

2．经济环境

经济环境是影响创业企业活动的重要环境因素。宏观经济周期的波动，经济运行方式、经济形势、经济结构、经济政策等的变化，无时无刻不在催生或者压制创业的发展。创业是否恰逢其时，取决于消费需求、物流配置、资金融通、劳动力市场的现状。现在不少地方建有"创业园区"，其实就是创设一个适宜创业的经济环境。

创业者应该考虑的经济环境因素包括国内生产总值（GDP）和人均GDP、某一地区的就业状况、消费者的可支配收入等。人均GDP基本上反映了人均收入水平，决定居民的购买力，也是决定市场需求的基本因素。同样地，就业状况、可支配收入等也是影响市场需求的主要因素。经济环境直接影响各种经营战略的可行性，对新创企业制订战略决策非常重要。

另外，金融市场也是创业者要密切关注的经济环境因素。大多数创业者只能以有限的资金开始创业，而后续资金的可获得性是其发展的一个重要决定因素，如银行信贷、股市融资等。因此，传统的金融市场结构对企业成长所产生的影响远远大于对企业创立的影响。金融市场是看重过去的绩效还是未来潜在的收益，这决定了新企业和现有企业各自的融资前景和成长可能。只有在传统的金融市场结构和风险资本市场都比较成熟时，新企业和现有企业才有可能同时获得成长的资本支持。

3．科技环境

20世纪50年代后期兴起的以电子计算机、生物工程、信息产业、网络化等为主的新技术革命，给当今世界社会生活的各个方面都带来了深刻的影响。新技术和新产品不断涌现是未来技术创新的主要驱动力，新技术的"创造性破坏"更是带来无限的创业机会。

并不是所有的技术进步都对新企业有利，只有新的柔性技术的实现才是导致新企业纷纷出现的最具决定性的因素。因为适合大批量生产的标准化的技术天生就是"非柔性"的，更有利于大企业。诸如可编程机器人和数控机床之类的新技术的出现，使柔性的小批量生产可以在成本方面与标准化产品相抗衡。不断变化的消费偏好和个性化需求也支持非柔性技术向柔性技术的过渡，从而减轻了"小规模生产所固有的成本劣势"。此外，新技术还缓解了企业家面临的信用问题，因为新技术的应用模糊了实力雄厚的成熟企业和资金紧张的新企业在表面上的差异。当顾客更愿意去选择新技术的时候，他们更愿意给新企业一次机会。

研究科技环境，除了要关注与所处领域直接相关的技术手段的发展变化外，还应及时了解国家对科技开发的投资和支持重点、该领域技术的发展动态和研究开发的费用总额、技术转移和技术商品化速度、专利及其保护情况等。

4．社会文化环境

社会文化环境包括一个国家或地区的居民受教育程度、文化水平、宗教信仰、风俗习惯、审美观念、价值观念等。美国管理学家斯诺敦认为，社会文化环境大致包括社会精神面貌、家庭结构、妇女地位、教育水平、宗教和语言等因素。

不同的社会文化环境直接影响人们的生活方式和消费方式，产生了来自不同地区、不同群体的消费需求，从而形成了不同的市场。随着地理迁移的便利性和追求个性化的需求，大众市场逐渐转变为更加分散的具有个体差异特性的小众市场，每一个群体都有其独特的爱好和消费特征。创业者对于社会文化环境变化催生的新市场、对新业态的深刻认识和有效把握可能会创造新的创业机会。

社会文化环境对于创业活动具有不容忽视的影响。有利于创业的社会文化将有效地影响创业者、创业组织、社会群体的人格，进而形成有利于创业的既有竞争又有合作的和谐的社会文化大环境。创业文化一定含有公正平等、竞争合作、坚忍不拔、开放开明、求新求变的精神，其中鼓励创新、宽容失败尤其重要。人们在解释美国波士顿128号公路周围创业为什么没有硅谷成功时，认为前者缺乏对失败的宽容。此外，美国和日本同样属于经济发达国家，但日本创业人数占就业人数的比重却大大低于美国，这与美国和日本的文化差异有很大的关系。

5．自然环境

自然环境主要包括地理位置、气候条件以及资源状况等。一个国家或地区是否具有某种独特资源，交通是否便捷，气候是否宜人对创业而言都是十分重要的。一个国家或地区原材料短缺、能源成本增加和迫切的环境污染治理需求使创业者在开发新材料、新能源或节能产品等方面有很大的创业机会。与此同时，新创企业应尽量使当地的资源得到有效的开发和利用。当创业者的活动能为当地的经济发展做出贡献时，创业者的企业也就赢得了当地的支持和客户的忠诚。

2.1.3　环境对创业的影响

创业行为的产生与发展，必然受到创业环境的影响。外部环境对创业者的影响既可能是积极的，也可能是消极的。和谐的创业环境，能够使创业者之间有序竞争，形成既有竞争又有合作的良好风气，有助于激发创业者的灵感，对创业者产生亲和力和吸引力。优良的创业环境，意味着在特定的时期和空间内，社会、经济与文化的发展状态有利于创业者或企业家群体的产生和出现。

创业环境对创业活动的具体影响主要体现在以下几个方面。

1．创业环境影响创业机会

通常某个地区的创业环境好，当地的创业机会就会增加。因为创业环境好，创业愿望容易得到尊重，创业活动也会得到支持，创业者的才能能够得以发挥，且所创造的成果能够得到各方肯定，这势必会增加创业机会。但在有些情况下，创业环境中某些要素的改善会产生一些不利的要素，从而减少创业机会。例如，在原有的创业环境下，新建一条公路或航线，这本应成为一种增量创业环境，但当地却可能因为这一交通因素的影响，发生物流与客流的转移，减少本地的商机。

2．创业环境影响创业发展

良好的创业环境具有支持、助力、加快创业成功的作用。好的创业环境意味着在融资渠道、融资成本、创业培训与信息、人才供给、法律支持等方面具有更多的便利和优势，从而增加创业成功的可能性。但创业环境有时也可能成为创业的限制因素。当创业环境对创业者来说是一种"顺境"时，创业者可以在激励创业的宏观环境或微观环境里大展拳脚，开拓创新。反之，当创业环境对创业者而言是一种"逆境"时，创业者会经历更多的挫折，甚至创业失败。

3．创业环境决定了对创业人才的吸引力

好的创业环境对创业人才具有吸引力。创业环境越好，这种吸引力越大。例如，北京以其丰富的智力资源、规范的市场环境、成熟的商业运作模式营造了优质的创业环境；成熟的商业文化和无限商机赋予上海持续的魅力；深圳，因地理位置、创业历史以及政府支持而带来得天独厚的创业条件。这些城市均以优良的创业环境吸引着创业者，成为创业人才的聚集地。

总之，创业环境对创业机会的选择、创业活动的开展、创业的成功，以及创业者的成长，都具有十分重要的作用。因此，对创业环境的选择是创业者必须具备的一项重要能力。

┃ 阅读资料2-1 ┃

政策指引大学生回乡创业

2022年2月，中央一号文件发布，提出全面推进乡村振兴重点工作，强化现代农业基础支撑，大力推进数字乡村建设，推进智慧农业发展。中央一号文件是中共中央每年发布的第一份文件，通常在年初发布，2004—2022年，中央一号文件连续以"三农"（农业、农村、农民）为主题，强调了"三农"问题在我国社会主义现代化时期"重中之重"的地位。

为了推动乡村振兴和现代农村的建设，国家发布了多项政策举措。《"十四五"推进农业农村现代化规划》提出，要聚焦生物育种、耕地质量、智慧农业、农业机械设备、农业绿色投入品等关键领域，加快研发与创新一批关键核心技术及产品。同时，国家也鼓励拥有知识、技术和能力的大学生、科研人员和企业深入农村地区，在农业机械化、数字化领域深耕，推动智慧农业的进一步推广和农业生产效率的进一步提高。对于大学生来说，优惠政策的扶持和大量资金的流入也降低了创业的难度，提升了创业成功的概率。

在政策的支持和号召下，各地、各专业的许多大学生纷纷选择回乡创业，为家乡的发展做贡献。毕业于中南林业科技大学土木工程专业的大学生邱彬，毅然选择辞去高管工作，回乡发展智慧农业、现代农业。他筹资60多万元在当地政府的支持下建设了占地5 000多平方米的智慧育秧工厂。在他的智慧育秧工厂中，控水、控温、施肥等都实现了全智能管理，极大提升了农业生产效率。

吴忠市的"90后"大学生刘明鑫也选择了返乡创业。刘明鑫的家乡盛产枸杞，在上大学期间，刘明鑫就已经开网店销售自家的枸杞，开始了创业之路。毕业后，在当地发展特色产业的号召下，他敏锐地捕捉到了带动家乡枸杞产业升级和群众就业增收的商机，创办了宁夏大河之洲生物科技有限公司。

同样身为"90后"创业青年的邹杰瑞，运用先进的知识和技术，在家乡如皋市创建了一处园艺基地，专门繁殖生产番杏科生石花。他的基地年培育生石花超过千万株，有超过900个生石花品种，年销售额约400万元。邹杰瑞不仅向村民传授生石花培育知识，其采用的"基地+农户"运营模式也成为当地农民增收的主要推动力之一。

2.2 创业环境评价

2.2.1 GEM创业环境评价[①]

全球创业观察（Global Entrepreneurship Monitor，GEM）是由英国伦敦商学院和美国百森商学院共同发起成立的研究项目，旨在研究全球创业活动的态势和变化，发掘国家创业活动的驱动力，总结创业与经济增长之间的作用机制，以及评价国家创业政策。GEM项目自1997年着手设计，1999年开始实施，在国际创业研究和教育领域享有盛誉。GEM研究报告广受关

---

① 夏清华，创业管理. 武汉：武汉大学出版社，2007.

注，已成为世界各国相关人员认识创业活动、环境、政策等创业问题的重要信息来源。2002年，中国首次参加GEM项目，由清华大学经济与管理学院中国创业研究中心与美国百森商学院合作研究和发布"全球创业观察中国报告"。

GEM包括九个方面的创业环境条件，通过对各个国家或地区专家的访谈和标准问卷调查，获得各个国家和地区关于创业环境评价的信息。这九个方面分别是：金融支持、政府政策、政府项目支持、教育培训、研究开发转移、商务环境、进入壁垒、有形基础设施、文化和社会规范。

1. 金融支持

创业的金融支持，其基本含义是指新企业和成长型企业在获得金融资源上的可得性，包括拨款和补贴。

2. 政府政策

政府政策包括中央政府和地方政府的创业政策。政府的创业政策是指激励创业的政策，包括对创业活动和成长企业的规定、就业的规定、环境和安全的规定、企业组织形式的规定、税收的规定等。

3. 政府项目支持

政府项目支持作为创业环境中的独立要素，是政府政策的具体化。提供资金和政策支持是政府项目支持的基本形式，此外还包括政府为创业提供的服务、支持和帮助。

4. 教育培训

教育培训是创业活动得以开展的必要条件，也是创业者将潜在商业机会变为现实的基础。

5. 研究开发转移

研究开发的转移过程是否顺利，从结果上看是研究开发转移是否实现了商业化，从过程上看则是创业是否有效率，创业者是否能够抓住技术和商业机会。研究开发的转移与创业之间的关系涉及五个方面。一是研究开发成果是否能够从它的发源地和来源（大学、科研机构和发明者个人）通过新创企业走向市场；二是创业企业是否与大企业拥有同样的机会接触新研究和新技术；三是研究开发成果是否具备实现转移的条件（企业的承受能力和政府资助）；四是国家是否具备支持至少某一领域内具有世界水平的技术型公司的创立；五是知识产权保护。

6. 商务环境

创业的商务环境包括以下三个方面。一是创业企业能获得哪些资源，如分包商、供应商、咨询机构资源。二是创业企业能获得哪些服务，包括金融服务和非金融服务。非金融服务包括法律服务、会计服务等，金融服务包括银行服务等。三是创业企业能否使用得起这些服务和资源。

7. 进入壁垒

进入壁垒主要涉及市场的开放程度，体现为创业企业进入市场时是否存在行业准入壁垒，市场是否处于公平竞争的环境中。市场的变化是反映进入壁垒的一个重要侧面，因为市场的变化孕育着机会。在市场变化大的创业环境中，行业的进入壁垒就难以维系，进入壁垒就会下降。

8. 有形基础设施

有形基础设施包括道路、公用设施、通信等方面，如通信能否快速、低廉地开通并获得，水、电、气等基础服务费用能否负担，以及能否较快地获得公用设施服务。

9. 文化和社会规范

文化和社会规范与创业的关系比较复杂，主要涉及两个方面：一是社会对个人创业的态度，二是个人与集体的关系。

2.2.2 创业环境要素分析

波特（Porter）提出，可从进入壁垒、现有竞争者的竞争状态、替代产品的威胁、购买者的还价能力、供应商的还价能力五个方面来评价创业环境；高德纳（Gartner）主张从人口中近期移民的比例、较大规模的城市区域、雄厚的工业基础、金融资源的可用性、工业专业化程度五个方面评价创业环境；弗雷德（Fred）则从政治和经济环境、转型冲突、不健全的法律环境、政策的不稳定性、非正式的约束、不发达和不规范的金融环境、文化环境七个方面评价创业环境。

综合以往研究，可以得出以下创业环境构成要素：

（1）创业资本可得性；

（2）成功创业者的经验；

（3）大量技能化劳动力；

（4）供应商支持；

（5）新的消费者或新市场的出现；

（6）有利的政府政策；

（7）邻近大学的支持；

（8）土地或设备的可得性；

（9）交通便利；

（10）地区居民的态度支持；

（11）基础服务支持；

（12）有吸引力的生活条件；

（13）创业成功的预期。

这些要素可以归纳为三大类：创业资源可得性、创业经营成本以及创业成功预期。

创业资源可得性包括是否容易获得银行贷款、风险资本、管理支持、技术支持、大学支持以及技能熟练的劳动力等。创业资源可得性直接影响新企业的起步和最终状态，包括风险资本的退出、并购和衍生新企业。

创业经营成本包括多种成本，如运输成本、营运成本、税收成本和保险成本。经营成本影响企业的起步，并决定其在成长阶段能否成功。

创业成功预期也与前两类因素一样共同影响新企业的起步和经营绩效。经营成本决定成功启动一个企业或业务的能力，当企业成功地为投资者带来收益时，它就会鼓励其他人进一步为企业投资或创建其他新企业。

2.2.3 松树模型分析[①]

松树模型是依照组织生态学理论，结合已有的五维度模型、GEM创业环境评价等创业环

---

① 段利民，王林雪，马鸣萧. 基于组织生态学的创业环境分析：一个理论框架. 经济研究导刊. 2012（25）：8-10.

境理论框架而创建的更为完整的创业模型。该模型中包含宏观环境、中观环境和微观环境三个层面，三个层面依次排列，如松树的枝叶一样（见图2-2），因而被命名为松树模型。

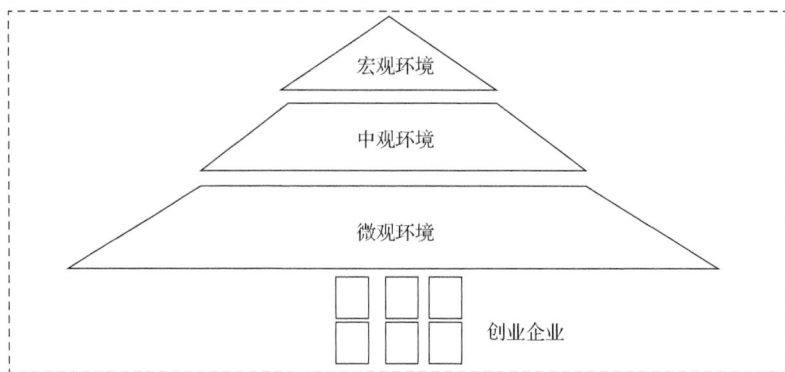

图2-2　松树模型

1. 宏观环境层面

松树模型的最上层反映的是宏观环境，如同自然界的阳光、风雨、空气一样，宏观环境应当具有普遍性，对所有生物群落都产生影响。创业的宏观环境也指具有最强普遍性的环境因素，无论对于现有企业还是新创企业都会产生影响，如自然条件、政治稳定、文化风尚等都应当归入宏观环境因素范畴。宏观环境因素分析一般包括自然环境、政治环境、经济环境和文化环境四部分内容，如图2-3所示。

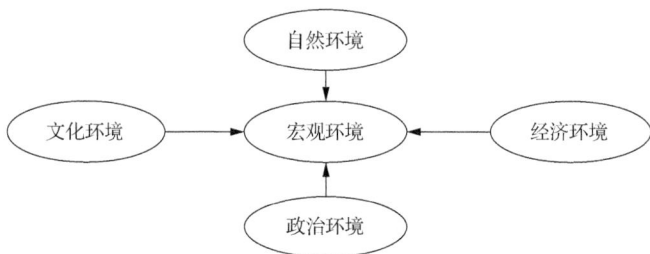

图2-3　宏观环境因素

2. 中观环境层面

中间层次反映的是中观环境，接近于一般经济分析中的产业层面，其范围应当类似组织生态学中的"社区"，即反映同一社区内不同群落之间的完全竞争、部分竞争、蚕食性竞争、完全中立、寄生、共生等关系。在中观环境分析中，替代产业、上下游产业、配套服务产业等因素应当被纳入分析的范畴。

在进行中观环境分析时，可借鉴行业分析或产业分析的做法，关注关联产业因素对创业者的影响。这些产业既包括具有相对一般性的产业（如金融、教育、咨询），此类产业对所有企业均会产生或大或小的影响；也包括特定关联行业，这种行业既有竞争性关系（如电视传媒行业与电影业），也有互补性关系（如计算机硬件行业与软件行业）。通常，中观环境分析应对公共行业、竞争行业和互补行业进行全面分析，如图2-4所示。

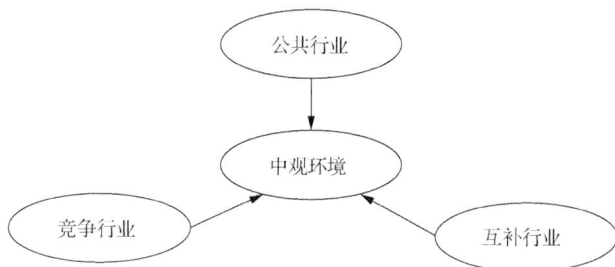

图2-4 中观环境因素

3. 微观环境层面

松树模型的最下层反映的是微观环境，是组织生态学中种群概念的直接体现。在这里，种群是指一定地区内生产相同/相似产品或者提供相同/相似服务的企业群体。在微观环境分析中，同类或者近似企业的数量多少、结构状况、竞争程度等因素应当纳入分析范畴。

充分考虑创业环境的微观环境因素，是组织生态学对创业环境分析的重要学术贡献之一，也是松树模型的主要特点。在微观环境分析中，应当充分考虑当前同类或近似企业数量的多少、行业结构、行业竞争、政府设置的进入壁垒等因素对于新企业创建以及成功与否的影响，如图2-5所示。

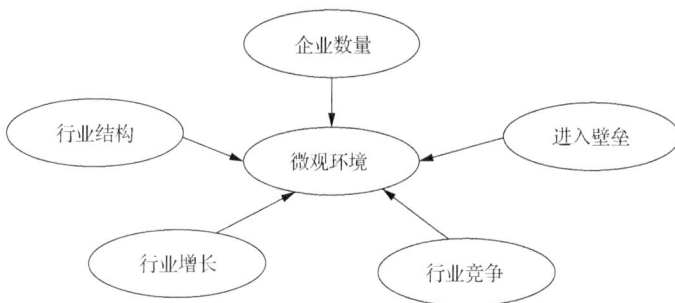

图2-5 微观环境因素

松树模型综合考虑了宏观环境、中观环境和微观环境三个层面的因素，其优点主要体现在针对某一行业进行创业环境的分析。在实际研究当中，要注意具体指标的进一步细化，如在微观环境分析中，"行业增长"可以通过"行业市场销售额增长率"以及"行业企业数量增长率"等指标加以体现。

2.3 企业孵化器

文献显示，学者们很早就关注到创业企业的集群化发展。1936年，熊彼特指出，创业企业通过创新导致的市场不均衡促进了经济的增长，创业企业会在一定时期内以集群的方式产生。1982年，布鲁诺（Bruno）和狄柏基（Tyebjee）通过研究证实，在一定时间、一定地点，社会经济环境鼓励创业的时候，创业者群体就会出现。夏皮罗（Shapero）则指出，创业希望的产生受创业者周围的人或事的影响，潜在创业者的老师、家庭成员、同事或同行等的成功或失败的创业经历会影响创业者对创业的渴望或预期。此后，艾辛杰（Eisinger）提出，国家和地方政府也在努力通过多种方式创造环境，鼓励创业，如建立企业孵化器。

2.3.1 企业孵化器的概念

企业孵化器（Incubator）这一概念是由美国的乔·曼库索于1959年首次提出的，指的是为创业之初的公司提供办公场地、设备，甚至咨询意见和资金的服务机构。

我国科学技术部将企业孵化器定义为对高新技术企业进行培育和帮助的服务机构。它通过向新创办的科技型中小企业提供必要的基础设施和资源，并且为其提供一系列的服务，以降低创业风险和减少创业成本，从而提升创业的成功率，进而推进科技成果的转化，成功培育出高新技术企业和企业家。可见，企业孵化器的主要功能是将初创阶段的新企业发展成为健康成长的企业，将创业者培养成为企业家。企业孵化器通常是由大学、非营利性组织和风险投资家创建的。

如今，企业孵化器已经演变成一个集物理空间、中介服务、商业咨询、风险投资和网络服务于一体的公共服务平台。其具体作用为：通过为初创企业提供生产研发空间以及基础设施服务来降低创业成本并提高效率；连接风险投资机构和初创企业，降低双方之间存在的信息不对称；提供一种合理分摊创业者创业成本和创业风险的工具。企业孵化器能使企业家在创业过程中节省时间，少走弯路，营造创业者聚集效应，提高创业成功率。

2.3.2 企业孵化器的服务内容

全美企业孵化器协会的研究资料显示，企业孵化器的服务项目通常包括：网络支持、互联网或信息技术服务、咨询、联系战略合作者、商业计划支持、协助获取天使投资或风险投资、联系大学研发机构、帮助学生实习或就业、管理团队发展、财务管理支持、知识产权支持、法律服务、提供专业实验设施、人力资源管理支持、产品或技术开发支持、与技术相关工艺的支持、国际贸易支持等。

我国学者则将中国企业孵化器提供的服务概括为以下四类。

（1）一般性服务，包括为入驻企业提供场地、商务设施等硬件支持。

（2）管理咨询服务，包括提供一般性商务代理服务；帮助入驻企业制订战略、管理制度、人力资源管理制度；为入驻企业提供市场分析、专业知识培训等服务。

（3）投融资服务，包括协助企业获得政府资金、申请担保贷款、直接对企业进行投资、与风险投资结合等。投融资服务是企业孵化器的核心服务功能之一。

（4）专业技术服务，包括提供工程管理、技术检测、计算测算及其他各类专业技术支持。

2.3.3 企业孵化器的类型

通常，根据不同的目标和功能，企业孵化器可以分为以下几种类型。

1. 经典综合企业孵化器

经典综合企业孵化器以政府或社区为主要投资人，注重为企业的创立提供系列服务，是企业孵化器发展初期的产物。一个国家或一个城市在引入企业孵化器概念时，往往先建立经典综合企业孵化器。此类孵化器主要帮助创业者解决企业创立过程中遇到的基本问题，如提供低租金的孵化场地和共享设施、代办企业设立手续、助力企业与政府的沟通，落实企业优惠政策以及提供一般管理咨询业务，它着眼于降低企业的创业成本，推动企业组织的建立和新创企业的初始正常运作。经典综合企业孵化器的目标不高，一般经过三年孵化，大多数企业依靠自身努力，都能从企业孵化器毕业。

2. 现代综合企业孵化器

现代综合企业孵化器着眼于孵化企业的快速发展,其投资主体呈现多元化,可由政府部门、研究教育部门、企业界和社会团体共同投资或共同参与。入驻企业孵化器的都是有发展潜力的新创企业和高速发展的中小企业。该类孵化器除提供经典综合企业孵化器所提供的服务项目外,更加注重通过自建的或科技园区的中介服务网络,为孵化器企业的发展配置各种创新资源,特别是建立种子资金,推动企业上市,沟通区域技术供给渠道以及开展创业培训等。

3. 专业技术企业孵化器

专业技术企业孵化器着眼于对某一专业技术领域的企业进行孵化。一般是综合企业孵化器发展到一定规模后,为便于某一专业技术的商品化而设立的专门孵化器。像某些创业中心设立的软件专业孵化器、互联网专业孵化器等就属于这一类。专业技术企业孵化器可以由某些专业特色鲜明的高等院校和科研院所直接创办,一些大学的科技园实际上就是一种专业技术企业孵化器。该类孵化器一般不以政府投资为主导,而以综合企业孵化器、大学、科研院所和企业单独或联合投资为主导,除了具有综合企业孵化器的一般功能外,还具有建立企业共享技术平台和提供通用专业技术设备及商务服务的功能。

4. 专门人才企业孵化器

专门人才企业孵化器着眼于扶持专门人才创业。这类孵化器是专为某一类人才而设立的,一般都有政府投资背景,对创业者提供除综合企业孵化器功能之外的专业化服务,并提供特殊优惠政策。例如留学生创业园,就是专门为海外留学人员归国创业提供服务,并对留学人员创业提供更加优惠的政策。

5. 国际企业孵化器

国际企业孵化器着眼于扶持外国企业创业,它为进驻孵化器的外国企业提供共性化和个性化服务,促进外国企业成长,繁荣本地经济。美国硅谷圣荷赛市的国际企业孵化器就是一个成功的例子。

6. 虚拟企业孵化器

虚拟企业孵化器着眼于为孵化企业配置创新资源。这类孵化器没有有形的孵化基地和服务设施,仅按市场机制为孵化企业配置创新资源。虚拟企业孵化器一般以互联网为手段,主要向孵化企业提供企业管理、技术信息、市场信息、法律援助、知识产权服务等咨询性服务;提供推广先进制造技术、改善企业生产管理以及帮助企业寻找加工生产基地等生产技术性服务。生产力促进中心可被看作虚拟企业孵化器。

7. 创业孵化集团

创业孵化集团着眼于集团投资主导孵化企业。这类孵化器出现于20世纪90年代后期,以企业集团为投资背景,以成功的创业者为主导来孵化新创企业,并融合风险投资、多元化控股和专业技术企业孵化器的功能,向孵化企业提供企业发展战略、品牌经营管理和公司治理结构方面的支持。在目标方面,创业孵化集团并不满足于把"鸡蛋"孵成"小鸡",而是追求孵化企业的最终成功,要将"种子"培养成"参天大树",且其实施孵化与投资集团的战略目标紧密相关。

创业孵化集团与其他企业孵化器的基本差别在于配置资源的力度大为增强,特别是在风险投资方面,集团对孵化企业的大规模投资,能同时吸引其他风险投资,使快速发展的孵化企业融到足够的发展资金。创业孵化集团首先诞生在美国硅谷,主要为变化迅速的互联网企业提供有效的孵化。目前我国部分孵化器在实际运作上也已具有此类孵化器的基本特征。

2.3.4 我国的企业孵化器

1987年，我国首家科技企业孵化器——武汉东湖新技术创业中心诞生。此后，我国的企业孵化器进入了快速发展的时期。几十年间，具有我国特色的科技企业孵化体系逐步建立。孵化器成为吸纳和培养人才、创造社会就业的载体。

1. 我国企业孵化器行业发展阶段

我国企业孵化器的发展大致经历了四个阶段。

（1）起步阶段（1987—1993年）

1988年8月，我国开始实行专门为发展高新技术产业而设立的"火炬计划"，从而启动了科技企业孵化器的建立和发展历程。

（2）稳步发展阶段（1994—1996年）

这一时期，企业孵化器从提供全方位、全过程的服务逐渐过渡到为创业者直接提供服务，并且向准工业化发展。企业孵化器、孵化企业与大学或科研院所实现了紧密结合，呈现创业资本支持技术，企业研发新产品、培育市场，市场收购企业、回报投资者这样完整的循环和增值过程。

（3）提升阶段（1997—2004年）

这一时期的特点是企业孵化器向网络化发展，形成了孵化器的城市网络、区域网络、全国网络和国际网络，并向营利型、国际化发展，出现了留学生创业企业孵化器、孵化器海外基地和国际孵化网络等新业态。

（4）加速发展阶段（2005年至今）

2005年至今，我国企业孵化器行业呈现加速发展趋势。仅十年时间，孵化器数量就由2005年的500多家增至2015年的2000多家。2018年科技部火炬中心修订出台《科技企业孵化器管理办法》，明确提出科技企业孵化器是以促进科技成果转化、培育科技企业和企业家为宗旨，以提供物理空间、共享设施为基础，同时为初创企业提供专业化的科技服务机构，促进了我国科技企业孵化器高质量、可持续发展。2014—2021年我国科技企业孵化器数量统计如图2-6所示。

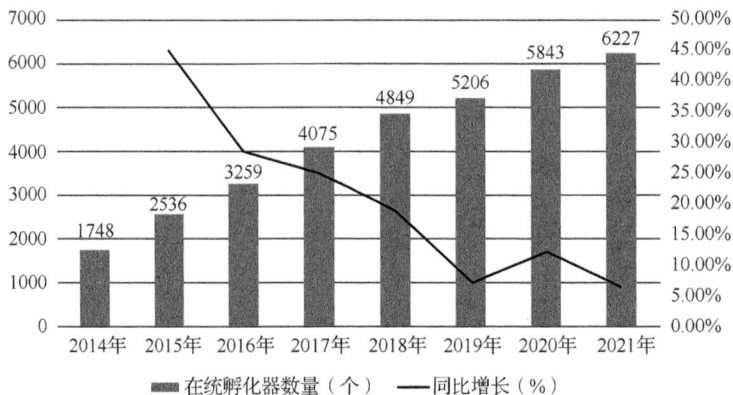

图2-6　2014—2021年我国科技企业孵化器数量统计

截至2022年年底，我国已建立超过1.5万家的各类科技企业孵化器机构，这些机构不仅形成了从苗圃到孵化器、加速器直至科技园区的链条式科技创业服务体系，还服务了近68万家初创企业和团队，并带动了500多万人的就业。

2. 我国企业孵化器行业发展方向

近年来，我国企业孵化器行业的发展呈现了新的变化，表现在投资方更加多元化，资源利用不断优化，创建范围进一步扩大，孵育体系逐步网络化。我国企业孵化器行业发展的具体方向如表2-1所示。

表2-1 我国企业孵化器行业发展方向

项目	孵化器行业发展规律
投资方	由政府单一投资转向政府、大学、研发机构、企业、投资机构等独立或联合投资的多元化投资
资源利用	由单独依靠科技资源转化转向科技资源转化与产业资源优化重组相结合
创建范围	由在高新区内创建转向以高新区为基地辐射至其他有条件的地方
孵育体系	由只建立单纯的孵化机构转向以孵化器为核心、以网络为手段吸引创业资本、研发机构、中介共同参与的网络化孵育体系
服务创新	从传统的提供场地、设施等硬件支持，逐渐转向提供更加全面、深入的软件支持，如创业培训、导师指导、项目路演等。这些服务不仅能够帮助创业者解决实际问题，还能够提升他们的创业能力和素质
产业链整合	一批行业龙头企业围绕自身产业链建设专业孵化器，不断催生出新产品、新产业、新服务、新业态，成为科技创新创业的重要阵地
可持续发展与社会责任	孵化器行业在追求经济效益的同时，也注重可持续发展和社会责任。孵化器行业开始关注环保、社会公益等，积极履行社会责任

┃ **阅读资料2-2** ┃

我国企业孵化器模式

企业孵化器是指一个集中或虚拟的空间，能够在企业创办初期举步维艰时，提供资金、管理等多种便利，旨在对高新技术成果、科技型企业和创业企业进行孵化，以推动合作和交流，使企业"做大"。在广义上，众创空间、科技园、创意园等机构，均可以根据实际情况被纳入孵化器的范畴。在众创空间与孵化器的对比上，众创空间主要服务于"万众创新"，重点关注创意，协助创业者将想法变成样品；而传统孵化器更加注重创业。众创空间更像孵化器的前端，为孵化器的有效创业提供创新支撑。

我国企业孵化器的主要模式有以下几种。

模式一：企业平台型。即基于企业现有先进技术资源，通过技术扶持，依托企业庞大的产业资源，为创业者提供高效便捷的创新创业服务的企业主导型孵化器。其主导者通常为大型企业，目标是利用大企业雄厚的资金实力以及资源调配能力，为孵化器参与者带来新模式，为上游企业带来新技术。

模式二："天使"+"孵化"型。"天使"+"孵化"型孵化器主要是效仿美国等国家孵化器的成功模式：由民间资本或教育类机构，如各大创投机构或高校主导；同时对项目的筛选倾向于具有创新科技或创新服务模式的企业，并对看好的入驻企业进行天使投资，在毕业后的后续融资中退出，实现股权溢价。例如创新工场、启迪之星孵化器、联想之星，还有深圳创新谷，都是主要通过投资来实现孵化器的盈利。

模式三：办公空间型。办公空间型孵化器的孵化模式，是在此前初期孵化器的基础上进行了全面的包装和完善，更加注重服务质量和品牌效应，致力于打造创业生态圈。该模式的孵化器为创业者提供基础的办公空间，并以工位计算收取低廉的租金，同时提供共享办公设备及空间，如车库咖啡、3W咖啡、科技寺等。

模式四：媒体类创新型。媒体类创新型孵化器是指媒体依托自身庞大的媒体平台，凭借其对创业环境以及科技型企业的长期跟踪报道而积累的经验，为创业者提供多种扶持帮助的孵化器。它有效地帮助创业孵化项目提升项目知名度，同时提供与各方面资源的对接，如创业邦旗下孵化器Bang Camp和36氪旗下孵化器氪空间等。

模式五：新型地产型。新型地产型孵化器诞生的时间不长，模式较为单一，目前主要依靠提供共享办公设备、网络以及出租办公空间为盈利模式；主导机构一般为大型地产商，其主产业过剩，正寻求转型，如Soho3Q、优客工场等。

模式六：垂直产业型。该类孵化器一般在垂直产业方面有着庞大的人脉以及行业资源，为特定行业创业者提供除资金和技术以外的多项增值服务。如位于北京市中关村和上海市北高新技术服务业园区等的云计算产业孵化器，专注于互联网和文化产业项目孵化的广东文投创工场。

模式七：综合模式。孵化器发展至今，其形态已经不仅仅限于单一模式。结合实际发展需求，孵化器往往会融合多样的服务形式，开发更多细分业务路线，以更好地促进孵化器的发展。如位于中关村的创业公社，其以"孵化+投行+投资"的运营模式打造的集共享式办公空间、创业互助社区、小微金融、创业公寓为一体的全新模式众创空间，为移动互联、互联网金融、智能硬件等新兴领域的创业企业提供办公空间、创业公寓、基础运营、资源对接、咨询培训、天使投资、融资筹划等服务。

资料来源：搜狐网。

3. 我国企业孵化器在发展中存在的问题

尽管我国科技企业孵化器发展迅速，但仍然存在着区域间发展不平衡，孵化功能不完善，融资平台欠缺和人员素质偏低等多方面的问题。

首先，我国的科技企业孵化器在不同地区之间、不同省份之间以及不同城市之间的数量差异较大。我国的大部分科技企业孵化器集中在东部地区及少数中心城市，没有形成面向全国的辐射效应，极大地制约了我国企业孵化器整体上的协调发展。

其次，我国现有的企业孵化器基本上是由政府直接或间接提供大量的资金专门兴建的，硬件设施完备，收费低廉，为孵化企业提供了良好的基本服务支持。但是，除极少数企业孵化器对企业的具体运作提供全面支持外，绝大部分企业孵化器都难以提供全方位的管理服务，孵化器的功能尚需增强。

再次，在债权性融资等方面，由于中小企业普遍无法提供可以质押和担保的有形资产，而银行又存在风险规避的需要等因素，我国中小企业基本上很难从银行等金融机构获得债权性融资。

最后，我国现有企业孵化器普遍存在服务意识不够，缺乏经营管理能力，缺少创业经验，也缺乏高水平的技术能力和技术依托等问题，直接影响了科技企业孵化器的运作效率、服务质量和水平。

面对日益严峻的能源、资源、生态环境的约束，我国企业孵化器要充分聚集和整合各类创新创业要素，促进科技创新创业活动的开展，以科技创新引领区域经济的转型发展；不断借鉴其他国家成熟的企业孵化器运营管理经验，促进孵化器行业服务创新，提高我国经济发展质量和效益。

阅读资料2-3

《中国创业孵化发展报告（2022）》发布

2022年9月15日，在全国大众创业万众创新活动周首日，国家创新调查制度系列报告之一，由科技部火炬中心编写的《中国创业孵化发展报告（2022）》在主会场所在地合肥发布，这是该系列报告的第6期。

总体来看，《中国创业孵化发展报告（2022）》呈现四大亮点。

一是科技创新创业发展形成良好集聚生态。科技企业孵化器等创业孵化机构作为双创的重要基础设施，近年来蓬勃发展。

截至2021年年底，以科技企业孵化器、众创空间为代表的全国各类创业孵化载体迅猛发展，数量已达15253家，其中，科技企业孵化器6227家，众创空间9026家，数量稳居全球第一。

科技企业孵化器内在孵企业24.4万家，累计毕业企业21.6万家，众创空间服务初创企业和团队45.4万个。目前，众创空间和科技企业孵化器覆盖了全国95%的县以上地区，并在京津冀、长三角、粤港澳、成渝等地区形成科技创新创业良好集聚生态。

二是科技创新创业支撑经济高质量发展。孵化器作为国家创新体系的重要组成部分，是经济社会发展不可或缺的"创富源"和"就业源"。

科技企业孵化器扎实推动科技政策落实落地，搭建公共技术平台，加大政策供给，大力推动科技企业成为技术创新主体。2021年科技企业孵化载体总收入801.76亿元，当年享受税收减免达到11.1亿元。在孵企业年总收入达1.24万亿元，当年研发经费支出达831.5亿元，平均研发投入强度达6.7%。拥有有效知识产权141.1万项，其中发明专利21.2万项。在孵企业科技型中小企业同比增幅28.9%，高新技术企业同比增幅11.1%。

从孵化器内走出了寒武纪、科大讯飞、碳元科技、大疆创新等一批科技领军企业。毕业企业上市和挂牌累计超6500家，科创板上市企业中有102家为孵化器毕业企业，占比1/4。

三是科技创新创业带动高质量就业。2021年，众创空间和孵化器内创业就业人数498.3万人，吸纳应届大学毕业生就业达50万人。按创业主体分类：大学生创业164624人，科技人员创业96197人，原大企业高管创业41739人，留学生创业18142人。

截至2021年年底，众创空间内累计获得投融资的创业团队和企业9.2万家，金额达到7723亿元。众创空间形成了孵化+投资、引入社会资本投资，以及服务换股权等多种投资模式。2021年当年，孵化器内1.6万家在孵企业获得社会资本投资1226.5亿元，众创空间帮助2万余个创业团队和企业获得投资，总额超过897亿元。

四是构建了高能级创新创业生态服务体系。截至2021年年底，全国有9026家众创空间、6227家科技企业孵化器、880余家加速器和173家国家高新区，逐步构建了"众创空间-孵化器-加速器-科技产业园"的科技双创服务体系。

全国创业孵化机构围绕在孵企业发展需要持续整合各类创新服务资源，针对创业企业的咨询辅导和培训能力稳步提升，共举办创新创业活动24.9万场，同比增长5.9%；开展创业教育培训10.2万场，同比增加4.14%；创业导师对接企业22.2万次，同比增长11.56%。为进一步提升创业孵化服务水平，组织行业组织、国家级科技企业孵化器、地方行业协会共同开展全国创业孵化人才培训，截至2021年年底，累计培训384期，参训学员4.3万人。

本章习题

一、单选题

1. "创业园区"其实就是创设一个适宜创业的（　　）。

    A. 经济环境 　　　　B. 法律环境 　　　　C. 自然环境 　　　　D. 文化环境

2. （　　）是依照组织生态学理论，结合已有的创业环境理论框架而创建的更为完整的创业模型。

    A. 五维度模型 　　　　　　　　　　　B. GEM创业环境模型

    C. 松树模型 　　　　　　　　　　　　D. 创新创业模型

3. 全球创业观察是由英国（　　）和美国（　　）共同发起成立的研究项目。

    A. 百森商学院　沃顿商学院 　　　　B. 伦敦商学院　哈佛商学院

    C. 牛津大学　沃顿商学院 　　　　　D. 伦敦商学院　百森商学院

4. （　　）着眼于企业的组织创立。

    A. 创业孵化集团 　　　　　　　　　B. 专业技术企业孵化器

    C. 经典综合企业孵化器 　　　　　　D. 现代综合企业孵化器

5. 中国的大部分科技企业孵化器集中在（　　）地区及少数中心城市，没有形成面向全国的辐射效应。

    A. 西部 　　　　　B. 中部 　　　　　C. 长三角 　　　　　D. 东部

二、多选题

1. 以下属于宏观环境因素的有（　　）。

    A. 自然环境 　　　　B. 经济环境 　　　　C. 行业环境

    D. 文化环境 　　　　E. 技术环境

2. 关于环境对创业的影响，说法正确的有（　　）。

    A. 创业环境将影响创业机会

    B. 在原有的创业环境下，新建一条公路，对创业必定有利

    C. 创业环境影响创业发展

    D. 创业环境决定了对创业人才的吸引力

    E. 北京的创业环境对人才具有巨大的吸引力

3. 宏观环境因素包括（　　）。

    A. 经济环境 　　　　B. 政治环境 　　　　C. 社会文化环境

    D. 政治法律环境 　　E. 自然地理环境

4. 创业环境构成要素可以归纳为以下哪几个类型？（　　）

    A. 创业目标 　　　　B. 创业成功预期 　　C. 创业经营成本

    D. 创业团队组成 　　E. 创业资源可得性

5. 以下关于政治法律环境的说法合理的有（　　）。

    A. 政府制定的法律和政策对于创业者的意愿和行为都具有重要影响

    B. 创建企业成本高的国家或地区，个人成为创业者的意愿很低

    C. 政府通过改革对市场机会产生重要作用

    D. 政府的政策支持、法律规范及优良服务，并不足以激发区域内的创业活动

E. 政府规章过多、税率过高、获取贷款困难等是发展企业的关键障碍，而非创建新企业的阻碍

三、名词解释

1. 创业环境　2. 政治法律环境　3. 经济环境　4. 全球创业观察　5. 企业孵化器

四、简答及论述题

1. 在经济环境方面，创业者需要考虑的主要变量有哪些？
2. 社会文化环境主要包括哪些要素？
3. 试论述环境对创业的影响。
4. 企业孵化器的类型主要有哪些？
5. 试论述我国企业孵化器在发展中存在的问题。

案例讨论

"燃创梦想"助力高质量创新创业

黄浦区作为上海的"心脏、窗口和名片"，区位优势、功能优势、产业优势明显。然而，创业空间少、创业成本高，也让一批青年大学生创业群体对在该区创业望而却步。如何有效帮助他们在区内实现创新创业梦想，同时助推区域创业环境便利向好？针对这些难题，黄浦区人社局始终坚持以市场为导向，既向有志于创业的青年学子提供优质服务保障，又积极搭建平台挖掘创新创业资源，双管齐下营造良好的创业生态圈。

1. 优化创业服务，创新推出"四色创卡"

"四色创卡"是区人社局通过走访区内14家创业孵化示范基地，最大限度盘活场地资源、集聚扶持服务，推出的针对青年大学生创业群体的集成政策礼包，包括低成本场地工位、高便利融资渠道、一站式项目落地等优质孵化服务，从而降低大学生创业门槛，引导有创业意愿和创业能力的青年学子来到黄浦区创业，其覆盖范围也延伸至长三角地区内的重点创业人群。

"四色创卡"分为红、橙、绿、蓝四类。红色"创卡"面向"黄浦区户籍在校或毕业两年内的大学生创业者"；橙色"创卡"面向"本市院校在读或毕业两年内的大学生创业者"和由黄浦区街道推荐的创业者，红卡和橙卡原则上都可享受使用最长6个月的低成本固定工位福利，被评估为高成长性创业项目后，可再延长最多6个月。绿色"创卡"覆盖范围最广，只要在区人社部门主办或联办的长三角创新创业项目评选中获奖，创业者们就可以提出申请，获得此卡，之后，无论创业在何处，都可在指定的创业孵化示范基地累计享受最多30天的免费移动工位，还能免费参加基地的各类创业主题活动。蓝色"创卡"面向其他准备在黄浦区创业的创业者及其团队，创业者通过扫描卡面二维码，了解各创业示范基地的场地信息、孵化功能和孵化特色等。

以一名上海某高校的应届创业者为例，在收到红色"创卡"后，他的团队有机会享受黄浦区科技创业中心孵化基地长达一年的低成本固定工位。同时，区人社局、孵化基地和创业服务专员也联合起来，为其对接相关创业扶持政策和创业资源。在孵化基地，创业者遇到问题都能第一时间得到有效解答和帮助。

2. 挖掘潜力资源，"燃创梦想"助力高质量创业

为促进更高质量的就业创业，加大创业人才的集聚力度，近年来，区人社部门紧紧围绕

"双创"，打造"燃创梦想"区域创业赛事品牌，每年举办高规格创业赛事，巩固创新创业成果。包括人社部"中国创翼"创业创新大赛上海选拔赛某区选拔、上海市创业新秀大赛黄浦区十佳新秀新苗选拔、黄浦区优秀创业带头人评选等。2021—2022年，在沪苏共融、加快推进长三角一体化发展的良好基础上，举办"同心助力，共创未来"长三角创业创新大赛。

历年的赛事，也为挖掘和培育潜在的优质新兴企业提供了平台，以2021年"燃创梦想"评选的"黄浦区十佳创业新秀新苗"赵某为例，身为一家科技型公司创始人，创业之初遇到资金筹措等不少困难。黄浦区就业促进中心始终与其保持紧密联系，及时了解其需求，贴心地送上了税收减免、创业补贴等帮扶政策，让处于初创期的企业能有效降低创业成本。同时，协助其认定高新企业，助力快速发展。在帮助公司成功获得人社部门最高300万元的创业担保贷后，考虑到公司的飞速发展和运营资金缺口，又特别邀请了上海银行上门为其服务，以组合贷的形式，在创业担保贷的基础上额外叠加了其他贷款产品，帮助其顺利经营发展。目前，这家初创公司已吸纳52人就业，独家运营全国项目30个，代理运营项目371个，并成功吸引风投入股。

3. 工作成效

"四色创卡"的推出，为优秀青年才俊创业和团队初成长"撑了腰"，也为黄浦区营造最优创业生态环境提供了有力支撑。截至2022年9月，黄浦区共发放23张创卡，其中红卡1张，橙卡10张，绿卡12张。1个红卡和5个橙卡项目已进入黄浦区创业孵化基地享受免费工位及孵化服务，另有5个项目待入孵。通过创业孵化基地以及创业部门的孵化服务，现有3个团队项目落地。

"燃创梦想"创业大赛不仅是创业者集聚一堂的盛会，是初创团队孵化成长的摇篮，也是优质项目落地的敲门砖。历届大赛始终坚持"以赛引创、以赛助创、以赛引岗"，通过"燃创梦想"这一资源汇聚、信息发布的平台，整合创业孵化示范基地、老字号公共实训基地、创业见习基地、招商平台、银行、投融资机构以及高校等各方资源，集众智、聚众力，携手孵化创业项目落地黄浦区，实现更高质量的创业和就业。

资料来源：百度百家号—上观。

思考讨论题：

1. 黄浦区人社局支持创新创业的做法为什么能取得良好的成效？
2. 结合本案例，请谈谈地方人民政府如何助力高质量的创新创业。

第3章　创业者与创业团队

本章导读

创业者是实施创业活动的主体，他们整合资源开创事业，通过向社会提供产品或服务获得收益，并在创业过程中实现人生理想。创业活动多由创业团队来合作完成。这些拥有共同创业理念和共同价值追求的创业者组成了联系密切的利益共同体，是实现创业目标的人力保障。本章主要讲述创业者的概念、创业者的素质与能力和创业者的创业动机，同时介绍创业团队的概念及要素、创业团队的组建与管理以及创业团队的社会责任等内容。通过本章的学习，我们可以对创业者和创业团队有客观的认识，也能够对自身（或团队）的创业潜能做科学的评估。

知识结构图

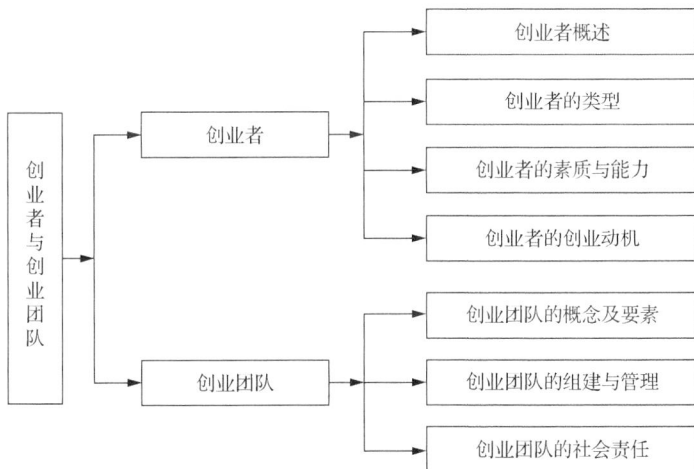

开篇引例

王先生的合作创业经历

王先生有三次与人合作创业的经历。第一次是2020年3月，王先生刚从公司离职，与一同离职的同事张先生合伙，做了一个项目的代理。两人资金合在一起，王先生负责经营，张先生负责财务。创业期间他们遇到过很多问题，他们总是能在一起协商解决。他们之间的合作很愉快，第一次创业就获得了成功。

第二次合作创业是在2021年8月，随着王先生与张先生的企业不断发展壮大，他们的朋友们也要求加入。刚好王先生和张先生也想多筹集资金把市场做大做强，就同意了朋友们的请求。于是他们成立了新的企业。新企业由王先生的一个朋友做法人，全面负责经营，但他不懂管理，也不熟悉业务，导致合作过程中出现了一系列的问题，如分工不明确，外行管理内行，相互不信任，没有明确的监督管理机制等。这次合作创业最终以失败告终。

第三次创业时，王先生吸取第二次合作失败的教训，组建了股份有限责任公司。王先生选择的合作伙伴，虽然比较精明多疑，但是他们在合作前签订了协议，要求大家必须遵守公司的制度。尽管股东之间也会有意见分歧和利益不一致的情况，但是面对事先签订的协议，大家都必须遵守。就这样，企业的运营逐渐走向正轨，第三次创业初见起色。

通过本案例可以得到如下启示：组建创业团队时一定要预先构建制度体系，明确创业成员各自的职责和权益。另外，在招募创业团队成员时不可感情用事，要考虑团队成员的互补性，当不适合的人选申请加入时，即使是亲朋好友也要果断拒绝，以免后患。

3.1 创业者

创业者是创业实践活动的发起者和实施者，是决定创业成败的关键因素。下面就从创业者的基本职能、创业者的素质和能力、创业者的动机等几个方面进行具体介绍和分析。

3.1.1 创业者概述

创业者（Entrepreneur）这个词源于法语的"entreprendre"一词，是指那些在军事活动中从事远征、承担风险的领导人。由爱尔兰裔法国经济学家理查德·坎蒂隆（Richard Cantillon）于1755年首次引入经济学，并将其与承担风险联系起来。1803年，法国经济学家萨伊（J.B.Say）在《政治经济学概论》中指出，创业者是将经济资源从生产率较低区域转移到生产率较高区域的人，并认为创业者是经济活动过程中的代理人，是将劳动、资源、土地这三项生产要素结合起来进行生产的第四项生产要素。这一概念被认为是研究创业的基础。著名政治经济学家熊彼特则指出，创业者应为创新者，他们具有发现和引入新的、更好的、能赚钱的产品、服务和过程的能力。管理大师彼得·德鲁克给创业者所下的定义是：创业者就是赋予资源以生产财富的能力的人。

在英语中，"entrepreneur"一词有多种含义，包括企业家、创业家、创业等。因此，欧美学术界和企业界，对创业者含义的理解也和企业家联系起来，创业者被定义为组织、管理一个生意或企业并承担其风险的人。创业者包括两类：一是企业家，即在现有企业中负责经营和决策的领导人；二是创始人，通常理解为即将创办新企业或刚刚创办新企业的领导。

综合上述观点，创业者可定义为整合利用资源以创建经营企业，向公众提供产品或服务，并使企业和社会受益的人。创业者的基本职能主要集中在以下几个方面。

1. 创新者

创业者不论是在创建新企业，还是在原有企业中采用新战略、开发新产品、开辟新市场、引进新技术或运用新资源，都是从事不同程度的创新活动。故而创业者首先是创新者，要具有创新的思维和能力。熊彼特指出，企业家是企业的一种重要的、独特的生产力要素，而经济发展的根本源于创新，即实现生产要素的新组合。熊彼特从促进经济发展的高度来理解企业家，认为进行新组合的主体就是企业家，创业活动也是创业者本人的知识、经验和文化观念的反映。此外要注意的是，任何创新活动都不能脱离实际，要根据企业的原有条件、现实状况及未来发展方向去进行。

2. 风险承担者

坎蒂龙曾经将企业家与风险承担联系起来。美国经济学家奈特也将创业者看作风险承担者，他认为，厂商为了市场需求而生产，而市场需求存在不确定性，企业家就是在不确定的环境中进行决策并承担决策风险的人。同时，从企业家的精神来看，冒险是企业家的天性。没有敢冒风险和承担风险的魄力，就不可能成为企业家。

3. 资产代理人

制度经济学者从"技术决定论"出发，认为最重要的生产要素决定社会权力转移和社会制度演进。在封建社会，最重要的生产力要素是土地；在资本主义时代，最重要的生产力要素是资本；在后资本主义时代，最重要的生产力要素转变为专门知识以及管理者才能。此时，理论知识成为社会核心与决策的依据，权力也从资本家转向技术阶层，即科技人员和管理阶层。科斯（Coase）从产权关系角度研究企业、企业家及现代企业制度，提出了在产权关系下解决企业经营者的激励、约束、监督等问题，而根据经营权与所有权分离的产权理论，委托代理关系随之产生，企业家的角色就是资产的代理人。

4. 决策人

卡森（Casson）认为，经济人的本质是"决策人"。现实经济社会中存在信息完备程度、信息获取者能力或获取成本的差异，因此应当将决策权交给那些具有更强信息处理能力的人，由他们制定更好的决策，从而实现资源的有效配置。而企业家就是专为稀缺资源配置做出判断的人。

因此，创业者是机会发现者，是创新者；创业者是中心签约人，是主要组织者；创业者还是风险承担者，是资产代理人及决策人。

3.1.2 创业者的类型

根据不同的标准，创业者可划分为多个类型。下面分别对各类型的创业者进行简要介绍。

1. 按照创业者在创业过程中所扮演的角色和所发挥的作用划分

按照创业者在创业过程中所扮演的角色和所发挥的作用，创业者可划分为独立创业者和团队创业者。

独立创业者是指独自创业的创业者，即个人出资、独自管理。独立创业者的特点是：在创业过程中充满机遇和挑战，可以充分地发挥创业者的想象力和创造力；能够自由展示创业者的想象力和创造力；能够充分调动创业者的主观能动性；能够按照个人意愿追求自身价值，实现创业的理想和抱负。但是，创业者可能缺乏管理经验，或缺少资金、技术资源、社会资源、客户资源等，而这一切都需要创业者独自应对，因此独立创业者的创业风险较高，难度也较大。同时，因无人可以分担，独立创业者所要承受的压力也比其他创业者更高。

团队创业者，顾名思义是以团队形式开启创业事业的创业者。团队创业者一般由少数具有技能互补的创业者所组成。他们有共同的创业目标，并且有一套能使他们彼此担负责任的约定和程序。根据在创业过程中发挥作用的不同，团队创业者又可分为主导创业者和跟随创业者。主导创业者就是在团队中带领大家创业的人，其他成员就是跟随创业者。团队创业的优点是可获得更多资金、人脉和其他资源，而且能集思广益，管理决策质量更高。但团队创业也有可能会因创业者意见不一致而造成决策效率低、协调成本高等。

2. 根据创业者的创业内容划分

按照创业者的创业内容，创业者可划分为生产型创业者、管理型创业者、市场型创业者、科技型创业者和金融型创业者。

生产型创业者是指通过创办企业生产产品以获得收益的创业者，主要特点是创业者一般具有一定的生产技术专长、产品开发背景或生产管理经验。管理型创业者是指因管理能力较强而创办新企业的创业者。这类创业者擅长综合利用各种资源，能通过各种有效的企业管理手段，推动新创企业前进。市场型创业者是指那些因具有市场营销专长而创办新企业的创业者。市场型创业者的主要特点是具有敏锐的市场嗅觉，能够及时发现市场先机，而且具有较强的把握市场机会的能力。科技型创业者是指以科学技术为依托创办新企业的创业者。这类创业者具有很强的科学技术背景，而且往往掌握了某种核心技术，同时还有把科学技术转化为生产力的强烈欲望。金融型创业者是指通过风险投资方式参与创办新企业的创业者。这类创业者不仅向新企业投入资金，而且还利用自身的管理经验和专业特长参与到新创企业的经营管理之中。

3. 按照创业者的创业背景和动机划分

按照创业者的创业背景和动机，创业者可划分为生存型创业者、变现型创业者和主动型创业者。

生存型创业者是指那些以解决个人及家庭生存为目标的创业者。这类创业者人数众多，绝大多数创业者都属于此类。根据清华大学的调查，我国90%的创业者为生存型创业者。这类创业者将创业作为谋生的手段，一般创业范围集中在餐饮、零售等行业，以个体工商户为主。变现型创业者是指那些拥有强大的人脉、市场等资源的人在适当的时候自己创办新企业的创业者。这类创业者的创业目的是将之前积聚的资源变现，实现财富的增值。主动型创业者是指那些具有较强主观创业意识的创业者。这类创业者又可进一步划分为盲动型创业者和冷静型创业者两种。其中盲动型创业者大都极为自信，做事果敢但极易冲动。这样的创业者很容易失败，但一旦成功，往往能一鸣惊人。冷静型创业者在创业之前会做好充分的准备工作，其特点是谋定而后动。他们不打无准备之仗，或掌握资源，或拥有技术，一旦创业，成功的概率往往较高。

3.1.3 创业者的素质与能力

关于创业者应具备什么样的特质，国外学者进行了大量研究，美国学者杰弗里和郝沃德曾按创业研究的时间顺序总结了多位学者对创业者应具备的特殊品质的描述[1]，如表3-1所示。

表3-1 创业者特质

时间/年	学者	特征描述
1848	米尔（Mill）	承担风险
1917	韦伯（Weber）	正式权利源

① 聂元昆，王建中. 创业管理：新创企业管理理论与实务. 北京：高等教育出版社，2011.

续表

时间/年	学者	特征描述
1934	熊彼特（Schumpeter）	革新，动机
1954	萨顿（Sutton）	渴望承担责任
1961	麦克莱兰（McClelland）	承担风险；有实现成就的需要
1963	戴维斯（Davids）	野心；渴望独立和担负责任；自信
1964	皮克尔（Pickle）	驱动力/精神；人际关系；沟通能力；技术知识
1971	帕尔默（Palmer）	风险评估
1971	霍纳德和阿布德 （Hornaday & Aboud）	实现成就的需要；自主性；进取性；权力认识；革新；独立
1973	温德尔（Winder）	对权力的需求
1974	布兰德（Borland）	内部控制中心
1974	莱尔斯（Liles）	实现成就的需求
1977	加斯（Gasse）	个人价值导向
1978	蒂蒙斯（Timmons）	驱动力，自信；目标导向；承担适度风险；控制中心；创造性，革新
1980	塞克斯顿（Sexton）	精力，雄心；主动撤回
1981	威尔士和怀特（Welsh & White）	控制的需求；责任追求；自信，驱动力；迎接挑战；适当承担风险
1982	霍莉和海瑞格尔（Holly & Hellriegel）	技术任务优先于管理任务
1983	帕维坦德劳（Pavettandlau）	理念、人文和政治能力；熟悉特定领域里的技术
1985	麦克米兰、西格尔和亚巴尼亚利什哈 （MacMillan，Siegel & Subbanarisimha）	熟悉市场；高强度工作能力；领导能力
1986	易卜拉欣和古德温（Lbrahim & Goodwin）	有分权能力、处理顾客与雇员关系的能力；人际交往技巧，与控制着重要资源与相关技能的人结成网络
1987	阿尔德里奇和齐默尔（Aldrich & Zimmber）	希望看到公司从创立到不断壮大发展；能清楚传达公司目标；调动其他人统一行动的能力
1987	霍弗和萨柏格（Hofer & Sanberg）	具有可体现高度责任感和权威感的强有力管理技巧
1987	夏恩（Schein）	既是管理者更是专家
1987	蒂蒙斯、莫扎克和史蒂文森等（Timmons，Muzyka，Stevenson，et al.）	在利用商机的过程中有识别和展望的能力
1989	费伦和亨格（Wheelen & Hunger）	用各种计划、程序、预算、评估等来执行战略的能力
1992	钱德勒和扬森（Chandler & Jansen）	自我评估以识别商机的能力
1992	麦克莱兰、马布米兰和夏恩博格 （McClelland，MabMillian，Scheinberg）	高度个人主义；不易接近；避免不确定性；大丈夫气概

通过杰弗里和郝沃德的研究可以看出，成功的创业者必须具备一些与众不同的素质与能力。下面就对创业者的素质和能力进行具体的阐述。

1．创业者的素质

尽管创业目标有所不同，但创业者一般都需要具有以下基本的素质。

（1）进取精神

创业者要有进取心，即有强烈的成功欲望，通常表现为对超越现状的渴望和自我实现的渴求。这种强烈的信念激励着创业者将其创业的想法付诸实践，并使其在面对外界环境压力时表现出不凡的能力，从而克服前进中的困难，取得创业的成功。进取精神还使得创业者具有很强的持续学习的能力，不断学习的习惯可以提升创业者自身的能力和素质，更好地应对知识经济和信息技术发展带来的挑战。这对于创业者走向创业成功具有重要的意义。

（2）独立自信

大部分创业者都是特立独行，喜欢按自己的方式处事的人，他们渴望独立，希望自己做领导，并急切地希望得到社会的认可。成功的创业者都有很强烈的自信心，通常坚信自己的决策，相信自己的判断，而不习惯于听命于人。对创业者来说，自信是不可缺少的品质，尤其是在创业期间，有自信的创业者才更能顶住压力，坚定执着，最终取得创业成功。

（3）风险意识

创业过程显然是一个与风险紧密相随的过程，任何一个创业者都需要在这个过程中承担风险。只有具有风险意识的创业者，才能抓住最佳的市场机会，使新创企业迅速发展成长。纵观许多成功创业典范，几乎没有一个成功的创业者是按部就班去成立和发展企业的。

由于创业存在着各种风险，因此创业者必须在对创业环境进行全面分析后采取谨慎行动。创业行为应是创业者经过努力有可能获得成功才发生的，而不该是一种贸然行动。另外，创业者要在创业机会出现的时候，不惧怕风险，抓住机会并利用自有或创业团体的资源努力降低风险，逐步走向创业的成功。创业者在创造性地解决问题的过程中，也将逐渐增强自己抗风险的能力，推动企业发展壮大。

（4）领袖精神

尽管一家创业企业的成败离不开团队力量，但领导者本人仍起着决定性的作用。领导者是企业的一面精神旗帜，他们的一言一行影响着企业的荣辱兴衰。企业文化是企业的灵魂和精神支柱，是一种战略性的软资源。积极的企业文化更能培养员工同甘共苦的意识，也更能有效地协调员工工作，从而为创业企业打下坚实的发展基础。而企业文化的核心就是创业领袖及其领袖精神，它包含创业领袖对公司创业过程的领悟，以及以创业领袖人生哲学为核心的企业共同价值观，这是创业企业凝聚员工的一笔无可替代的财富，更是创业企业赖以生存和发展的无形资产。

（5）坚定的意志

创业是一个充满艰辛的过程，创业者在创业过程中总会遇到各种挫折和困难。创业者必须具备坚定的意志来面对各种各样的挑战，勇往直前，去解决创业过程中遇到的每一个问题。这要求创业者不仅要有吃苦耐劳、坚韧不拔、顽强拼搏的执着精神，还要有忘我的热情和勇于奉献的精神。成功的创业者往往在经历过一次又一次的失败之后，仍然矢志不渝，反复总结、吸取过往的经验教训，继续前行，坚持不懈地向目标前进。

（6）战略眼光

战略眼光，是指人们处理问题时从全局角度和长远利益出发，而非着眼于眼前利益。正如《孙子兵法》中所言：不谋万事者，不足谋一时；不谋全局者，不足谋一域。在创业过程中，创业者利用敏锐的战略眼光可以发现新的、潜在的商业机会，并最终把握住这些机会。创业者通过观察和分析，对潜在顾客自身未必察觉到的需求做出判断，他们所关心的是"市场该卖什么，而不是正在卖的东西"。

除此之外，诚信也是十分重要的创业者素质。一个受人尊重的成功创业者必须讲诚信，这是创业者最重要的商业品德之一。而经济、政治是密切相关的，创业者应时时刻刻关心政策动向，并善于利用政策给企业带来的更多发展机会。

2. **创业者的能力**

追求创业成功的创业者需要具有与之相匹配的能力。这些能力主要包括以下几个方面。

（1）创新能力

创新是一种对未知世界、未知领域的探索性活动，是推动人类社会发展的动力。创新的实质是通过科学研究、生产活动和管理实践，创造新的理念、产品或服务成果并转化为生产力，以促进社会经济的发展。创新贯穿于创业的全过程，在创业过程中，无论是发现新的创意、捕捉新的机遇、寻找新的市场，还是撰写一份有潜质的创业计划，乃至于创业融资、创办公司和企业运作、管理和控制，都包含着创新的内容。

如前所述，企业家就是创新者，不断创新将企业家与一般的管理者区别开来。创业要成功，要求创业者具有卓越的创新能力。创新能力是指创业者在经营活动中善于敏锐地察觉事物的缺陷，准确地捕捉新事物的萌芽，提出大胆的、新颖的推测和设想，继而进行周密论证，提出可行的解决方案的能力。由于创新能力来源于创造性思维，一个成功的创业者一定要具有独立性、求异性、想象性、灵感性及敏锐性等人格特质。中国科学院院士朱清时把创新人才的素质归结为：好奇心和兴趣、广博的多学科交叉的知识、直觉或洞察力、刻苦勤奋、注意力集中以及包括诚实、责任感和自信心等在内的各种被社会接受的素质。

（2）沟通能力

松下幸之助曾说过：企业管理过去是沟通，现在是沟通，未来还是沟通。沟通是现代企业管理的核心和灵魂。因此，创业者必须具备良好的沟通能力，包括外部沟通能力和内部沟通能力。

创业者进行外部沟通需要通过公共关系手段，利用大众传媒，与客户、政府职能部门、周边社区、金融机构等建立良好关系，争取社会各界支持，营造好的发展氛围；同时，导入企业形象识别系统，把理念系统、行为系统、视觉系统进行有效整合，进行科学合理的传播，树立良好企业形象，提高企业的知名度、美誉度，为其持续发展提供良好的环境。因此，对创业者而言，如何获得广泛的社会支持，并在这种支持下充分利用各种有利因素推动事业发展，就成为取得成功的重要的能力之一。

内部沟通能力，一方面指创业者能够通过制定合理的制度，借助恰当的媒介，使企业的各种指令、计划信息得以及时上传下达，相互协调，统筹执行。对此，建立与规范企业会议系统，定期发行企业内部刊物等都是很好的选择。另一方面，创业者应以真诚的态度和开放的心态来听取员工建议，了解员工需求，努力提升其工作满意度。创业者的大门应该是永远敞开的，时刻欢迎各层级员工进来沟通谈话，无论是意见还是建议，创业者都须认真听取，并快速做出回应；了解各级员工的需求动态，并尽力满足需求；把员工当作绩效伙伴而非"打工者"，形成命运共同体，而非单纯利益共同体。

（3）策划能力

策划能力是策略思考与计划编制等能力的统称。策略思考指的是为达成某种设计，编制具体行动计划的过程，或对所需方法论的思考。计划编制是指按照已经确定的方法论，编制具体行动计划的过程。根据外部环境和创业机会，进行富有创意的策划，对创建企业是至关重要的。

创业者进行策划时必须考虑以下问题：首先，创业者必须弄清策划项目的价值所在、所涉及的范围和有关的限制因素，明确所创建企业的市场定位；其次，确定由谁负责该项目的策划；最后，必须考虑策划的时机。创业者要充分认识和完善自己，知晓企业自身的竞争实力，为企业量身定制策划方案，真正成为开拓市场的领路人。创业者策划能力的大小，直接决定着创业活动的绩效，它是衡量创业水平的一个重要标志。

具体来讲，创业者的策划能力还包含以下几种能力。①发现问题的能力。这种能力不同于创新能力。创新能力是对尚未出现的问题进行设计、设想，对未来做出敏锐的洞察。而策划能力是对现实生产经营活动中出现的问题，运用各种理论知识和经验做出判断并提出解决办法的能力。②合作能力。创业中出现的许多问题都关系到企业发展方向，往往需要综合运用多学科的知识进行策划。而创业者自身往往并不具备多种专业知识，这时创业者应能够组织和依靠有关专家、学者共同探讨解决问题的方法，发挥合作精神，用组织能力去弥补自身技术能力的不足。③优化能力。优化能力使策划方案既能切合实际需要，又能够方便贯彻执行。创业者从多种可行性方案中进行选择时，必须有掌握"优化点"的能力，认识到在实际中不存在"最优化"的理想状态，只有接近"最优化"的状态；同时，解决问题永远不会只靠一种方法，组合最优方法要有几种备选方案。④逻辑分析能力。严谨的策划必须能够落实到行动里，只有逻辑严密、无懈可击的策划才能确保执行的成功。所以，除了从整体上策划，创业者还必须考虑并规避执行过程中可能会出现的问题，这要求创业者充分发挥严谨的逻辑分析能力。此外，创业者在做完策划之后，应对方案的实施情况做一个预测，并做好相应的风险防范。

（4）组织能力

组织能力是创业者运用行之有效的手段把企业生产经营活动的各个要素、各个环节高效、科学地联结起来，对资源进行分配，同时控制、激励和协调群体活动过程，使之相互融合，以实现创业目标的能力。创业者组织能力的发挥，能使企业形成一个有机整体，并保证其高效率地运转。组织能力主要包括组织分析能力、领导授权能力、冲突处理能力和激励下属能力等。①组织分析能力。组织分析能力是创业者针对企业的现实状况，依据组织理论和原则进行系统分析的能力。这种能力要求创业者对企业现有组织状况的效能进行全面分析，对其利弊进行正确的估计，并能够找出现有组织结构中存在的问题。②领导授权能力。有效的授权是领导的一项基本职责，授权意味着准许并鼓励他人来完成工作，达到预期的效果；领导授权能力使创业者能够通过其他人员的努力来完成工作，但授权并不意味着放弃自己的职责。③冲突处理能力。正确地处理同事之间、上下级之间的冲突是非常重要的，创业者的冲突处理能力包含对冲突原因的理解，如何避免冲突，以及如何妥善处理冲突等内容。④激励下属能力。领导者应尽力去激励下属，使他们的工作更有效。因此创业者应该懂得激励下属的方式，以此促进工作，并确认自己在激励过程中所扮演的角色。一个有效的管理者，应创造促使下属达成各自目标的条件；最重要的是，针对不同的人应采取不同的激励方式，而非对激励问题提供一个通用答案。

（5）领导能力

领导能力是把握组织的使命及动员人们围绕这个使命奋斗的一种能力。领导能力是领导者的个体素质、思维方式、实践经验以及领导方法等个性心理特征和行为的总和。不少研究者认为，最后决定领导能力的是个人的品质和个性。

领导能力是领导者素质的核心，出色的领导能力是创业者成功的关键因素。在创业过程中，创业者的领导能力通常体现在以下几个方面。①活力。创业者要有巨大的个人能量，对于行动有强烈的偏爱，不惧怕变化，不断学习，积极挑战新事物。②鼓动力。创业者要有激励和激发他人的能力，能够活跃周围的人，善于表达和沟通自己的构想与主意。③锐力。创业者要有竞争精神、自发的驱动力、坚定的信念和意志。④决策力。美国著名管理学家赫伯特·西蒙指出："决策是管理的核心，管理是由一系列决策组成的，管理就是决策。"决策关系着企业前进的方向，关系到团队的优胜劣汰。因此，创业者要具备这种及时做出恰当决定的能力。⑤执行力。所谓执行力，指的是贯彻战略意图，完成预定目标的操作能力。创业者必须能够将构想和结果联系起来，把企业战略、规划转化成为效益、成果。创业者的执行力就是经营企业的能力。

（6）控制能力

控制能力是指创业者运用各种手段保证创业活动的正常进行，并保证创业目标如期实现的能力。首先，良好的控制能力可以帮助创业者进行自我控制，经常对各项工作进行反思，并确定下一步如何改进工作，如何自我调整。其次，控制能力可以帮助创业者设定恰当的目标。创业者要实现有效控制，必须先设定定性与定量相结合的目标，如果只有定性目标而没有定量目标，就难以将目标与实际结果相比较来发现二者之间的差异。最后，卓越的控制能力使创业者能够及时发现计划执行中出现的偏差，予以纠正。发现偏差的能力是对执行结果与预定工作目标之间发生的差异及时测定或评议的能力。发现偏差是改进工作的开始，对于创业者来说极为重要。因为创业者如果不具有对实现创业目标过程中出现的偏差的发现能力，就无法控制全局，从而导致新创企业遭受严重损失。

▎阅读资料3-1▎

玻璃大王曹德旺的创业之路

1976年，乡镇企业高山异形玻璃厂正式成立，30岁的曹德旺应聘成为玻璃厂的采购员。

凭着极强的个人能力，曹德旺包揽了玻璃厂的大小业务，并在1983年正式晋升为总经理。曹德旺管理有方，将玻璃厂经营得有声有色。玻璃厂的业务做得越好，曹德旺就越觉得这个行业有盼头，于是萌发了独自创业的梦想，并很快付诸行动。

1987年，曹德旺牵头成立了福耀汽车玻璃公司，自此开启了属于曹德旺自己的创业之路。因为公司所生产的产品在国内属于独一家，所以有着很好的效益。不得不说他的嗅觉很敏锐，创业的积极性很高。

1991年，曹德旺的公司被福建省纳入首家试点发行股票的企业行列，这也是公司开拓全球市场的契机。在开拓市场期间，福耀玻璃遭到了外国政府不公的倾销裁定，很多企业遇到这种情况可能就直接退缩了，但曹德旺选择了直面困难。

在与外国政府打官司的过程中，曹德旺不畏当地强权，也不怕花费巨资，一心只想为自己的公司，也是为中国的企业争取本属于自己的权益。功夫不负有心人，曹德旺最终花费了一亿多元打赢了两个反倾销案官司，福耀玻璃也是在此时正式走向了全世界。

3.1.4　创业者的创业动机

动机是由需要所激发的，直接推动个体活动以达到一定目的的内在动力。创业动机是引起和维持个体从事创业活动，并使活动朝向某些目标的内部动力，它是鼓励和引导个体为实现创业成功而行动的内在力量。创业者的某种需要激发了创业动机，而创业动机的形成引发了创业行为。国内外诸多学者曾对来自不同地域、不同行业的创业者的创业动机进行研究，并提出了自己的观点，如表3-2所示。

表3-2　创业动机研究

学者	创业动机描述
熊彼特	（1）建设私人王国
	（2）对胜利的热情
	（3）创造的喜悦
格林伯格和赛克斯顿	（1）在市场上发现机会
	（2）相信自己的经营模式比前人更有效率
	（3）希望将拥有的专长发展成为一项新企业
	（4）已完成新产品开发且相信这项新产品能在市场上找到利润空间
	（5）想要实现个人梦想
	（6）相信创业是致富的唯一途径
戈什	（1）希望得到个人发展
	（2）喜欢挑战
	（3）希望拥有更多自由
	（4）发挥个人专业知识与经验
	（5）不喜欢为他人工作
	（6）受到家庭或朋友影响
	（7）家庭传统的承袭
蔡敬聪	（1）有人愿意出资或已有资金来源
	（2）对工作现状极端不满，想要另谋出路
	（3）本身就是创业欲望强烈的老板型人物
	（4）机缘巧合，正好遇到一个可以创业的机会
	（5）创业时机正好成熟，因为在熟悉的本行业从业太久，已有足够实力可以出来自立门户创业
	（6）想要建立个人的有形与无形财产，得到对人和对事的主控权
	（7）喜欢追求行动独立的自由
	（8）想求得"董事长"的头衔（想拥有自己的事业）

　　创业者会因为许多动机而走上创业的道路，个人背景、生活经历等方面的差异会让他们选择不同的创业类型。但创业的动力一般都源于创业者对独立、自由和自我发展的渴望（其中自由也包含财务自由）。因此，我们把创业动机归为三大类，即财务回报、自由意志和自我实现。

　　1.　财务回报

　　马斯洛需求层次理论认为，人们只有满足了衣、食、住、行等基本的生理需要，才可能进行其他社会活动。因此，创业是摆脱贫困、获得财富的重要途径，企求财务回报是创业者最朴实的动因。

　　20世纪70年代末、80年代初，我国涌现的大批创业者多为农村人口或城镇无业人员，经营方式以个体户经营居多，创业内容通常是开设小餐馆、加工厂等。当时的创业活动与其说是创立事业，不如说是为了摆脱贫困。现在小企业的业主中也有一些是下岗或无业人员，他们为了改善生活状况而创业；还有一定数量的业主虽然有自己的工作，但不满足现状，为了争取更大的财务自由而"下海"。同样，在国外也不乏怀有这种脱贫动机的创业者。例如，松下幸之助少年时家贫如洗，摆脱贫困就成了他最初的创业动机。

对于一些创业者来讲，创业是追求更大财富的重要途径。部分调查显示，目前，追求金钱和财富成为众多创业者选择创业的首要动机。大企业都是由小企业发展而来的，一旦新创的小企业发展起来，这些创业者就会考虑通过上市来提高企业价值，或通过出售而获得大量利润后成功隐退。

2. 自由意志

自创企业可以为创业者争取一个较自由、较灵活的时间和空间，开创自己喜爱的事业，按照自己的方式去做事，在工作和生活上充分发挥个人的自由意志，这也是创业的动机之一。

创业者可以独立经营，自主决策，自由发挥创意和想象，自己安排工作和生活。但独立意味着要使用自己的判断去承担责任，而不是盲目跟从别人的主张。因此，创业者在发挥自由意志的同时，必须保持自律、自强与高度的责任感。责任和自律能让创业者享受更多自发行动的自由，只有高度负责并掌控好所有工作项目时，创业者才能被赋予额外的自由。正如美国演说家博恩·崔西所言：杂乱无章的人难以自发行动，他们只会充满困惑。

3. 自我实现

马斯洛需求层次理论还指出，自我实现的需要是最高层次的需要。他认为，人们在获得生存、安全、社交和受尊重的需要后，能继续鼓舞其前行的动力来自对实现理想和抱负的渴望。

创业成功是个人实现自我抱负，走向社会上层的一个重要途径。在众多创业者的潜意识里，他们就是为了证实自己是优秀的而不断激励自己，追求卓越，永无止境。近年来，一些企业、政府或其他机构的高级职员离开优越的工作岗位和生活环境，积极投身商海创业，如果不是自由意志使然，则是追求自我实现的动因所致。

从社会宏观环境来说，创业是创业者对时代潮流的顺应。一个人是否愿意从事创业活动取决于宏观的经济环境及国家的法律法规政策，包括经济中可用性资本的获取、资本市场的条件和国家的整体经济水平。创业者创业动机与创业配套服务、政策完善、校园创业文化氛围、教育对创业的鼓励、家庭的鼓励帮助等存在显著的正相关性。一般而言，经济活跃期也是创业踊跃期；而创业的踊跃反过来又会促进经济的发展。

阅读资料3-2

年过花甲再创业

1984年，60岁的王守义重新申请了营业执照，开始了十三香的传奇之旅。创业之路非常艰难，每天天不亮的时候，王守义便拉着他的车到市场去售卖十三香，等市场热闹起来后他便卖力吆喝。

一天卖货下来，王守义的嗓子很疼，以至于回到家中跟家人交流时，他只能用手势沟通。

当时的市场秩序并不好，像王守义这样的调味品小摊贩，都没有固定的摊位，可这并不影响这位老者的创业热情。逢年过节的时候，许多小贩都收摊了，只有王守义还守着他的小摊，一年三百六十五天，王守义坚持天天开张，没有间断过。

正因为王守义每天都出现，老百姓开始对他的脸熟悉了起来。渐渐地，王守义的摊位上排起了长队，就连周围村镇中的人，都绕路跑到王守义的摊前来买香料。王守义的生意越做越红火，这也让他与儿子产生了扩大生产规模的想法。1987年，父子俩注册了商标，在河南驻马店创办了十三香加工厂，从此迈出了由摊贩走向工厂的第一步。

3.2 创业团队

大量创业实践证明，一个优秀的创业团队对于创业企业的成功具有举足轻重的作用。没有团队的新创企业也许不一定会失败，但要创建一个没有团队仍具有高成长潜力的风险企业却极其困难。美国学者曾对20世纪60年代创立的104个高技术企业进行研究，发现年销售额达500万美元或更多的高成长企业中，83.3%是由团队创立的，而那些夭折的企业大多只由少数几个创业者组成。

3.2.1 创业团队的概念及要素

1. 创业团队的概念

所谓创业团队，是指由两个或两个以上具有共同创业理念和共同价值追求的创业者组成的、为实现创业目标而形成的共担风险、共享收益的正式群体。创业团队由技能互补的创业成员构成，他们为实现共同的目标而共同承担责任，分享快乐，他们紧密团结在一起，为企业的发展提供源源不断的动力。优秀的创业团队具有良好的工作绩效，并且能够避免由于创业者个人认识的偏颇造成的风险，能够给创业企业带来巨大的经济效益和社会效益。

2. 创业团队的要素

一个完整的创业团队应具备五项基本要素，即目标、人员、权责、定位和计划。

（1）目标

明确的目标是创业团队成立的基础。一个明确的目标可以为团队成员指明前进和奋斗的方向。只有清楚创业的方向，团队成员才能知道为了实现此目标需要付出哪些行动和努力，才能准确把握时机和商机。除此之外，明确的目标能够使创业团队清楚知道组织需要哪些方面的人才和技能，在寻找合作伙伴或雇用员工时有清晰的目标，据此选择合适的人才，提高团队战斗力和综合实力。

同时，创业团队应有效地向大众传播团队目标，让团队内外的成员都知晓这些目标。在企业管理中，目标以企业愿景、战略规划等方式得以体现。还有些企业把企业愿景贴在办公桌上、会议室里，以此激励所有的人为这个目标去努力工作。

（2）人员

人员是创业团队中最核心的部分。目标是通过人员具体实现的，所以创业团队中人员的选择要慎重。通常，创业团队需要由拥有共同的创业理念和目标的人一起创建。因此，团队成员首先要具有共同点，这主要体现在创业观相同、价值观相同、财富观相同等方面。此外，成员之间还需要有互补点。一个企业的创立，需要有人寻找创业机会，需要有人进行决策，需要有人制订计划，也需要有人具体实施，还需要有人去进行对外交流和沟通。这要求创业团队成员多元化，成员之间的优势要能互补。优势互补主要体现在性格互补、能力互补和资源互补三个方面。

（3）权责

合理的权责分配是创业团队成功的必备条件。必须明确创业团队成员在权责上的分配，即规定每个成员所拥有的权力和应担负的责任。创业团队应根据每个成员的专业特长和优势确定其权责，从而保证每个成员都能最大限度地发挥自己的能力，也使创业过程中遇到的问题都能有相对专业的人来解决。合理分配权责能使团队成员在紧密团结的基础上协调一致、统筹合作，既增强了整个团队的士气，又提高了团队的工作效率，使团队获得更多的收益。

创业团队还需要对团队成员所拥有的权限做出明确规定，包括对团队当中领导人的权限进行规定。一般来说，团队领导人的权力与团队的发展阶段相关。在团队发展的初期阶段，领导权是相对集中的；团队越成熟，领导者越倾向于施行分权化管理。也有许多创业团队推崇群策群力，将决策权交给全部成员，使每项决策都要由整个团队共同讨论之后才做出决定。

（4）定位

这里的定位包含以下两层意思。

一是创业团队的定位。该层次的定位应回答这样一些问题：团队在企业中处于什么位置？由谁选择团队的成员？团队最终应对谁负责？

二是创业者的定位。包含创业者在团队中所处的位置、所承担的任务及相应的职责和权力等。即应回答以下问题：创业者在团队中扮演什么角色，负责制订计划还是具体实施？大家共同出资后，如何管理，是派某个人参与管理，还是共同参与管理，或者聘请第三方（职业经理人）管理？创业实体的组织形式是采取合伙制还是公司制？

（5）计划

周详的计划是创业团队成功的前提。目标最终的实现，需要一系列具体的行动方案，因此可以把计划理解成实现目标的具体工作程序。制订创业计划时，创业者要充分考虑创业企业外部环境、企业自身优劣势等因素。计划不仅要服务于创业团队的短期目标，还要有利于创业企业长期战略目标的实现。另外，计划一定要具有可行性和可预见性，否则对目标的实现没有任何帮助。创业者要从众多的方案中选择最优方案，从而使创业团队资源得到最合理、最有效的利用。合理详尽的计划也能为创业企业今后的管理控制活动提供一定的依据，使创业团队的发展方向与目标要求尽量保持一致，从而保证创业目标的顺利达成。

3.2.2 创业团队的组建与管理

1. 创业团队的组建

如何组建一支高效的创业团队？由于每个团队都有其具体情况，因此组建团队的流程也会有所区别。但创业团队的组建通常都要包含以下几个方面的内容。

微课堂

创业团队的组建

（1）明确创业目标。首先要确定团队的总目标，明确企业要提供的产品或服务内容、要达成的规模、将带来的股东权益和社会效益等。总目标确定之后，为了推动团队最终实现它，还要将总目标加以分解，设定若干可行的、阶段性的子目标。

（2）分析战略环境。创业者要认真调研分析创业环境，对自己即将从事的创业活动有足够清醒的认识。可采用SWOT矩阵法分析创业企业的优劣势、面临的机遇和威胁，以便有的放矢地去组建创业团队。

（3）制订创业计划。制订创业计划时，应在对目标加以分解的基础上，从团队整体角度进行考虑。在计划中规定不同阶段要完成的任务，通过逐步实现这些阶段性目标最终实现创业的总目标。

（4）招募团队成员。创业团队成员的招募，一是考虑人员的互补性。一般创业团队至少要有技术、营销和管理三个方面的人才，且人员的其他异质性有利于相互沟通协作。二是考虑规模的适当性。团队人员过多，可能会产生沟通障碍，甚至产生团队内部的小团体，削弱团队的凝聚力；而人员太少，则可能影响团队运行的效率，延误创业计划的执行。

（5）划分职责权限。在招募人员后，团队应该根据创业计划来具体确定每个成员的职责以及相应的权限。在安排时，应避免职责的交叉重叠或无人承担，以免造成工作上的低效或疏忽。此外，如若企业外部和内部环境发生变化，也应根据需要进行职责调整。

（6）构建制度体系。团队的制度体系是一把"双刃剑"，一方面，可以通过各种约束制度避免成员做出不利于团队发展的行为，从而保证团队的稳定运行；另一方面，也可以制订有效的激励机制，让团队成员看到目标达成后所能获得的个人利益，从而达到充分调动成员积极性的作用。

（7）不断调整融合。强大的创业团队并非一开始就能建立起来的。很多时候团队成员之间的和谐沟通与配合都是随着企业的发展逐步形成的。也许创业团队的人员分配、奖惩制度等在创建之初看起来是恰当的，但是在实际工作中却暴露出这样那样的问题，这时就需要对团队进行调整磨合，才能逐渐融洽顺畅。在这个过程中，最重要的是保证团队成员间能够有效沟通、协调，相互理解、鼓励，培养并强化团队精神，提升团队士气。

同时，在组建创业团队时，创业者应着重考虑以下三个问题。

一是创业者是否有一致的创业理念。共同的创业理念不仅决定了团队创业的目标、创业的行为准则，而且是团队凝聚力和合作精神的基础。团队成员需要紧密合作，既各司其职，又互相帮助。只有整个团队获得成功，才能使每个人都获得最大利益。创业者在拥有共同的创业理念和价值追求时，更容易建立起这种心理契约和创业氛围，从而形成一支高效协作的优秀团队。

二是创业者是否有一定的异质性。正如前面所提到的，创业团队成员要具有"技能的互补性"。一般认为，技能主要包括概念技能、人际关系技能和技术技能三个方面。如果创业团队的成员具备各自擅长的技能，都是处理不同问题的专家，就会形成团队的整体优势。实际上，除了技能以外，团队成员在性格、经验方面所具有的差异性以及其他的个体特质对企业的发展也是非常有益的。性格是一个人较固定的对人和事的态度和行为方式。在一个创业团队中，性格应该是协调的。协调并非完全一致，而是指性格的补偿作用将不同性格人的优势发挥出来，相互弥补其不足，从而发挥整体的最大优势。经验包括个人的工作经历、专长、产业背景知识等。个体特征包含创业者的性别、年龄、民族等方面。创业者的异质性使他们可以从不同的角度思考和分析问题，为创业提供更多的决策选择和解决问题的方法。团队成员在技能和经验上的差异性，还使得每个成员都拥有其独立的有差别的社会网络资源，使得整个团队的社会网络资源呈现互补和扩大的趋势。因此，创业团队的构成需要成员在价值观和创业观一致的基础上，在专业技能、管理能力、领导艺术、战略思考上形成互补。

三是团队报酬与激励是否合理。追逐利益是建立创业团队的最原始动力。利益分配关系是团队成员之间最敏感的一种关系，建立在合理的利益分配关系上的团队才具有稳定性和可发展性。建立合理的利益分配关系，在运行中主要是做好报酬激励体系的设计工作。企业的报酬体系不仅包括诸如股权、工资、奖金等物质上的报酬，还包括技能培训、自主权、个人发展或人文关怀等其他形式的激励。有时，团队成员对报酬和激励的理解与期望并不一致。一些人可能追求长远的资本收益，而另一些人则可能只关心短期的个人收入和职业安全。对前者和后者而言，股权激励会产生不一样的效果。新创企业吸引和保持高质量团队成员的能力在很大程度上取决于报酬体系所提供的物质激励和精神激励。企业要通过这个报酬体系来获得团队成员的知识、技能、经验、承诺和风险，并将其投入到创业过程中去。

2. 创业团队管理

创业团队的组建与发展一般会经历创建期、磨合期、凝聚期和整合期四个阶段，针对不同阶段的管理会有所差异。

（1）创建期团队管理

在团队的创建期，每位成员对生活的价值都有了全新的理解，对新的工作也充满激情。由于相互之间了解不足，成员之间更容易高估彼此的能力，对新生的团队寄予过高的期望。因此，创建期的团队经常会表现出很高的士气。但这一时期，团队成员之间在工作上短期内无法达到配合默契的状态，新生团队的生产力处于较低水平。因此，应注意引导团队成员积极迅速地适应新环境，多强调团队目标及创业理念，这对增强团队凝聚力以及形成团队的集体荣誉感至关重要。

创建期团队管理的重要工作是完善新创企业的治理结构，具体任务包括：①明晰新创企业的所有权结构。不管是哪种企业形式，创业团队在组建之初必须以创业协议或其他法律形式来明确新创企业的所有权安排及退出机制，以避免由于新企业所有权的争议而带来创业团队的瓦解。②明确新创企业的权力机构和决策机制。企业决策的效果和效率在很大程度上取决于权力机构的设置和决策机制的安排。同时，法律对企业的权力机构和决策机制的部分内容进行了明确规定。因此，创业团队应在不违背法律的前提下，本着有利于保证新创企业经营决策的科学、高效的原则，设计安排权力机构和决策机制。③明确创业团队的组织设置和内部分工。创业团队组织结构设计是工作内容和团队成员角色动态的匹配过程。一个理想的创业团队组织结构应是创业战略、工作内容和团队成员素质与技能的完美结合。内部组织结构框架确定后，创业团队就要进行角色分配。创业团队必须了解成员能够给团队带来贡献的个人优势，使工作任务分配与团队成员的优势相统一。创业团队组织结构明确以后，还须制订具体的规章制度和业务流程来明确团队成员的权力和责任以及工作程序，以保证日常工作的高效运转。最后，创业团队还应意识到其组织结构是动态的，应随着企业发展、新成员的加入或者成员的离开而不断及时调整。

（2）磨合期团队管理

磨合期是每一个团队都要经历的特殊动荡时期。能否通过有效的磨合，顺利地度过这段敏感的时期，对团队以及团队领袖的综合能力是一个严峻的考验。这一时期，人际关系也变得紧张起来，强大的工作压力使人焦虑不安，严重的时候甚至引发内部冲突。团队前景扑朔迷离，士气陷入低潮。但这个阶段也有积极的一面：多数团队成员都在适应和摸索解决问题的方法，使得团队整体的生产力水平稳步提升。连续的培训以及对工作的理解，使团队成员在实战中慢慢形成个人的风格。

在这个敏感时期，团队领导应注重对团队的激励。一方面，团队领导要密切注意团队进步情况，抓住一切机会鼓舞团队士气；建立标准的工作规范，并身体力行，争取用自己在工作上的突破为团队树立榜样；善于树立典型，对于取得突出成绩的成员要尽可能地予以嘉奖，号召团队成员向优秀者学习。另一方面，创业团队激励与传统的以个人导向为基础的激励有所区别，团队激励不仅要使团队成员在个人层次上具有责任心，还要使他们在团队层面上具有责任心。因此，创业团队除了根据团队成员个体的贡献进行评估和奖励之外，还应以整个团队为基础进行绩效评估、利润分享，以强化团队精神。

此外，该阶段也应增加对团队内冲突管理的关注度。所谓冲突，就是一方感觉到另一方对自己关心的事情产生消极影响或将要产生消极影响的一种状态。冲突对创业团队来说是一个不可忽视的问题，尤其在冲突频繁发生的团队磨合期，如果处理不当，冲突会危害团队的绩效，导致优秀团队成员的流失，甚至可能导致创业团队的解体。

创业团队内部冲突包括建设性冲突和破坏性冲突。建设性冲突又称为功能正常的冲突，是指对组织有积极影响的冲突，建设性冲突支持组织目标，并能提高组织的工作绩效；破坏性冲突又称功能失调的冲突，是指对组织有消极影响的冲突，破坏性冲突具有破坏性，妨碍组织的工作绩效。对于破坏性冲突，创业团队可以试着采取以下一种或几种方式和技巧来处理。①直面问题。冲突双方直接会晤，通过坦率真诚的讨论来确定问题并解决问题。②目标升级。提出一个需经冲突双方的共同协作努力才能达到的目标。③资源开发。如果是由于资源缺乏造成的冲突，那么对资源进行开发可以解决问题。④回避。逃避或抑制冲突。⑤求同。通过强调冲突双方的共同利益而减弱双方利益的差异性。⑥折中。冲突双方各自放弃一些利益。⑦命令。管理层运用正式权威解决冲突。⑧岗位变更。通过工作再设计、工作调动等方式改变冲突双方的相互作用模式。

有时团队冲突也会出现水平过低的情况，对此，创业团队可以选择恰当的方法和技巧来激发正常冲突：一是运用沟通技巧，即利用模棱两可或具有威胁性的信息来提高冲突水平；二是引进新成员，即在团队中补充在背景、价值观、态度和管理风格方面均与当前团队成员不同的新成员；三是重新建构团队内组织结构，即调整团队，改变规章制度，提高相互信赖性以及其他类似的结构变革以打破现状。

（3）凝聚期团队管理

凝聚期的团队趋于稳定，逐渐形成独有的团队特色。成员之间以标准的流程投入工作，分配资源，分享观点和信息，团队荣誉感增强。成员会表现出坚定的信心来面对挑战，在工作中自然地寻求内部成员的配合，能够自我激发潜能，取得意想不到的成功。凝聚期的团队成员表现出很强的主观能动性，这样的状态使生产力水平也进入巅峰时期，表现出一个高绩效团队的成熟魅力。

创业团队文化是创业团队在建设、发展过程中形成的，为创业团队成员所共有的工作态度、价值观念和行为规范。良好的创业团队文化可使创业团队成员明确理解创业团队的目标，认可和接受创业团队的共同价值观，并在实践中维护和发展创业团队的价值观。在凝聚期，创业团队文化发挥了显著的积极作用：一是凝聚作用，被创业团队成员认同的创业团队文化，会使创业团队成员自觉沉浸在文化氛围之中，同时也会对创业团队合作伙伴和服务对象产生磁石效应；二是稳定作用，团队文化具有同化力量，从而使正确理念得以在企业中贯彻，使创业团队处于有序状态，以利于企业平稳而有力地运行；三是激励作用，有效的创业团队文化会产生一种巨大的推力，激发团队成员的潜能和信心，使他们克服一切困难，努力获得成功；四是提高作用，先进的文化理念可提高创业团队形象，增加创业团队品牌的附加值。

把文化注入团队是个长期持久的工作，需要团队的领导者坚持并有具体行动。首先，领导者应发挥创造作用，保持创新意识，以自己思想观念的先进性保证企业文化的先进性，坚持不断学习、借鉴他人的优秀文化，以虚心好学的态度求得企业文化的丰富和完善。其次，领导者应重视和倡导团队文化建设，正确认识团队文化理论的内容和功能，积极倡导建设有自身特色的团队文化。再次，领导者应承担起组织工作，组织各种力量共同为企业文化建设添砖加瓦，并从全局出发，处理好经营管理与文化建设的关系，确保团队和谐正常运转与企业文化健康发展。最后，领导者应身体力行地实践企业价值规范，做到表里如一、信守不渝，促使团队价值理念真正被广大员工所接受与认同。

（4）整合期团队管理

团队实现了自己的阶段性目标之后，必然要进行组织整合。整合期是组织调配力量，为完成下一个目标做准备的过渡阶段。这个时期一般没有太大的工作压力，团队士气相对平稳。团队成员继承了前一时期的工作作风，对日常工作更加游刃有余。

整合期应注意细致计划部署任务，衔接好团队成员和团队目标之间的关系，给予成员措施得当的激励，以期通过组织调配提升团队成员的忠诚度和主观能动性，增强团队凝聚力和竞争力，更高效地完成团队目标。

3.2.3　创业团队的社会责任

1．创业团队社会责任的概念及内涵

企业社会责任的概念来自西方，指的是企业在其商业运作里对其利害关系人应负的责任。企业社会责任基于商业运作必须符合可持续发展的要求，即企业除了考虑自身的财政和经营状况外，也要考虑其对社会和自然环境所造成的影响。

企业的社会责任是企业实现其可持续发展的重要灵魂，它体现在企业的文化、企业的经营理念和企业的管理方式中。同样，创业团队新创企业，在创造利润并对股东承担责任的同时，也应考虑对员工、消费者、社区和环境的责任。创业团队的社会责任要求企业必须超越把利润作为唯一目标的传统理念，强调经营过程中对人的价值的关注，强调对消费者、环境和社会的贡献。

创业团队的社会责任主要有以下几个方面。①经济责任。经济责任是其他社会责任的基础，包括使股东获得好的回报，使雇员获得公正的雇用条件，使消费者可以用合理的价格获得高质量的产品。②法律责任。包括自觉守法的意识，对法律的尊重和敬畏精神，以及勇于承担责任的胆识。③道德责任。即遵守商业道德，诚实守信，公平交易；爱护地球，保护环境等。④慈善责任。包括进行慈善捐赠、为当地社区做贡献等。

2．创业团队社会责任的履行

研究发现，54%的人愿意以高价购买他们所认可的企业的产品，因此，创业团队的社会责任实践不仅为社会做出贡献，而且将促进其企业生存和成长[①]。创业企业的社会责任实践之所以能促进其生存和成长，是因为社会责任实践致力于利益相关者的社会关注，创造正面的企业形象，发展与消费者及其他利益相关者积极的关系。研究表明，创业企业和利益相关者之间实际上是一种交换关系，企业的社会责任行为将得到利益相关者的报答。创业团队承担社会责任换来的是较高的知名度、良好的企业形象、忠诚的客户和强大的创业网络，这些最终会促使创业绩效提升。

此外，一些创业团队社会责任缺失也有其外在原因。例如，地方政府一味鼓励发展经济，忽略企业对社会责任的承担，以及相关法律制度不健全等。

可见，推动创业团队履行社会责任，既需内因，也需外因。内因是创业企业实施社会责任的决定性因素，如果企业没有实施的自觉性，靠外部的强制是无法持久的。但这并非是说

---

① 田茂利. 创业企业的社会责任与创业绩效——基于现代服务业的数据. 科技管理研究，2012，32（4）：198-202.

外因不重要。在创业团队践行社会责任的过程中，外部的监督和激励也是十分重要的。可以从以下几个方面来促进创业团队履行社会责任。

（1）提升创业团队的社会责任感

要提升创业团队的社会责任感，首先需要提高创业者的自身素质，树立现代经营理念。从文化驱动角度来说，社会责任其实并非西方文化的专利。中国自古就有义利之辩，强调"达则兼济天下"的通识教育，教人去关照身边的人。中国自古就有"天人合一"的思想，提倡对环境和自然的呵护。现在中华传统文化在复兴，越来越多的人会找到自己的民族自信，希望有自己的担当。这在当前的"90后""00后"等年轻一代创业者身上可见一斑，因为他们对精神层面的追求更为纯粹，社会责任成为他们构建新的商业模式时主动考虑的重要组成部分。这预示着未来十年，中国最好的企业家都会以"社会企业家"的形态出现。

为了让更多创业团队能主动承担起社会责任，社会可以通过创业教育、创新创业培训等方式引导创业者树立积极全面的企业社会责任观，培养其长远目光，把人类利益、社会利益、消费者利益放在第一位，使越来越多的创业者成为品格高尚、有担当的商人。

新创企业还要从组织和文化上着手来加强自我约束，在企业内部设立监督企业经营行为的部门，培育良好的企业内部责任文化，从内至外打造良好的社会责任文化氛围。

此外，在提升创业团队履行社会责任的过程中，外部激励也是十分有效的。激励可有多种形式，如对履行社会责任好的企业，给予表彰，反之，就给予批评或惩罚；在贷款或资源供应上，给予履行社会责任好的企业某些优先和优惠；对创业企业履行社会责任中的某些支出，允许在税前列支，使企业能得到一定实惠等。创造良好的舆论环境，对创业企业予以恰当形式的激励，无疑能有效地调动创业团队履行社会责任的积极性。

（2）加强法律、法规约束

遵守法律是创业团队承担社会责任最起码的底线。新创企业在承担社会责任方面，可分阶段推进；而在遵守法律方面，是不能分阶段推进的。凡是国家法律、法规已经明确要做，或不能做的事情，创业团队都必须不折不扣地执行。创业团队应自觉遵守法律和商业道德，自觉履行对社会和自然环境的责任，提高建设资源节约型、环境友好型企业的意识，将社会责任置于企业经济利益之上。

此外，企业社会责任管理制度不完善、法律不健全等问题导致企业违法、违规的成本很低，也是导致部分创业团队无视社会责任，牺牲社会利益来换取个人财富的重要原因之一。创业团队履行社会责任，是一个实践过程，更是一个认识过程。某些创业团队对社会责任的履行不力，甚至采取拖延、欺骗等手段拒绝履行应尽的义务，在这种情况下，有无明确的法制约束，就显得格外重要。因此，政府应该积极履行职能，加快制定约束企业社会责任缺失的法律法规，构建社会对企业社会责任的监督体系，加大执法监督的力度。健全的社会主义市场经济法律法规体系以及对企业执法的有效监督，是促进创业团队履行社会责任的一个重要保证。

本章习题

一、单选题

1. 关于创业团队权限的说法，有误的是（   ）。

    A. 一般来说，团队领导人的权力与团队的发展阶段相关

  B. 越是在团队发展的初期阶段，领导者所拥有的权力就越小

  C. 有许多创业团队推崇群策群力，将决策权交给全部成员

  D. 在不损害集体利益的情况下，个人需要拥有与其职能相对应的决策权力

2. （   ）是企业的灵魂和精神支柱，是一种战略性的软资源。

  A. 企业文化   B. 战略眼光   C. 诚信力   D. 创新精神

3. 创业动机是引起和维持个体从事创业活动，并使活动朝向某些目标的（   ）动力，它是鼓励和引导个体为实现创业成功而行动的（   ）力量。

  A. 内部 外在   B. 内部 内在   C. 外部 内在   D. 外部 外在

4. 团队成员要具有共同点，还需要有（   ）。

  A. 冲突点   B. 互补点   C. 互惠点   D. 矛盾点

5. 创业者一般都具有的共通素质不包括（   ）。

  A. 控制能力   B. 沟通能力   C. 领导能力   D. 概括能力

二、多选题

1. 创业者一般都需具有以下哪些基本素质？（   ）

  A. 进取精神   B. 独立自信   C. 风险意识

  D. 坚定的意志   E. 战略眼光

2. 追求创业成功的创业者需要具有与之相匹配的能力。这些能力主要包括（   ）。

  A. 创新能力   B. 沟通能力   C. 策划能力

  D. 组织能力   E. 领导能力

3. 关于创业团队定位正确的观点有（   ）。

  A. 包含两个层次的定位

  B. 应回答团队在企业中处于什么位置的问题

  C. 应回答团队最终应对谁负责的问题

  D. 创业者的定位包含创业者在团队中所处的位置、所承担的任务及相应的职责和权力等

  E. 应回答大家共同出资后，如何管理的问题

4. 把文化注入团队是个长期持久的工作，需要团队的领导者坚持并采取的具体行动有（   ）。

  A. 发挥创造作用，保持创新意识

  B. 坚持不断学习、借鉴他人的优秀文化，以完善和丰富自身的团队文化

  C. 重视和倡导团队文化建设，正确认识团队文化理论的内容和功能，积极倡导建设有自身特色的团队文化

  D. 以文化建设为重，经营管理居后

  E. 表里如一，信守不渝，促使团队价值理念真正被广大员工所接受、认同

5. 对于功能失调性冲突，创业团队可以尝试的处理方式有（   ）。

  A. 直面问题   B. 目标升级   C. 资源开发

  D. 回避   E. 命令

三、名词解释

1. 创业者   2. 创业团队   3. 创业团队文化   4. 创业动机   5. 冲突

四、简答及论述题

1. 创业者的创业动机有哪些类型？
2. 创业团队的社会责任包括哪几个方面？
3. 在组建创业团队时，创业者应着重考虑哪三个问题？
4. 创业团队的组建和发展一般会经历哪几个阶段？
5. 试论述整合期创业团队的管理要点。

案例讨论

第三次创业！迈向万亿元！

从1986年到2023年，三一集团时光的渡船已穿越37年。2022年，三一集团保持存贷余额为正，海外销售再创新高，旗下的三一重能成功上市，三一重装跻身百亿元事业部，数智化、电动化、国际化转型加速推进。

在三一集团举行的第37个"三一节"表彰晚会上，集团决心开启第三次创业，许下从千亿元迈向万亿元的目标。

1. 三一集团的第一次创业

1986年，三一集团董事长梁稳根带领创业团队，成立了涟源茅塘焊接材料厂，也就是三一集团前身，将焊接材料做到市场第一，深刻践行"做改革开放试验田"的梦想。

2. 三一集团的第二次创业

1994年，三一集团开始第二次创业，从涟源到长沙，从特种材料到装备制造，旗下的三一重工完成股权改革，驰援智利与福岛，收购普迈，成为全球建机三强，用极高的产品品质改变了中国制造的世界形象，取得了"品质改变世界"的伟大成就。

3. 三一集团的第三次创业

如今，身处中华民族伟大复兴的中国梦和第四次工业革命叠加第三次能源革命的超级技术窗口期两大"旷世机遇"，三一集团以发放万亿元市值纪念券为标志，开始了第三次创业。

三一集团董事长梁稳根表示，三一集团要成为爱党爱国的典范，成为智能制造、国际化、高质量发展的典范，成为共同富裕的推动者，并坚定不移地实现"333、366"目标：3000亿元销售额、30000名工程师、3000名工人；工程机械、港口机械、煤机矿车成为世界第一，风能装备、新能源商用车、石油装备、电池装备、氢能装备、光伏装备成为中国第一，工业互联网、动力电池、光伏产业、建筑工业化、环保装备、投资协同实现破局。

资料来源：澎湃新闻。

思考讨论题：

三一集团三次创业的动力是什么？本案例给了我们哪些启示？

第4章 创业类型与创业模式

本章导读

创业者应在创业之初就明确创业的类型，并选定相应的创业模式。本章结合相关实例，重点讲述了独立创业、家族创业、合伙创业和团队创业这四种基本的创业类型，并对创业模式的设计和选择进行了较为详细的介绍。准确判断自己的优势和劣势，选择适合的创业类型和创业模式，是成功创业的基本保障。

知识结构图

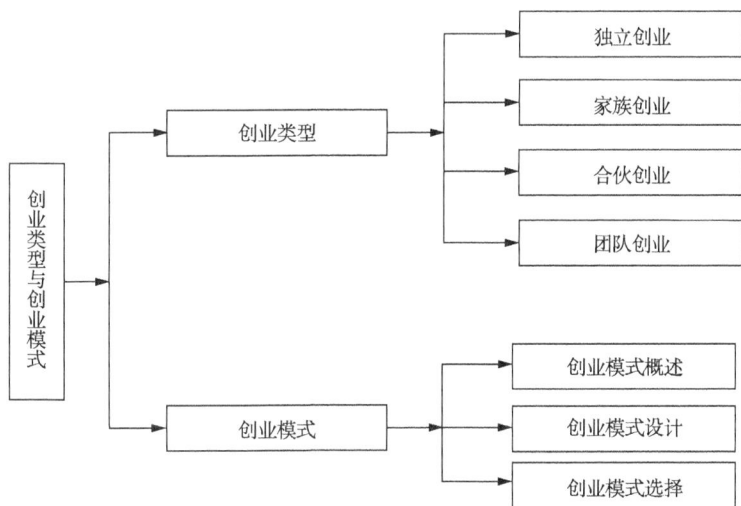

开篇引例

"时代风口"迸发的创业机遇

新能源汽车逆势发展，带动了作为基础配套设施的充电桩行业。有新能源汽车就会有充电需求。国元证券分析称，未来十年充电桩市场总投资额近万亿元，预计2020—2025年累计市场空间超千亿元，如此庞大的市场带来了全新的创业机遇。政策方面，国家明确提出要加快绿色交通基础设施建设，有序推进充电桩等基础设施建设。这无疑为充电桩建设按下了加速键。

过去百年，化石能源产业催生BP、壳牌、道达尔、雪佛龙等一批巨头。在巨大市场利润的推动下，行业形成了完整的开采、炼化、零售链路。如今的新能源行业也正在形成类似化石能源行业的完整产业链路和格局。其中，作为产业链下游的重要配套基础设施，我国充电桩数量迎来爆发式增长。中国充电联盟数据显示，截至2021年11月，联盟内成员单位总计上报公共类充电桩109.2万台，环比增加3.0万台，同比增长57.1%。从2020年12月到2021年11月，月均新增公共类充电桩约3.3万台。从建设阶段到运营阶段，充电设备制造商、充电桩运营商，以及第三方服务商等都在积极建设和完善中。

资料来源：腾讯新闻。

4.1 创业类型

根据创业资金来源和创业人员组成的不同，创业类型可以划分为独立创业、家族创业、合伙创业和团队创业等（见表4-1）。创业者应该根据自身的需要和实际情况选择合适的创业类型，以便充分利用资源，扬长避短，从而确保创业活动的成功。

表4-1　创业类型

创业类型	细分类型		
独立创业	个体工商户		
	私营企业		
	自由职业		
家族创业	夫妻创业		
	父（母）子（女）创业		
	兄弟创业		
合伙创业	根据合伙人出资的形式和承担的责任划分		普通合伙
			有限合伙
	根据合伙人身份特点划分		个人合伙
			法人合伙
团队创业	有限责任公司		
	股份有限公司		

4.1.1 独立创业

多数创业者是以独立创业的方式开展创业活动的。独立创业是由创业者个人全额出资，独自经营并独自承担风险、享有创业成果的一种常见创业类型。下面对独立创业的形式、特点、优势与劣势及适用性进行简要介绍。

1. 独立创业的三种基本形式

独立创业主要有个体工商户、私营企业和自由职业三种基本形式。

（1）个体工商户是指在法律允许的范围内，依法经核准登记，从事工商经营活动的自然人或者家庭。个体工商户是百姓生活最直接的服务者，主要集中在"批发和零售业""住宿和餐饮业"和"居民服务、修理和其他服务业"。个体工商户对市场反应迅速，能及时拾遗补阙，在繁荣经济、稳定就业、促进创新、方便群众生活等方面发挥着独特的重要作用。此外，个体工商户还是创业创新的重要力量，据《经济参考报》报道，2022年1—8月，"科学研究和技术服务业""文化、体育和娱乐业"的新设个体工商户增幅分别达到65.5%、45.4%。持续增长的个体工商户为稳增长、稳就业提供重要支持。

（2）私营企业专指企业资产属私人所有，雇工在8人以上的营利性组织，是近年来兴起并被人们接受和重视的一种企业形态。私营企业与个体工商户的不同在于，它的劳动主体是雇用的劳动者，追逐的目标是私人利润，利润的来源是雇员的剩余劳动。这类企业原来多见于商业、餐饮业、服务业和加工业等行业，其他产业所占比重比较低。近年来，随着市场经济的发展和国家鼓励非公有制经济政策的出台，私营企业涉足的领域越来越广，许多企业已转向房地产、旅游业、医疗卫生业、文化业，一些科技含量较高的企业脱颖而出，有的已形成一定规模，在我国社会经济活动中扮演着重要的角色。

（3）自由职业是指具有专业特长的人从事的一种职业，通常由一人经营。实际上，自由职业就是一个独立的企业。该形式一般属于知识密集型智力行业，需要高智商、具有专门知识和专门经验的人才能够从事，如广告设计、企业策划、教师、医生、艺术家、律师、翻译、写作、计算机编程、技术服务等。自由职业的工作性质多为创造性劳动，很少有传统行业，这种创业形式由于高科技的发展、社会经济格局的变化和社会生活的需要，具有日益旺盛的生命力。

美国新创办的小企业中有三分之一左右是自由职业。目前，我国自由职业的发展也很快。这种行业既能挣钱，又无风险，鱼与熊掌兼得。想当老板，又不想太累，最好的途径就是从事自由职业。但是，自由职业不是什么人都能从事的，要想从事自由职业首先要具备从事自由职业所需的特长，因此自由职业具有较高的门槛。

2．独立创业的三大典型特点

独立创业较之其他创业形态，具有以下三大特点。

（1）创业人员单一。独立创业是创业者独自出资、独自经营的企业形态，它在外在行为上体现为创业者的个体活动。无论企业中的从业人员有多少，真正承担创业风险并享有创业利益的人只有一个创业者，其他人都仅仅是员工，挣的是工资，并不承担创业的风险，当然也无法享有创业的利益。在这里，唯一的创业者是老板，既没有人来分担他的责任，也没有人来分享他的权利。

（2）权利义务统一。独立创业的另一个显著特点是责权利的高度统一。创业者为自身的活动负完全的责任，为实现自己的创业理想做出不懈的努力，积极履行各种义务，与之相适应的是，他在企业拥有充分的权利，获得最大值的企业利益。

（3）经营决策独立。独创企业创业人员单一，决定了创业者行为自由度很高，可以独断专行，不受影响和限制，因而在创业过程中能够保持最大限度的自主性。创业者周围没有那么多羁绊，对企业可以完全按照自己的意愿运作，随时可以根据自己的判断，独自一人做出决策而不必瞻前顾后，也没有人反对和掣肘。

3．独立创业的优势与劣势

（1）独立创业的优势

独立创业的优势主要有以下四个方面。

一是利益驱动力强。独立创业意味着创业者要独自担负起企业的全部责任，他随时要准备承受因经营失败、企业倒闭造成的全部损失，同时也能获得经营成功的全部收益。这种独担风险的责任感和独享成果的幸福感、成就感给创业者以极大的创业冲动和精神鼓舞，促使创业者吃最大的苦，受最大的累，竭尽全力把企业经营好。

二是工作效率高。由于创业者管理所有的业务，不会出现管理权分摊的现象，他不需要征求别人的意见和获得别人的认可，也不需要说服别人；他也不必与别人交涉，商讨彼此的责任与义务的划分。这样的特点可以使创业者及时快速地抓住稍纵即逝的发展机遇，获得最高效的工作效率。

三是营运成本低。在企业中，高收入工作人员的薪资占有较大的比例，而且维持老板的排场多少都有一定的花销。在独创企业中，创业者花的全是自己的钱，自然会比较节俭，同时只有一个老板也避免了几个老板间的攀比，费用必然大大低于几个老板的费用，这样可以用较低的成本度过艰难的创业期。

四是较大的灵活性。由于独创企业内部关系简单，因而创业者可以随时根据自己的独立判断和现实需要，机动灵活地采取各种行动，调整企业的行为。加之企业小，也容易随时调整自己。所谓"船小好掉头"就是对独创企业灵活性的写照。

（2）独立创业的劣势

独立创业的劣势有以下三个方面。

一是经营规模小，经营方式单一。由于个人投资渠道单一，独创企业面临的资金压力较大，在发展到一定程度时，企业就很难再有所突破。而相对较小的规模，也使企业难以取得更好的规模效益。同时，为了将有限的资金投放到较好效益的产品上，企业不得不压缩其他经营品种，造成经营的局限性，从而给企业的持续发展埋下祸根。因此大多数这类企业往往处在较低的水平，甚至退出历史舞台。

二是决策的随意性。独创企业是以创业者的个人意愿而兴办的企业，整个决策都是按创业者个人的意志做出的，这样企业的兴衰荣辱都系于创业者一人身上，而一人的思维、能力与才干毕竟有限，存在着这样那样的不足，性格也难免有缺陷，这就可能使企业经营潜伏着种种危机，企业之舟处处面临暗礁急流，风险十足。

三是创业者处于孤军作战的境地。独立创业者是非常辛苦的，几乎所有的事情都由创业者一手操持，无人帮忙，缺乏群策群力，创业者成了超级兼职者，其身心都面临着巨大的考验，并可能因此耽误事业的顺利发展。正因为如此，独创企业这一形态在企业的发展中，特别是二次创业、"继续革命"时，就常常被其他的企业形态所替代。

4. 独立创业的适用性

独立创业作为创业活动的基本形态之一，不是每个创业者都能适应的。它要求独立创业者具有以下几个方面的条件。

（1）具有一定的投资能力。独立创业者必须具有一定量的资金作为创办企业的前期投入才能成为独创企业的企业主，白手起家只是一种特例。

（2）具有极强的独立性。独立创业者一人创业，无可依靠，一切都要靠自己，独立自主，自力更生。惰性十足、依赖性强的人是无法挑起如此重任的。只有具有极强独立性的人，遇事有主见、敢于担责任的人才堪当此大任。

（3）具有坚韧不拔的顽强斗志。创业的奋斗历程一定会布满荆棘、困难重重。独立创业者必须是意志坚强、不屈不挠的拓荒者，方能以坚忍不拔的斗志去克服困难，以顽强的毅力去承受失败的打击，以不可战胜的勇气和一往无前的精神去争取最后的成功。

（4）具有强健的体魄。"身体是革命的本钱"，更是创业的"本钱"。对于独立创业者来说，拥有健康的身体是十分重要的。因为独自创办一家企业，常常事必躬亲，日理万机，经常性地承担比常人多得多的劳动量，还要承受多方面的心理压力。只有拥有过硬的身体才能挑起创业的重担。

4.1.2　家族创业

家族创业是指依靠血缘、亲情关系将创业成员团结起来，共同创建并经营运作企业的创业组织形态。这是一个古老而又常新的创业形态，古往今来、古今中外的"夫妻店""父子工厂""兄弟公司"等层出不穷，屡见不鲜。

▌阅读资料4-1▐

中国家族企业创业史

"生意兴隆通四海，财源茂盛达三江"，这副现如今挂于店铺中的对联其实有很深的渊源。有人曾做过专门的考证，此联在西汉后期就出现了。据史书记载，当时长安城里有八大富人，其中言之凿凿的有卖豆豉的樊少翁、卖丹药的长安丹两位，皆拥资巨万（当为千万级）。而这副对联当年就贴在卖豆豉的樊少翁家门口。

仔细想来，颇有感慨。卖豆豉而能成为千万富翁，这生意该做得多大！豆豉家家户户都能做，竞争者众多，替代品众多，很难有厚利可图。樊少翁要在这样一个市场环境中脱颖而出，其豆豉必须口味极佳、选料上品、做工精良，并长期忍受微薄利润。为此，樊少翁"携通家数十口"，加上雇用的数百名匠人和店员，不仅把豆豉生意做遍了长安，而且做到了全国。举通家之力以为巨富，樊少翁应当算是中国家族企业早期的经营者之一了。

家族企业虽然年代久远，但即使到现在，我们仍无法给家族企业下一个确切的定义。

在这个问题上，不同的专家会给出不同的答案，区别在于衡量的标准不同。有观点看中所有权的多少，有观点强调产权所有者与经营管理权的统一，还有的观点提出衡量标准是"是否存在两代人之间所有权与经营管理权的传承"等。这使家族企业这一概念模糊起来，于是在人们的普遍认识里，家族企业与"不先进""不现代"挂上了钩。

事实上，家族经营不应该成为落伍的代名词。根据调查，在当今世界上，家族企业仍是最普遍和最主要的企业组织形式之一。世界各国的大企业中也有相当一部分属于家族企业。例如，《幸福》杂志所列的500家大型企业中，有175家为家族企业；在美国公开上市的大型企业中，有42%的企业仍为家族所控制。

应该说，家庭、家族制是企业与生俱来的自然形态。在创业初期，家族通过血缘、地缘关系结成的强大联盟中，蕴含了共同的需求和利益。有学者认为，家族经营不仅有经济意义上的合理性，也有社会意义上的合理性。在中国历史上，所有的组织都凌驾于家庭之上，但所有的组织都没有使家庭解散，而所有的组织的可靠性都远逊于家庭。

据调查，我国私营企业的开办资金主要来自本人原来的劳动或经营积累的占56.3%，亲友借款占16.3%。在一个迅速变动的环境中，家族企业的运作成本相对较低。家族的管理模式不仅有利于企业前期降低生产成本（如减少工资、引入家庭网络的融资），而且从最初创业的意义上说，家族化经营的协调成本也相对较低，因而即使发生矛盾冲突，也可以通过内部协调，而避免由于引入第三方监督造成成本过高的情况发生。

家族成员之间的亲情、忍让、默契及凝聚力，有利于企业减少为降低交易费用而付出的"组织费用"和"制度成本"。其实家族企业的这种关系模式恰与现代企业制度相容、相通。没有绝对意义上的"现代"。因此，如今许多成功的私营企业在创业初期都曾或多或少地借助过这一形式，完成财富的原始积累。这些企业中，如今有的仍然以家族企业的面目存在，也有不少企业早已摆脱了家族企业的痕迹，而以各种新面貌示人。所谓"英雄莫问出处"，这些企业更愿意让人们谈论他们今天的成功，而不愿意让人看到他们创业时的艰辛。

资料来源：新浪财经。

1. 家族创业的形态

家族创业的主要形式包括夫妻创业、父（母）子（女）创业、兄弟创业等。

（1）夫妻创业：家族创业的"珠联璧合"

微课堂

夫妻创业

人们爱用"夫唱妇随"来形容夫妻间的合作，也爱用"开夫妻店"来表示对这种合作关系的疑问。其实，在家族创业形态中，夫妻创业是比较理想的形式。夫妻在做出策划、迈向创业之路时，容易做到同心同德，"好得像一个人一样"。这便使他们在创业创意、经营运行过程中，能做到快速及时、灵活机动。同时，夫妻之间权利义务是同体关系，彼此地位平等，对企业财产有共同的所有权和处理权，有相互扶持的义务和相互继承遗产的权利等，因此决定了彼此具有创业方面的优势。夫妻之间不存在财产问题的争执，避免了兄弟阋于墙的冲突。

现实中，夫妻创业的案例很多，除了马云和张瑛、李彦宏和马东敏等这些耳熟能详的夫妻搭档外，还有无数个默默无闻的夫妻搭档在创业的征程上辛苦打拼。然而，夫妻创业相当有特殊性，因为在其创业的过程中，不可避免地要掺杂感情的因素，这既是创业的动力，又有可能成为发展的阻力。因为没有了夫妻的私人空间，工作上的矛盾容易影响夫妻感情；反之，夫妻关系掺杂在工作中也容易影响工作。

① 夫妻创业的类型

夫妻创业大致有夫唱妇随型、妇唱夫随型、夫妻互补型和贤内助当家型等多种形式，如图4-1所示，下面分别进行介绍。

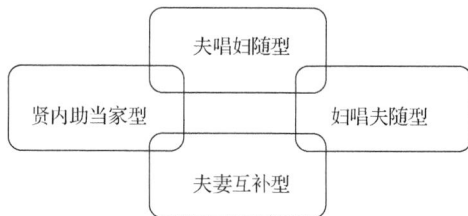

图4-1　夫妻创业的类型

a. 夫唱妇随型

夫唱妇随型是夫妻创业中比较多见的类型。GRIC通信公司的陈宏和刘雅玲就是此类型的代表。

阅读资料4-2

GRIC通信公司是一家在美国纳斯达克上市的企业。创办人陈宏与来自中国台湾地区的妻子刘雅玲一路互相扶持，共享创业的甘苦。

以下就是夫妻二人成功创业的故事。

陈宏在15岁那年就以初中毕业生的资格进入西安交通大学学习，19岁毕业。1984年，陈宏20岁时公费赴美留学。

后来刘雅玲和陈宏相知相恋，有情人终成眷属。

在陈宏毕业后，两人就一起搬到了硅谷。陈宏先进入工业自动公司（Industry Auto）当软件工程师，后来又进入TRW这家做银行系统整合的公司当业务经理。但是，帮人打工不如自己做老板，陈宏起了自己创业的念头。刘雅玲说："怕什么，大不了我们再从头当工程师！"刘雅玲的支持，让陈先生吃下了定心丸。于是一家夫妻企业开张了。

GRIC通信公司主要的业务是提供可以全球网络漫游的单一账号。1994年，夫妻俩创立GRIC通信公司时，第一次进来的资金仅50万美元，全部是刘雅玲号召她的亲朋好友投资的。两人后来一度撑不下去，刘雅玲的表姐看他们夫妻俩这么努力，又投资了10万美元。因为进入的时间很早，所以陈宏抢到了国际互联网的核心地位。自1996年起，陈宏在全球争取合作伙伴，成功地将美国AOL、日本NTT、中国电信等大型网络电信公司纳入GRIC通信公司的联盟或合作网络，共同推动通信技术的发展与应用。

资料来源：新浪财经。

b. 妇唱夫随型

在家族创业中，夫唱妇随的比较多见，但妇唱夫随的情形也不少，而且一旦真的搞起了妇唱夫随，成功的概率还蛮大。北京东方爱婴咨询有限公司的贾军和余宁就是此类的代表。

阅读资料4-3

东方爱婴——妇唱夫随

圈里人都说，贾军是一个沉得住气、顶得住赔本的压力、心里有底儿的女人。她心里的这个"底儿"是她的先生余宁。当初，贾军想自己创业，于是从月薪2000美元的外企高位上辞职，可辞了职却还一头雾水，茫茫然不知该干点什么。后来，贾军决定致力于婴幼儿的早期教育，推动"摇篮"的成长。筹备了7个月，项目开始实施，原想着50万元搞定，可没想到一干上就一发不可收，前期和后备的投入加在一起，已经超过了500万元。贾军在北京奥体中心租了房，办了营业执照，注册了服务商标，开了新闻发布会，准备大干一场，可从1999年3月开业到9月，半年的时间营业额没有超过6万元。贾军算了算，赔了65万元。于是，贾军游说老公加盟。

余宁此前是可口可乐公司的北京销售经理，后来又做职业经理人。一个大男人，本来的兴趣也不在"婴幼儿的早期教育"上，可实在不忍心看贾军操劳成那样，也实在不忍心贾军把自家的钱糟蹋成这样，于是狠狠心，也一头扎进"东方爱婴"。在这个公司里，他们各有分工，贾军是董事会聘任的总经理，她有每年的定额和任务，科研、新项目开发、国内推广、国外交流是她的职责，而余宁分管市场、经营、销售。公司任何一个重大项目的产生都要开会，所有的董事会成员都要参加讨论。有时，这两个分工不同的人会在开会时发生激烈争执。贾军是个感性的人，看到一个美好的前景就不管不顾冲了过去；余宁会理智地拉她一下，告诉她凡事都有一个尺度。人们说他们是绝配。余宁为"东方爱婴"设计了连锁加盟的发展思路，使全国各地都有了"东方爱婴"的招牌，年营业额已逾400万元。对于两人是否会一直一起干下去的疑问，贾军觉得不一定，毕竟选这个项目是贾军的热情和兴趣所在，余宁也许在将来会有自己更感兴趣的事业，当然也有可能是他们再扩张新的项目，由余宁来做。但无论如何，妇唱夫随的创业经历，绝对是创业者中间流传的佳话。

　　　　资料来源：新浪财经。

　　c. 夫妻互补型

　　夫妻互补型是比较理想的类型，前提是两人的知识和能力的互补性比较强。这类创业夫妻非常了解自己和对方，他们之间互相需要并且互补。例如，丈夫拥有敏锐的创业嗅觉和资源整合能力，而妻子拥有丰厚的资源；或者丈夫精通技术，妻子懂融资和管理。

　　d. 贤内助当家型

　　贤内助当家型是指在创业过程中分工明确，丈夫负责掌控企业的发展方向和核心业务，而妻子负责企业的日常管理工作。超级解霸的发明人梁肇新和妻子王周宇的创业就属于此类。梁肇新成立豪杰公司时并没有想让妻子王周宇加入，而是叫上了几个平日里志趣相投的同事、朋友参股。但后来梁肇新发现与同事和朋友的合伙创业并不容易，大家的心很难聚在一起。在这种情况下，他想到了当时还只是女朋友的王周宇。梁肇新认为王周宇在大公司从事过管理工作，有一定的管理经验。当然，最主要的原因还是王周宇不会让自己分心，做事靠得住，这是合作创业的关键。王周宇于是从原来的单位辞职，正式加入豪杰公司，梁肇新依然是总经理，负责确定公司的发展方向与技术开发，王周宇是副总经理，管理公司日常工作，从此公司内部的事情规范了很多。王周宇的加入使梁肇新能够腾出精力，专注新产品的研发。之后公司发展渐入佳境。

　　不过值得注意的是，贤内助当家型对妻子的管理能力要求较高。如果妻子的能力较强，对企业发展的作用自然不可低估；然而，如果妻子的能力不足，只是因为夫妻关系而做此安排，则会影响企业的健康发展。

　　② 夫妻创业的优势和劣势

　　夫妻创业的优势：事业做到最艰难的时候，当然还是他（她）的支持最有利。因为有他（她），所以从未动摇过，从未想放弃过，经过风雨见彩虹，夫妻的感情也更深厚了。而且，男女之间的差异，往往会在两个人中间形成互补。

　　夫妻创业的劣势：越来越多的人意识到，婚姻与他们的事业、财富并不是截然分开的。当婚姻开始亮起红灯，企业家的事业发展，财富安全将被打上大大的问号。企业财务运转可能因财产分制而承受很大的压力，也有可能因为一些老板为了不给原配夫人分财产，有预谋、有目的地转移、隐匿、消耗企业财产而导致其财产产生直接改变。婚变中的企业家不得不付出相当的时间、精力、财力，力图将婚姻家庭产生的变故和振荡压到最低限度。但这可能是比单纯做企业更困难的事。爱恨情仇的感情纠葛，锱铢必较的金钱争夺，指手画脚的舆论评说，各种劈头而来的压力不由分说地将企业家拖进巨大的旋涡，其身心健康和事业发展都受到极大影响，有时甚至是致命的一击。

（2）父（母）子（女）创业："上阵亲兄弟，打虎父子兵"

俗话说："上阵亲兄弟，打虎父子兵。"父（母）子（女）创业是家族创业中最具典型意义的创业形式。父（母）子（女）创业有着亲情上的天然优势，对于父母来说，恐怕没有什么比看到自己的儿女伴随左右，共同打天下更让他们自豪的了。

父母与子女既是血缘传承的关系，又是共同创业的成员。父母与子女之间的亲密感情，以及"留下家业给下一代"的期盼，促成了父母与子女，进而是祖孙间"愚公移山"式的艰苦创业。这一形态在利益上没有大的矛盾冲突。因为子承父业的财产继承关系，注定了"前人栽树，后人乘凉"，父母与子女共同创造的家业最终都是子女的。但在具体的创业思路、经营理念上，则可能因两代人的经验、阅历不同和观念差异而产生分歧。另外，如果子女超过一个，企业营运难度就可能加大，因为一个子女便代表一个利益体。如果子女间关系不和睦，产生内讧，就有可能造成企业最终分崩离析的局面。当然，如果是独生子女家庭，就不会存在兄弟姐妹间争权夺利的风险了。

① 父（母）子（女）创业的类型

父（母）子（女）通常情况下是近乎绝对的利益共同体，但由于各种客观条件的限制，父（母）子（女）在创业时就齐上阵的情形不太多见，更多的是表现在后创业期，或者子承父业上。父（母）子（女）创业大致可以分为以下几类，如图4-2所示。

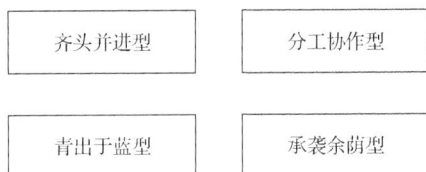

| 齐头并进型 | 分工协作型 |

| 青出于蓝型 | 承袭余荫型 |

图4-2 父（母）子（女）创业类型

a. 齐头并进型

1958年，赵涛的父亲高中毕业后被保送至西安医学院。26年后，即1984年，赵涛也进入这所学校读书。1992年，赵涛把从新加坡赚到的钱汇回来，与55岁的父亲一起注册了咸阳步长制药有限公司。在创业初期，赵涛的父亲担任公司董事长，赵涛担任公司总经理。在父子的共同努力下，公司不断发展壮大，2022年实现营收149.51亿元，逐步成长为我国中药行业的龙头企业之一。

b. 分工协作型

分工协作型的代表当数天通股份的潘建清和潘广通二人。天通股份是中国第一家自然人控股的上市公司，同时也是一个十分典型的父（母）子（女）创业的家族企业。企业成立以后，业务主要由潘广通负责。因为父亲插手少，潘广通可以不受干扰地一心搞经营。几年下来，业务突飞猛进。与此同时，父亲潘建清也没闲着。潘建清在企业内部推行"员工持股"计划。在天通股份制改造的过程中，潘建清的"老谋深算"对父子俩日后成为上市公司最大股东起到了决定性的作用。儿子潘广通说过，天通股份最大的成功是只有父子俩拍板企业的事。儿子的业绩主要体现在使天通股份发展成国内软磁行业的龙头，国内市场占有率达35%

以上。而只有高中学历的父亲则在小小的郭店镇默默运筹天通股份的制度安排，根据环境的变化，改造企业。

c. 青出于蓝型

青出于蓝型的代表当数宁波方太厨具有限公司的茅氏父子二人。乡镇企业素有"富不过三五载"之说，而宁波方太厨具有限公司董事长茅理翔、总经理茅忠群二人却使一个经营了多年的乡镇企业长期保持着100%的年增长率。

茅理翔，人称"世界点火枪大王"。他白手起家，找项目，跑市场，把一个8个月没发工资的乡办小厂发展成为名噪一方的飞翔集团。而就在企业渐渐步入正轨，点火枪生意在全世界铺开之时，市场竞争引发的价格大战却扼住飞翔集团的咽喉。要发展，只有转变思路，二次创业。在这个岔路口，茅理翔想到了刚刚获得上海交通大学硕士学位，正准备赴美留学的儿子茅忠群。茅忠群初到公司时，很多职工只把他看作初出校门的大学生，但在二次创业选择项目时，茅理翔的观点是上微波炉，茅忠群却认为抽油烟机更适合。市场调查结果证明，茅忠群的观点更正确。此外，茅忠群还主持策划了"方太"品牌，一举取得成功。开始时，"方太"这个名字有90%的人反对，但茅忠群还是定下了这个名字。其实单是这两招，职工们就已经对茅忠群刮目相看，认为这位大学生"青出于蓝而胜于蓝"。[①]

d. 承袭余荫型

李嘉诚在儿子李泽钜、李泽楷很小的时候，就在开董事会时为他俩设了专门的座位，让两个儿子从小就接受训练。无独有偶，2001年6月初，以CEO头衔接过格兰仕经营权杖的"小梁总"就是早在G集团还远未成气候时，父亲"老梁总"就刻意培养的接班人了。小梁总上任后，很快就继承了父亲的衣钵，让家族事业顺利传承。

② 父（母）子（女）创业风险分析

其实，父（母）子（女）创业或共同经营的成名企业不在少数，但父（母）子（女）相续的企业，都要面临传承和接班的问题。

一旦家族开始处理继承权问题，很多悬而未决的家族和企业事务就开始浮出水面。一般人总有避免处理棘手问题的心态，而这些平时积攒的问题，此时就如箭在弦上，一触即发。即使在权力交接时不出问题，可谁又能保证企业将来不会陷入只有"阿斗"可选的困境呢？很多专家甚至建议，家族企业所有者最好从40多岁就开始着手筹划继承权问题。简单地说，就是及早规划，所有管理人员共同参与，甄选下一代管理者，移交管理职责，逐渐减轻前任管理者的重要性，最后彻底中止前任管理者的工作。

（3）兄弟创业："兄弟同心，其利断金"

兄弟创业是家族创业中另一种别具特色的创业形式。兄弟创业的成功案例很多，如鼎鼎大名的刘永行、刘永好等4兄弟，湖南远大空调张剑、张跃兄弟等，人们早已耳熟能详。兄弟企业给人的感觉往往是生龙活虎，而风险便是兄弟易阋于墙。

一方面兄弟之间作为各自独立的利益实体，各自有自己的小家庭。为了彼此的利益，兄弟间应进行一番认真的筹划，彼此之间有相应的责、权、利划分，甚至有成文的规定。另一方面，兄弟们又是从父母那一代一脉相承的手足，彼此血浓于水的亲情，使其责任确定后又能做到责任共担；在权力划分后，又会做到互谅互让；在经营过程中，既服从科学原则，彼

---

① 方太厨具：父子携手风雨同舟. 慧聪网。

此监督，又相互扶持。当然，如果感情破裂，兄弟反目，则会在创业过程中争权夺利，相互拆台。总体来说，这是一种相对较差的家族经营方式，经营效果远不如夫妻创业与父（母）子（女）创业。

兄弟创业最大的风险来自兄弟情分难以取代的产权关系问题。毕竟，兄弟创业不同于父子，兄弟情再深，将来也总是要分家的，兄弟创业当以此为念。古人有训："亲兄弟，明算账。"这里的账，指的是兄弟之间过日子彼此来往的日常开支账，它与市场经济形态下的产权账完全不可同日而语。产权的界定不像传统的算账那样简单，这一道理已无须细讲。但实践起来，这类问题却往往难以回避。这是发挥兄弟创业的优势所必然要承受的后果。这个问题处理不好，极可能的结果便是"一招不慎，满盘皆输"。

2. 家族创业的特点

家族创业是诸多创业模式中独具特点的模式，表现出以下三个特点。

（1）成员关系的伦理化。家族创业过程中的创业人员的关系，既非独立创业的单一化，也非合伙创业中的平等合作关系，而是充满了血肉相连的伦理关系、亲情关系。创业人员在创业以前就已经存在着家族伦理关系，创业活动只是这种伦理关系的强化，给这一伦理关系中添进了些许商品化色彩。创业者在创业活动中，彼此不断变换着各自的角色，他们既是合作的一方，是董事长，是老板，同时又是家庭的一员，是丈夫（妻子），是父亲（儿子），是兄弟（姐妹）。这种企业关系的伦理化，使创业过程中的经济行为又带有家庭行为。

（2）企业关系的非确定性。家族创业中，创业人员彼此间的血缘、亲情关系是明确而固定的；而彼此在创业过程中的责、权、利关系，即彼此间的企业关系则是模糊而不确定的。他们彼此间甚至就没有责、权、利的具体划分，即使有划分，往往也只是笼统的口头商定，而没有明确的文件约定。而且这种不具体、不明确的责、权、利关系也会随着时间的推移和形势的变化，根据家族利益的需要而经常做出变更。

（3）创业动机的非功利性。一般创业行为主要以实现个人致富、达到特定经济指标为创业的原动力。在家族创业过程中，一个重要的，甚至主要的经营观念就是：一切为了家庭（家族）。即为了家庭的巩固，为了家族的兴旺，为了父母的安度晚年，为了儿孙的前程，为了兄弟的情谊。在家族创业的思维方式中，企业等于家业。家庭的幸福和家族的兴旺发达，就成为鼓励家族成员积极创业、努力拼搏的精神动力，成为激励他们克服困难、踏平坎坷的精神食粮，同时也是引导他们调整工作思路与行为路线、协调彼此矛盾冲突、保持紧密团结的思想罗盘。在家族企业中，人情的尺度与经济的尺度有着同等的效力，甚至在某些地方、某些时候，人情的尺度会超越经济的尺度。

3. 家族创业的优势与劣势

（1）家族创业的优势

家族创业的优势主要有以下三个方面。

首先，家族创业最大的优势就在于以情感的力量团结人、鼓励人。血缘亲情，千百年来一直是人们工作、奋斗的情感依托。从长远的历史来看，人类的发展史也是从家族开始起步的，亲情如巨大的磁铁，吸引着人们不懈努力，一步一步走到了今天。在创建现代企业的过程中，亲情所形成的凝聚力和亲和力，往往是说教或利益诱导所无法比拟的。家就是企业，企业就是家，它可以直接达到管理的最高境界，使创业骨干做到真正视企业为家。

其次，无须雇用大量的骨干员工和固定员工。初创企业业务弹性大，忙起来24小时连轴转，闲下来几个月不开张。因此，一般企业很难维持较大数量的骨干员工和固定员工，而家族企业一般就没有这个顾虑。

最后，创业骨干队伍稳定。创业初期企业往往因陋就简，工作条件相对较差，同时，也很难给员工较高的待遇，一般很难找到优秀的人员一起创业，骨干员工队伍也很难稳定，而家族创业一般就不会担心创业骨干在困难时期跳槽的问题。

（2）家族创业的劣势

家族创业的劣势主要有以下三个方面。

首先，创业风险与家庭命运紧密联系在一起。由于将家庭所有的资源和人力都投入到自创的事业中，事业的成败就直接决定了家庭的命运，创业者面临着双重压力。

其次，家族成员之间缺乏责任、权利和义务的明文约定，容易出现各行其是、好心帮倒忙的现象，往往造成企业经营效率的低下与高风险。家族创业的一些形态，如兄弟创业，也包括夫妻创业，在成功创业或创业成功时，可能会出现财产纠纷、产权纠纷，影响企业的发展。

最后，伦理关系与企业关系在家族成员身上不断转换，使经营过程中的企业成员角色常常被家庭成员角色替代，影响企业的正常运转。

4．家族创业的适用性

家族创业具有非常旺盛的生命力。各行各业都有家族创业的成功案例，但并非所有的创业都适合家族的经营模式，家族创业较适合以下四种情况。

（1）小企业。小企业用工少，对管理水平要求不高，近乎家庭作坊，推动业务更多地依靠特殊的信任关系与责任心，而不是管理经验。因此，创办小企业，如小饭店、小服装店、小加工店等，家族经营是一种理想的创业模式，至少在创业初期是如此。许多现代的大中型企业，就是从小家族企业开始起步的。

（2）农村环境创业。一般来说，农村地区人们的家庭伦理观念强，血缘关系在各种社会关系中占有明显的优势，有着非常丰富的家族资源。加之农村人口长期生活在相对比较封闭的农业环境，不可避免地会存在一些排外的思想。所以，在农村环境中采取家族创业往往是一种比较合理、可行的经营模式。

（3）中老年人创业。人过中年才开始创业，最适合家族创业的模式。这是因为，一方面，中老年创业者有得天独厚的年龄优势，他们往往是家庭或家族的长辈，在家庭或家族中享有权威地位，能发动自己的子女和晚辈共同参加创业。另一方面，中老年创业者的创业动机基本上是为了造福下一代，这本身就需要"子承父业"的创业模式。

（4）异地创业。创业者有些以四海为家，为了创业，抛家舍业、背井离乡、孤旅天涯。他们不但要面对创业的险恶环境，还要饱受思念家乡的煎熬，可以说十分辛苦。采用家族创业的模式，与亲人在一起，特别是与妻子或丈夫在一起，既免除了他乡异客的孤单之感，又可使创业者坚定在他乡安家落户的决心。

4.1.3 合伙创业

合伙创业是指两个以上的创业者通过订立合伙协议，共同出资、合伙经营、共享收益、共担风险，并对合伙企业债务承担无限连带责任的创业模式，其创建的企业被称为合伙企业。这是拿着身家性命去拼搏的一种创业形式，往往适合那些没有身家或身家不多的人。

合伙创业是一种相对"高起点、高规格、高层次"的创业模式（相对于独立创业而言），是适应相对更大的创业规模和更大的风险承受能力而产生的创业模式，也是应独立创业再发展、再提高的客观要求而产生并存在的创业形态。通常合伙创业的投资规模要大于独立创业，但小于创办有限责任公司的要求。

1. 合伙创业的形式

合伙创业根据合伙人出资的形式和承担的责任分为普通合伙和有限合伙；根据合伙人身份的特点分为个人合伙和法人合伙。

（1）普通合伙和有限合伙

普通合伙是合伙创业的基本形式，它是指由若干普通合伙人根据合伙章程组成企业进行合伙创业。在这类企业中，全体合伙人可以依约向合伙企业投入同等或不等份额的资本作为其股份，合伙人按其出资比例和对合伙企业的贡献大小分享经营利益。除协议另有规定外，每个普通合伙人都有权参与企业的经营管理活动，全体合伙人对企业的亏损和债务负连带无限责任，这是普通合伙的最大特点，也是最大的风险。当合伙企业的资产不足以清偿到期债务时，其不足部分，由各合伙人按比例用其在企业出资以外的财产承担清偿责任。但合伙个人财产不足清偿其个人所负债务的，该合伙人只能以其从合伙企业中分取的收益用于清偿。

有限合伙是合伙创业的一种特殊形式，它是指由若干名有限合伙人和若干名普通合伙人共同组成企业进行的创业活动。法律对两种合伙人的出资要求不同：普通合伙人认缴出资时，不需要把其财产直接交给合伙企业支配，而有限合伙人必须以现金或实物缴给企业作为其入伙的资金。两种合伙人的法律地位也不同：普通合伙人负责合伙企业的经营管理并可以代表合伙企业执行经营业务，而有限合伙人既不参与合伙企业的业务管理，也不对合伙企业的债权人承担个人责任。两种合伙人的收益分配方式也不同：普通合伙人的收益是根据企业的盈余状况确定的，因而是不固定的；而有限合伙人的收益则可在章程中事先确定，在企业盈利的前提下，其收益率是相对固定的。两种合伙人的责任范围也不同：普通合伙人对企业的债务负无限责任，并对其他普通合伙人承担连带责任；有限合伙人仅对企业的债务承担有限责任，即仅以其出资的数额为限而不需要动用出资之外的财产。

（2）个人合伙和法人合伙

个人合伙是指两个以上的自然人共同投资兴办并联合经营的合伙企业。我国《私营企业暂行条例》规定的合伙企业就属于个人合伙企业。个人合伙企业是我国私营企业的一种主要的企业组织形式。它可以采取普通合伙与有限合伙这两种具体形式。

法人合伙是指两个以上的企业法人、事业法人共同出资兴办并联合经营的合伙企业。这种合伙企业是在个人合伙企业的基础上，适应横向经济联合的客观要求而出现的合伙企业形式。这种合作创业形式，因其行为主体的集团化而同时具有集团创业的性质。

2. 合伙创业的特点

合伙创业具有以下特点。

（1）合伙人地位的平等性

合伙创业是合伙人基于创办企业、发展经济的考虑共同出资出力进行的创业活动。合伙人之间是纯粹的物质利益关系，而非伦理式的行政关系。双方的合作是在相互交流思想与看法，彼此在创建企业、开发产品及经营方式等方面达成共识后，通过自愿的原则，共同出资实现合伙的。各方具体的出资方式和出资数额会有所不同，但在法律地位、人格地位上是一律平等的。

（2）合伙利益的相互性

促成合伙创业实现的动机是双方均有利可图，可以通过合伙弥补各自的缺陷、壮大实力，圆创业致富之梦。利益总是相互的，合伙创业的过程本身就是一个互利双赢的合作理念和合理结合，而这种合作成功与否，就在于在利益分配上能否始终坚持互利互惠的原则。有一方企图单独受益，其合伙就难以为继。

（3）合伙人责任、权利与义务的确定性

合伙创业改变了独立创业的单一化和家族创业的伦理化，以理性的眼光明确了主要创业人员的责任、权利和义务，把合伙人之间的关系确定为物质利益关系。为了便于实施、监督各方履行义务而保障彼此利益的实现，各方都共同签订有书面合伙协议，明确规定了各自出资的方式和数额、各自承担的责任与义务、利润分配和亏损分担方法。这一具有法律效力的协议，将合伙人的责、权、利明确化、规范化，使每一个合伙人都清楚地知道自己在合伙企业中的地位、应履行的义务和所承担的责任。

3. 合伙创业的优势与劣势

合伙创业的优势主要表现在以下三个方面。

（1）资金较为充足，经营规模较大，容易产生效益。

（2）多人合伙创业，可以发挥集体智慧，取长补短，便于事业发展。

（3）多元化利益主体会自然形成企业内部监督机制，使企业处于一种理性化、科学化的经营管理状态，在较高的起点上顺利开展经营活动，更容易承担市场压力和风险。

合伙创业的劣势主要表现在以下三个方面。

（1）每个人承担风险的能力和心态不同，容易影响企业发展决策，制约企业发展；同时合伙人是员工，员工是合伙人，容易影响企业的日常管理和协调运作。

（2）由于是几个人共同创业，对每一个创业者来说，个人成就感就差了很多；利润要在几个合伙人之间分配，也降低了创业经济利益对创业者的吸引力。

（3）每个合伙人的能力有高有低，对企业的贡献有大有小，分工合作往往加大差异，容易出现参差不齐的现象，使合伙人在企业管理、业务开展、利润分配等方面产生矛盾，影响合伙企业的正常运作和发展；同时合伙人随时有可能中途退出，这对创建的企业也是一种巨大的风险。

4. 合伙创业对创业者的特殊要求

合伙创业的一大优势就在于以契约的形式确定了各合伙人的责、权、利，在合伙人之间建立起自愿、平等、公平、诚实守信的新型伦理关系，这是一种具有旺盛生命力的创业模式。然而，由于多人合作，因此对创业者的素质有一些特殊的要求。

（1）协作意识

合伙创业是合伙各方彼此间集中各自所长，克服各自所短的理性合作，其优点在于分工协作、优势互补。每个创业者都要有强烈的协作意识，积极搞好分工协作，从而使各方优势都得到最大限度地发挥和展现。如果缺乏积极的协作精神，就容易出现矛盾，影响工作效率和工作品质。

（2）信义品格

合伙创业是以合伙人的真诚信义为纽带将彼此联系在一起的。"人无信不立"，缺乏信义的合伙是难以持久的。不讲信用、见利忘义的合伙，注定要以散伙而告终。创业者的个人信誉不仅是黏合剂，能把合伙人牢牢地团结得像一个人一样，而且是经营活动的精神推动力，促使各方遵守约定，履行义务，使合伙企业能够发展壮大。

（3）宽容精神

多方合作，免不了在管理方法、经营手段、利益分配等方面出现矛盾。有矛盾并不可怕，可怕的是有了矛盾解决不了，矛盾各方各持己见，互不相让。这就要求合伙人以宽容的态度待之，牢记"和则两利，分则两损"的古训，顾全大局，从大处着眼，以和为贵，求大同存小异，多注意对方的长处，多寻找彼此的共同利益的结合点，求得问题的圆满解决。缺乏宽容精神，心胸狭隘，斤斤计较，寸步不让，必将会使合伙企业四分五裂，结果谁也没有占到便宜。

5. 选择合伙创业前应思考的问题

任何事情都是有利有弊的，合伙创业也不例外。因此，并不是选择合伙创业就一定更容易成功，内耗往往是合伙创业的致命伤。所以，在选择合伙创业前，至少要思考以下三个问题。

（1）是否需要合伙创业？你所要从事的项目是不是非合伙不行，如果可以独立创业，而且能干好，就独立创业。只有必须合伙创业，或者合伙创业可以将规模和效益提高很多，才考虑合伙创业。

（2）是否适合合伙创业？如果需要合伙创业，那么你就要考虑你的性格适不适合合伙创业。如果适合，那么就可以确定选择合伙创业了。如果不适合，千万不要勉强去合伙创业。因为个性很难改，不适合合伙创业的性格很容易造成合伙人之间的矛盾，致使合伙企业分裂或者经营不下去，如此倒不如自己干了。

（3）是否有合适的合伙伙伴？慎选合伙伙伴非常重要。从某种意义上说，选择什么样的合伙伙伴就已经决定了合伙企业的成败。合伙创业对合伙人的诚信要求非常高。另外，在选择合伙伙伴时，要考虑创业理念、价值观是否一致，性格和能力是否互补，资源是否能相互支持等。

4.1.4　团队创业

团队创业，也称集团创业或法人创业，是适应新的更高的创业要求而诞生的新的创业形态。在硅谷流传着这样一条"规则"：由两个MBA和MIT博士组成的创业团队，几乎就是得到风险投资的保证。虽然有些夸大其词，却蕴含着这样的事实：如今，创业已非纯粹追求个人英雄主义的行为，团队创业成功的概率要远高于独立创业。一个由研发、技术、市场、融资等各方面组成、优势互补的创业团队是创业成功的法宝，对科技企业来说更是如此。创业团队的适用人群包括海归人士、科技人员、在校大学生、在职人员等。

具体来说，团队创业是创业者集体以一定章程和组织形式组织起来的以独立法人形式从事企业经营活动的创业模式。它依靠团队的力量凝聚社会的资金、技术，按照现代企业制度开展经营，凭借企业的规模获取效益。它代表了当今时代创业的发展方向，在我国大力推广市场经济的今天具有非常广阔的发展前景。

1. 团队创业的类别

团队创业是现代社会最为普遍的经济现象，主要以公司的形态出现。公司是企业最完备的组织形态，也是团队创业的最佳结合形式。公司是指依法设立的、以营利为目的的企业法人，它有两种基本形式，即有限责任公司和股份有限公司。

（1）有限责任公司

有限责任公司是由2人以上50人以下的股东共同出资，股东以出资额对公司债务承担有限责任，公司以其全部资本承担民事责任的企业法人。有限责任公司的特点是：公司不得发行股票，公司的股本一般不得随意转让；公司的股东人数较少，一般不能超过50人；股东可以作为公司的雇员参与公司的管理，也可以参与公司的日常经营；公司的注册资本不得少于最低限定数额，如以生产经营和商品批发为主的公司不得少于50万元，以商品零售为主的公司不得少于30万元，科技开发、咨询、服务性公司不得少于10万元。

（2）股份有限公司

股份有限公司是典型的法人企业形式。它是由5个以上发起人通过社会募集股本而设立的企业法人，股东仅以自己认购的股份对公司债务承担有限责任。股份有限公司的特点是：公司可以通过法定程序向社会发行股票，股份可以自由转让；股东个人资产与公司财产相互分离，出资人与管理人相互分离；公司注册资本最低限额为1000万元。

2．团队创业的特点

与其他创业模式相比，团队创业有如下四大特点。

（1）创业主体团队化。一般由优势互补的若干人构成核心创业团队。

（2）投资主体多元化。除了创业团队成员的出资，还可以各种融资方式吸引社会闲散资金或风险投资等资金的投入，扩大经营规模。

（3）经营管理科学化。团队创业一般都实行现代企业制度，在企业中建立责权利分明、管理科学、激励和约束相结合的管理机制。

（4）组织形式现代化。团队创业最普遍的组织形式是公司制，这是现代社会较为科学的组织形式，具有强烈的时代气息。

3．团队创业的优势与劣势

团队创业的优势主要有以下四个。

（1）集合了团队甚至社会的财力、人力和物力，使企业的规模得到空前的发展，具有较大限度的规模效应。

（2）高起点经营，可以承担较大的市场压力与风险。

（3）投资多元化，特别是股份有限公司，使企业避免了艰苦的原始积累阶段，直接进入经营阶段。

（4）可以发挥团队的优势，使创业者没有孤军作战之感。

团队创业的劣势主要有以下四个。

（1）创业历史短，多数企业尚在探索、试验当中，没有成熟经验。

（2）容易造成依赖思想，创业者个人的作用难以充分发挥。

（3）在经营过程中容易发生矛盾，在取得成功时，常会出现利益冲突。

（4）企业经营费用开支较大，有时会抵消规模效益。

4.2　创业模式

4.2.1　创业模式概述

创业模式是指创业者为保障自身的创业理想与权益，而对各种创业要素的合理搭配。即创业的组织形式、创业的方式确定、创业的行业选择组成了创业模式。

独自闯出一番事业，或者集结三五个好友的力量，合力创一番事业，是很多人都曾有过的梦想。但是，光有梦想、希望，而没有选对创业的方式或模式，再美的梦想也难以成真。创业之初，第一个重要选择就是寻找一个适合自己的创业模式。对一个创业者来说，一个真正好的创业模式，应该是适合自己的，即其有能力操作而且能把现有的资源有效整合。一个适合的创业模式，未必需要投入一大笔资金，未必需要具有很大的规模，甚至未必需要办公场所或店面。有志于创业的人没有必要被一些所谓的理论束缚住自己的手脚。只要勇于创新、勇于开拓就能有所突破，形成质的飞跃。

选择合适的创业模式，是创业成功的关键。准确判断自己的优势和劣势，选择适合自己的创业模式，可以化解很多不利因素。

4.2.2 创业模式设计

设计和完善企业创业模式，需要借助有效的分析手段。创业模式的五大要素是利润源（即企业顾客）、利润点（即企业提供的产品或服务）、利润渠道（即产品或服务的供应和传播渠道）、利润杠杆（即生产产品或服务的内部运作）、利润屏障（即保护产品或服务的战略控制活动等）。创业模式就是以上述五大要素的某一个至两个要素为核心，五大要素相互协同的价值创造系统。创业模式设计的程序如图4-3所示。

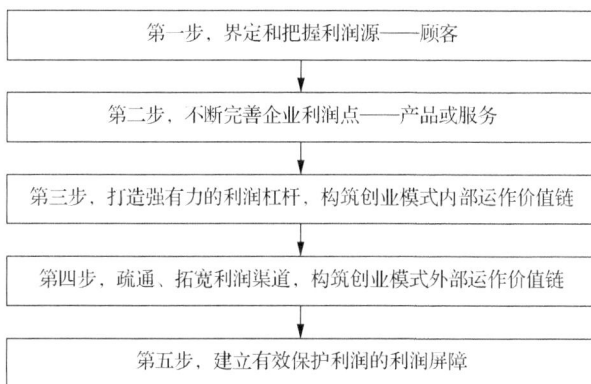

第一步，界定和把握利润源——顾客

第二步，不断完善企业利润点——产品或服务

第三步，打造强有力的利润杠杆，构筑创业模式内部运作价值链

第四步，疏通、拓宽利润渠道，构筑创业模式外部运作价值链

第五步，建立有效保护利润的利润屏障

图4-3 创业模式设计的程序

第一步，界定和把握利润源——顾客。

企业利润源是指购买企业产品或服务的顾客群，它们是企业利润的唯一源泉。企业利润源及其需求的界定，决定了企业为谁创造价值。企业顾客群分为主要顾客群、辅助顾客群和潜在顾客群。好的目标顾客群，一是要有清晰的界定，没有清晰界定的顾客群往往是不稳定的；二是要有足够的规模，没有足够的顾客群规模，企业的业务规模必然受到局限；三是企业要对顾客群的需求和偏好有比较深的认识和了解。

设计创业模式的时候，首先需要分析顾客需求，其目的就是要为产品寻找能够比较容易呈现价值的顾客群。一般来说，企业盈利的难度并非在技术与产品端，而主要还是在顾客端。有时即使是把握好企业顾客的一点点需求，也可能产生巨大的顾客价值。在复印机行业，施乐公司的利润源主要是大型企业与专业影印公司，因此它看不到个人顾客对于影印便利的需求，所以失去开发桌上型复印机的先机。佳能在资源规模上无法与施乐竞争，因此采取差异化策略，重点对个人顾客这一利润源进行了系统分析和研究，根据个人顾客的价值需求，发掘尚未被满足的特殊顾客群，最后成功开发出简便型桌上复印机这一为客户带来重大价值的成功产品。

如果无法找到相对明确的顾客需求，那么这项新事业将会遭遇无法创造利润的潜在风险。利润源不清晰，也就是企业顾客和顾客需求不明确，是导致企业创业模式不健全的首要原因。大量经营实践表明，设计和完善创业模式时，分析和把握顾客需求，并寻求产品在市场中的最佳定位，是设计创业模式的一项首要工作。

第二步，不断完善企业利润点——产品或服务。

利润点是指使企业可以获取利润的、目标顾客购买的产品或服务。利润点决定了企业为顾客创造的价值是什么，以及企业的主要收入及其结构。好的利润点是顾客价值最大化与企业价值最大化的结合点，它要求：一要针对目标顾客清晰的需求偏好；二要为目标顾客创造价值；三要为企业创造价值。

第三步，打造强有力的利润杠杆，构筑创业模式内部运作价值链。

这是创业模式设计与完善的重要内容，它决定了产品或服务是否为企业带来价值和带来价值的多少。企业利润杠杆主要包括以下几种：组织与机制杠杆、技术与装备杠杆、生产运作杠杆、资本运作杠杆、供应与物流杠杆、信息杠杆、人力资源杠杆等。设计良好的利润杠杆可以清楚界定企业内部运作的成本及其结构以及计划实现的利润目标。美国西南航空公司曾经创下了连续29年盈利的业界奇迹，能取得这样的成功，在于西南航空公司始终坚持"低成本营运和低票价竞争"的策略，在自己竞争对手不注意和不注重的内部价值链上下功夫，找到了属于自己的财富增长点。

将没有竞争优势的企业内部价值链外包，是打造利润杠杆的一条有效途径。多年来，耐克在美国运动鞋行业中一直处于领先地位。对于耐克而言，营销和新颖的设计是其专长，而对于制造，耐克则采取外包策略，同时，耐克还外包部分财务运作。劳斯莱斯将其主要精力集中于提高发动机的核心竞争力上，而对于车身等部分则完全外购，从而实现价值最大化。宝马（BMW）公司控制着与其核心竞争力密切相关的关键部件，如发动机、车辆平台的设计，其他非关键零部件则外包出去。

同样的产品，由于利润杠杆不同，或者说由于企业内部运作价值链的差异，导致了产品成本的迥异，一个企业可能赚钱，另一个企业可能亏损。这足以说明，利润杠杆决定了企业利润的多寡。

第四步，疏通、拓宽利润渠道，构筑创业模式外部运作价值链。

利润渠道，即企业向顾客供应产品和传递产品信息的渠道，是创业模式得以正常运作必不可少的外部价值链。产品或服务的价值传递是企业把产品和服务传递给目标客户的分销和传播活动，目的是便于目标客户方便地购买和了解公司的产品或服务。

戴尔的直销模式是利润渠道创新的典型代表。戴尔的"直销模式"实质上就是简化、消灭中间商，这样避免了庞大的渠道成本。戴尔因直销而减少了20%左右的渠道成本。其次，直销模式加快了戴尔的资金周转速度。利用代销商销售计算机的各大计算机公司从制造到销售需要6～8周。而戴尔从接到订单到送货到客户手中的时间为5天，从发货到客户电子付款在24小时以内，戴尔的资金周转天数已降到11天。

第五步，建立有效保护利润的利润屏障。

利润屏障是指企业为防止竞争者掠夺本企业的目标客户，保护利润不流失而采取的战略控制手段。利润杠杆是撬动"奶酪"为我所有，利润屏障是保护"奶酪"不为他人所动。比较有效的利润屏障主要有建立行业标准、控制价值链、领导地位、独特的企业文化、良好的客户关系、品牌、版权、专利等。

创业模式也是一种企业创造利润的思维方式。虽然有许多不同的创造利润的方式，但每个企业最终只会从中选择一种方式，而企业的主导思维架构将是决定创业模式的主要因素。许多技术创新面对的是一个不确定性极高的未来环境，同时企业也无法获得全部的市场信息，因此没有一种创业模式能确保未来利润一定会被实现，也因而没有所谓最佳的创业模式。经理人在设计与执行创业模式的时候，一定要保持未来需要弹性调整的心态。也就是说，创业模式的内涵需要因环境而变动，在执行时保持高度的弹性。

4.2.3 创业模式选择

选择适合自己的创业模式，是创业成功的关键。根据对种种创业案例的分析发现，创业者从细小的生活细节中发现自身潜质，确立自己的创业方向，是至关重要的一步。同时，准确选择适合自己的创业模式也是迈向成功的关键一步。资金少、经验少、社会关系匮乏等诸多因素的困扰，通常使很多创业者裹足不前，其实他们忽略了一个最关键的问题：创业的模式有很多（见图4-4），准确判断自身的优势和劣势，选择适合自己的创业模式，可消除很多不利因素。

图4-4 常见的创业模式

1. 白手起家模式

白手起家模式下，创业者或从基层做起，先学习一些经验。只要筹得一定资金，在主要的创业条件基本成熟后，就可以从小规模开始创业。白手起家模式是一种完全从零出发的创业模式。

随着越来越多的超级富豪演绎着一个又一个白手起家的神话，白手起家的创业模式也许让更多期望效仿的人激动不已。不过，白手起家并非人人都做得到。毕竟在诸多创业模式中，白手起家是难度系数最大的一种。白手起家，即创业者利用极少的资金，通过艰辛的努力从而创造自己的事业，最终积累一定的资金并走向事业成功，如巨人集团就是靠4000元起家的。对现在很多期望利用大量资金扩大市场规模的创业者来说，白手起家这一概念简直就是天方夜谭。

白手起家需要原始的积累过程，并且是艰苦的创业方式。白手起家除了意味着缺少创业资金，还意味着创业者缺乏创业必备的社会关系，必须依靠艰苦奋斗，通过一点一滴地积累和摸索，建立起广泛的社会关系。因此，成功率也相应要低很多。

白手起家要求创业者第一要建立广泛的社会关系。创业之初的生意来源很大部分需要靠社会关系。有了广泛的社会关系，产品或服务就有了一个好的销售渠道；第二要有预见性，创业者在选择产品或项目时，一般要考虑顺应社会发展的潮流且与众不同，能够把握好市场的发展趋势，否则根本无法与其他企业或产品在竞争中抗衡；第三要有良好的信誉和人品，这样才能吸引一批与其志同道合、愿意跟随的人，别人才愿意并敢于与你合作；第四要有吃苦耐劳精神，面对残酷的市场竞争，白手起家者只有靠自己的吃苦耐劳精神，付出比竞争对手更多的努力和辛苦，才能取得成功。

2. "借鸡下蛋"模式

"借鸡下蛋"模式是指创业者以低价买进经营状况较差或因其他原因准备转让的企业，经过对购进企业进行整合、调整，使其经营状况得以改善后，再以更高的价格售出。购买现有企业是一种节省创业时间和成本的好方法，也容易在短期内获利。如果涉及企业并购，则要认真考虑被并购企业的价值，避免出现过高买入的情况。

在借鸡下蛋的过程中，创业者必须注意收购现有企业可能带来的一些负面的影响，如负债高、资金缺乏、商誉不佳、设备陈旧、商品无销售利润等。这些都是可能发生并影响整个企业运作的问题。因此，在收购现有企业之前，创业者最好彻底了解以上的负面因素，仔细评估，才不会导致全盘皆输的局面。另外，还可以有选择性地收购现有企业的某一部分，如客户名单、商誉，而不收购其陈旧设备、机器或库存产品等，以减少资金负担。

3. 依附创业模式

依附创业包括争取经销权、做指定供应商、寄生/共生、内部创业、特许经营、网络创业、直销、寿险营销等诸多子模式，是创业诸模式中内容最丰富的一种类型。

（1）争取经销权——做代理商

代理商是生产商的经营延伸，影响大一点的产品几乎都有它的代理商。做代理商虽然是为他人作嫁衣，但与此同时也是在为自己积累经验。做代理商可以借助厂家有形的商品，为自己完成资本原始积累。与此同时，还能学习营销知识，建立渠道网络，可谓一举两得。为那些品牌信誉好或者发展潜力大的产品做代理商，是一桩本小利大、事半功倍的买卖。初始创业者在规模上可考虑只开一家门店，从一个县或者一个地级市做起。

不过，做代理商最大的危险是被厂家"卸磨杀驴"。不仅是中小企业，就是一些已经颇具规模的企业，一旦深陷到只有靠"傍"过日子，也是十分危险的。所以，小企业之于大企业、代理商之于生产商，只能依附，而不能依靠。最理想的状态是既有经营上的联系，又有资本纽带关系，但不是被人控股，不是挂靠或下属关系。

（2）做指定供应商——配套与贴牌生产

做指定供应商是依附创业的一种典型形态，但争取做指定供应商的难度要大于做代理商。在经济全球化时代，社会分工会越来越细，一件产品的生产和营销往往被细分为众多的环节，这给配套生产者提供了机会。配套这一角色，虽然起点低，利润薄，但投资也较少（很多项目往往只需要数十万元投资即能操作），因此恰恰适合了资金不足、经验缺乏的创业者。只要创业者与上游厂家搞好关系，勤恳工作，保证质量，就可以借助这个平台，在不太长的时间内完成创业过渡期和危险期。

替品牌厂商贴牌加工生产，是一种较为新型的合作关系。品牌厂商为了降低生产成本，或者为了集中精力开辟新的经营领域，往往会将部分现有产品委托其他企业代为生产。目前贴牌生产现象非常普遍，包括一些世界顶级品牌也是贴牌生产的。贴牌也分两种，一种是贴牌后自产自销，这叫借牌，需要交付贴牌费，一般只在区域市场销售；另一种就是产品生产出来后，交给原品牌所有者销售，也叫代工。前者的风险大于后者，投入也大于后者，但贴牌资格比较容易取得，一般仅限于国内品牌，国际性大品牌甚少采用此方式，创业者可酌情选择。

（3）"可遇而不可求"的内部创业

内部创业，是指一些有创业意向的员工在企业的支持下，承担企业内部某些业务或项目，并与企业分享成果的创业模式。内部创业使创业者无须投资却可获得丰富的创业资源，具有"大树底下好乘凉"的优势，因此受到越来越多创业者的关注。

内部创业主要有两种形态。一是成立互助厂商，如员工在企业所允许的范围内，由企业内部另辟企业体系的创业模式。不过，这种另辟的企业体系基本上与企业有同质性或属于上中游企业，如华为当年鼓励的内部创业。二是将企业中某个体系独立出来，以利润中心制度来成立新企业部门，而这个体系对成本、经营效益的盈亏必须完全自负。例如，早期宏碁公司就采用这种方式，后来衍生出明基半导体；又如，东江海鲜饮食集团也采取这种方式，后来衍生出东江汽车修配厂和东江装饰工程公司。

（4）事半功倍的加盟创业——连锁加盟

分享品牌金矿、分享经营诀窍、分享资源支持，连锁加盟凭借着诸多的优势，而成为备受青睐的创业模式。目前，连锁加盟有直营、委托加盟、特许加盟等多种形式。投资金额根据商品种类、店铺要求、技术设备的不同，一般从几千元到上百万元不等，可满足不同需求的创业者。

加盟创业的企业要特别重视加盟合同的内容，在签订合同时必须有专业律师的参与，否则一旦合同存在问题将会后患无穷。

（5）网络创业

互联网改变了人们的生活，同时也提供了全新的创业方式。网络创业不同于传统创业，无须创业者白手起家，而是利用现成的网络资源。微信和手机支付的普及，使得网络创业成为简单的全民创业模式。目前网络创业主要有两种形式：网上开店，在网上注册成立网络商店，如淘宝店铺、微店等；网上加盟，以某个电子商务网站门店的形式经营，利用母体网站的货源和销售渠道。

4．在家创业模式

在家创业，也称SOHO（即Small Office，Home Office），起源于20世纪80年代中后期的美国，然后迅速风靡全球。据美国相关资料，自由职业是美国求职市场中发展最迅速的一个领域。近年来，我国国内特别是大中城市已拥有相当一部分中青年追"新"族们加入SOHO的世界，行业覆盖了注册会计师、医生、时装设计、保险商、律师、自由撰稿人、网页设计师、服装、珠宝、陶艺及各类工艺品设计人员、产品经销员和海淘代购等。这些创业者多具备以下特点：有经营头脑、趋利性、良好的组织性、懂技术、有文化、有雄心壮志和强烈的事业心等。

在家创业者，准确地说是独立工作，不隶属于任何组织的人；不向任何雇主做长期承诺而从事某种职业的人，可以简单理解为脑力劳动者（作家、编辑、会计等）或服务提供者。他们在自己的指导下自己找工作做，经常在家里工作。在家创业的优点是时间安排灵活；独立、不受外界干扰地工作；在家里非常舒服；可以改善家庭生活，如照顾孩子；工作上可以有很大的变化空间。缺点则是：打开局面困难；劳累；不够稳定；需要克服孤独感；要承担不可靠的客户和供应商带来的风险以及创业者本人和家庭成员要承受较大的压力等。

5. **兼职创业模式**

兼职创业既不影响本职收入，又能增加收入，同时时间上又比较自由，因而广受上班族欢迎。但创业者首先要根据自己的实际情况衡量孰重孰轻，摆正兼职与正职两者的位置。

兼职意味着创业者要比平时花费更多的时间和精力，比平时承受更大的压力。因此，建议最好在兼职之前好好斟酌一下，为自己做个职业规划，根据这个规划选择适合自己的兼职。

本章习题

一、单选题

1. 多数创业者是以（　　）的方式开展创业活动的。

　　A. 独立创业　　　　B. 家族创业　　　　C. 合伙创业　　　　D. 团队创业

2. 以下不属于独立创业基本模式的是（　　）。

　　A. 个体工商户　　　B. 私营企业　　　　C. 自由职业　　　　D. 加盟企业

3. 以下不属于团队创业特点的是（　　）。

　　A. 创业主体团队化　　　　　　　　　　B. 投资主体多元化

　　C. 经营管理传统化　　　　　　　　　　D. 组织形式现代化

4. 以下不属于家族创业模式特点的是（　　）。

　　A. 成员关系的伦理化　　　　　　　　　B. 企业关系的非确定性

　　C. 创业动机的非功利性　　　　　　　　D. 合伙人地位的平等性

5. 微商属于以下哪一种创业形式？（　　）

　　A. 在家创业　　　　B. 网络创业　　　　C. 内部创业　　　　D. 兼职创业

二、多选题

1. 独立创业的优势包括（　　）。

　　A. 利益驱动力强　　B. 工作效率高　　　C. 营运成本低

　　D. 较大的灵活性　　E. 收益大

2. 夫妻创业的形态包括（　　）。

　　A. 夫唱妇随型　　　B. 妇唱夫随型　　　C. 夫妻互补型

　　D. 放任自流型　　　E. 贤内助当家型

3. 父（母）子（女）创业的类型包括（　　）。

　　A. 齐头并进型　　　B. 分工协作型　　　C. 贤内助当家型

　　D. 青出于蓝型　　　E. 承袭余荫型

4. 家族创业的形态包括（　　）。

　　A. 夫妻创业　　　　　　　　　　　　　B. 父（母）子（女）创业

　　C. 兄弟创业　　　　　　　　　　　　　D. 同乡创业

　　E. 同学创业

5. 团队创业适用于（　　）。

　　A. 海归人士　　　　B. 科技人员　　　　C. 在校大学生

　　D. 在职人员　　　　E. 全职主妇

三、名词解释

1. 独立创业　2. 合伙创业　3. 团队创业　4. 创业模式　5. 内部创业

四、简答及论述题

1. 独立创业有哪些典型特点？
2. 家族创业的局限性主要有哪些？
3. 试论述夫妻创业的劣势。
4. 试论述合伙创业的优势、劣势。
5. 试论述团队创业的优势、劣势。
6. 试论述在家创业的优点和缺点。

案例讨论

大学生创业，放飞青春的梦想

周丽君，女，江西应用科技学院2022届毕业生。2022年，周丽君积极响应"大众创业、万众创新"号召，成为一名自主创业大学生。在大学生创业贴息贷款的助力下，周丽君开办了一家属于自己的甜品店。

1. 践行创业理想，筑梦快乐源泉

天高任鸟飞，海阔凭鱼跃。出生在赣南边远小县城的周丽君从踏进大学校门的那一刻就对自己说："我一定要让自己活出最美的样子。"毕业后的周丽君也用自己的行动证明了四年前自己说过的这句话。

周丽君喜欢喝奶茶、吃甜品，大学四年间她几乎尝遍了校园里所有的甜品。每当捧着奶茶走在校园里的时候，周丽君都会想什么时候也能拥有一家属于自己的甜品店呢？她希望自己的甜品店不仅出售美食，还能成为顾客快乐的源泉。就这样，"创业"这颗种子在周丽君心里悄悄地萌芽。2022年，即将毕业的周丽君在南昌已经被一家大型公司录取，待遇甚优。一边是薪资优厚的工作，一边是充满未知的创业之路。此时，周丽君犹豫了，但为了自己的理想与信念，她毅然踏上了回程的火车，回到了定南这座南方小城，开始了自己的创业之路。

2. 大学生创业贴息贷款助力梦想

"在最好的年华里竭尽全力，不留遗憾！"周丽君回到家乡开办了一家甜品店，她将店名取作"無二與你"，寓意做独一无二的自己。然而理想和现实总是相差甚远，刚开始创业的时候她遇到了很多问题，店面装修对周丽君来说就是一大难题，面对满目疮痍的墙体，周丽君陷入了沉思。满墙的裂纹虽然是岁月的痕迹，是我们对过去生活的一种怀念。但是想开一家有特色的甜品店，必须对房屋在原有的基础上进行改造，还要增添一些设备和家具。她简单地计算了一下，仅仅是装修费就是一笔不小的支出，后面还需要设备、家具以及工人费用。周丽君依靠大学时期靠兼职积攒下来的积蓄以及家里的支持，勉强让她的甜品店开张了。但是后面的经营还需要一大笔资金。对于像周丽君这类刚毕业的大学生来讲申请银行贷款也非易事。一时间，周丽君陷入了困境。

定南县就业创业服务中心工作人员了解到这一情况后，立即带着宣传资料找到了周丽君，对她进行创业担保贷款政策的宣传。周丽君从工作人员那里了解到自己不仅可以申请贷款，而且还可以享受全额免息待遇。这个消息就像一道曙光照亮了周丽君的创业之路。于是，周丽君带上相关资料来到了定南县就业创业服务中心，提出了贷款申请，在创业担保贷款中心工作人员的热情服务下，周丽君申请的30万元创业资金完成了审批程序，并很快到账。

3．扎根红色故土，青春路上展风采

如今的周丽君经常会和自己的朋友坐在店里回想以前的日子，时间仿佛还停留在昨天。拆门、打瓷砖、墙体刷白……店里的每一个物件都凝结了周丽君的心血，店里的每个角落都有太多故事。

店里的美食受到了顾客一波又一波的好评，很多人慕名而来。在赣南这片红土地上，这样一家有温度的甜品店满足了定南这座小城里无数人的需求，让人们在每一口的咀嚼中感受到"00后"女孩创业梦想的实现。而大学生创业贴息贷款就像大学生创业路上的一盏明灯，照亮了创业大学生的天空，让他们看到了希望，支持他们在逐梦创业的道路上走得更远。

资料来源：赣州人社微信公众号。

思考讨论题：

1. 何种创业类型更适合初次创业的大学生？为什么？
2. 周丽君的创业经历对我们有哪些启示？

第5章 创业机会

本章导读

"机不可失，时不再来。"创业过程始于创业机会，创业过程的核心就是识别创业机会，创业机会是创业过程的驱动力。本质上，成功的创业活动就是识别创业机会，抓住商机，从而找到创业盈利模式的过程。本章主要讲述创业机会的含义、来源与类型，分析创业机会识别的影响因素，并介绍创业机会识别的过程，重点阐述创业机会的识别和评价方法。

知识结构图

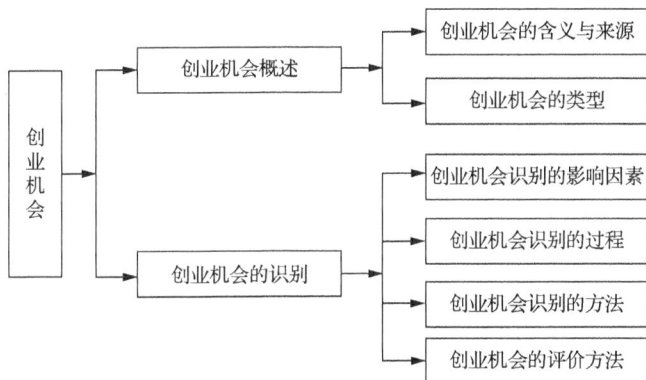

开篇引例

市场空缺成就"我爱我家"

"我爱我家"的创始人陈早春，1995年在上海帮外国人租房的时候，发现了一个市场空缺：老洋房投资。上海有很多老洋房，他承租过来，按照外国人的喜好重新装修，改造成住宅出租，这个创业机会为陈早春带来了高额的利润。

直到今天，陈早春当年接手的上海华山路上的李鸿章私家花园"丁香花园"仍被业界称为传奇。他租下装修后再转租，为他带来了不少于2000万元的利润。2005年，陈早春凭借20亿元人民币的资产，位列国内福布斯富豪榜第70名，被称为业界的一匹"黑马"。

本案例告诉我们，成功的创业者往往能发现别人所不能发现的机会。他们善于观察，对市场有着敏锐的嗅觉，能够及时发现商机并果断采取行动，将机会最终转化为财富。

5.1 创业机会概述

创业机会广泛存在于经济和社会发展之中。创业者由于自身的知识及特质的不同，对机会的认识也有差异。面对同一个创业机会，某些创业者可能会不屑一顾，而另一些创业者则可能认为是天赐良机。在创业活动中，创业者若要做到"慧眼识珠"、抓住创业机会，首先必须了解创业机会。

5.1.1 创业机会的含义与来源

1. 创业机会的含义

创业机会，是指在市场经济条件下，在社会经济活动过程中形成的一种有利于企业经营成功的因素，是一种带有偶然性并能被创业者认识和利用的契机。创业机会不同于商业机会，二者的根本区别在于利润或价值创造潜力的差异。创业机会可以看作一种独特的商业机会，它具有创造超额经济利润的潜力，而一般的商业机会只能改善现有的利润水平。

2. 创业机会的来源

有关创业机会的来源，学术界尚未形成权威共识，比较有代表性的是美国创业学教授肖恩的观点。该观点认为，创业机会主要源于技术变革、政治和制度变革、社会和人口结构变革与产业结构变革。下面进行简要的介绍。

（1）技术变革

创业机会最重要的来源是技术变革。技术变革为企业带来了新的市场机遇。例如，随着手机技术的不断进步，手机维修、软件开发、信息服务、手机游戏、移动端App开发、O2O营销等创业机会随之而来。即便创业者不发明创造任何新技术，也可以销售和推广新产品。

（2）政治和制度变革

当政策发生变化后，与资源利用相关的成本和利益也会发生相应的转变，这些转变也可能创造机会。政治和制度变革在创业机会产生的过程中发挥着重要作用，体现为：一是通过改变创业的相对报酬水平，影响资源流向创业企业的规模，决定创业机会的规模和质量；二是通过强化规范和认知制度建设，影响创业者的创业意愿和技能等，促进创业机会与创业者的匹配。

（3）社会和人口结构变革

企业面对的社会及人口结构的变化也影响着企业的市场机会。在经济全球化浪潮的推动下，企业可以在全球市场中寻找发展的机会。在"一带一路"倡议的带领下，很多企业"走出去"，利用外部市场机会，成功地实现了企业二次创业的目标，推动了企业的持续成长。宏观环境中的人口变化（人口规模、年龄结构、就业状况、受教育程度和收入等方面的变化）对消费品、消费者和产品质量都将产生巨大的影响。

（4）产业结构变革

产业结构变革也为企业带来很大的创业机会，下面以汽车行业为例进行说明。

汽车产业结构的变化带来创业机会。20世纪初，汽车工业的发展非常迅速，以致它的市场发生了重大的变化。面对这种变化，四种应对措施产生了，它们带来了不同的创业机会。1899年，意大利人阿格纳里认为汽车将成为军需品，于是他在都灵创立了菲亚特汽车公司。1904年成立的英国劳斯莱斯汽车公司着手制造和销售凸显尊贵地位的汽车,刻意采用更早甚至已过时的制造方法,让技术娴熟的机械工人手工制造每一辆汽车;为了确保没有低收入者购买,公司把汽车的价格制定得与一艘小游艇的价格一样高。几年以后,福特在底特律注意到汽车市场的结构正在发生变化,汽车在美国已经不再是有钱人的专属,于是,其利用"流水线"生产技术大批量生产物美价廉的汽车。另一位美国人杜兰特却把市场结构的变化视作把汽车公司整合成一家具有专业管理水平的大型公司的良机。杜兰特当时预计将会出现一个巨大的全球市场,而未来的公司必须满足市场各个层次的需要。1905年,杜兰特创立了通用汽车公司。后来,全球汽车工业市场在1960年到1980年又发生了一次大变化,汽车工业迎来了全球化的新时代。而到了如今的新能源汽车时代,比亚迪依靠雄厚的技术实力强势崛起,2023年全年其新能源汽车的销量超过300万辆,超越特斯拉成为全球第一。

另外,产业的融合也为企业带来了新的市场机会。例如,随着通信行业与IT行业基于技术的融合,芯片巨头英特尔公司开始在微处理技术优势的基础上将大量的资源投放到通信产业。

阅读资料5-1

网络创业领域宽广

互联网诞生于20世纪60年代末,20世纪90年代以后开始风靡全球,如今已深深地渗透到社会生活的每一个角落。例如,早上出门时我们可以使用手机中的电子客票乘坐公交车或者骑行共享单车,中午我们可以通过外卖订餐平台解决午饭问题,晚上下了班还可以通过手机购买电影票等,或者用社交软件与好友们聊天放松。由此可见,互联网已经成为我们生活中不可或缺的组成部分。

近年来,随着网络的普及和信息技术的飞速发展,网络创业也开始兴起。早期的淘宝网店可以看作最原始的网络创业,如今,网络创业已延伸到乡村。例如,借助互联网平台,很多由于季节和天气原因而滞销的农产品可以在一夜之间全部售罄。我国不少乡村都建起电子商务网站,将自己的农产品和特产卖到祖国各地甚至海外。农民朋友实现了脱贫增收。农家乐的互联网推广,让很多居住在大城市的人感受到了山野田园生活的乐趣,同时农民也能获得收益。网络创业的形式多样,平台众多,创业者除了自建电子商务网站外,还可以借助淘宝、京东等第三方平台以及微信等自媒体平台开展创业。

5.1.2 创业机会的类型

根据不同的划分标准,创业机会可以分为多种类型。常见的划分标准有按创业机会的可识别性分类、按创业机会的影响时间分类,以及按创业机会主体分类等。下面分别予以介绍。

1. 显现创业机会和潜在创业机会

创业机会按创业机会的可识别性,分为显现创业机会和潜在创业机会。

显现创业机会是指市场上存在着明显未被满足的某种需求,而隐藏在现有需求背后的未被满足的某种需求则被称为潜在创业机会。例如,20世纪80年代的吸氧热就是一种显现创业机会。显现创业机会容易识别，发现的人多，创业者也多，竞争压力大。而潜在创业机会有一定的隐蔽性，不易被发现，如果创业者能够识别该类创业机会，创业成功的概率就会大很多。例如，在化妆品市场日渐兴旺时，个别创业者对市场需求进行细分后，发现众多在特殊环境下如高温、有毒、野外等工作的群体，对护肤有着不同的需求，而普通的化妆品满足不了这种需求，因此创业者把握住了这一潜在创业机会进行创业，最终获得了很大的成功。

2. 现实创业机会和未来创业机会

创业机会按创业机会的影响时间分为现实创业机会和未来创业机会。

现实创业机会是指目前市场上存在的尚待满足的某种需求；未来创业机会是指目前市场上尚未出现或者仅表现为少数人的消费需求，但预期在未来某段时间会出现大量需求的创业机会。现实创业机会是已经出现的，所以创业者容易识别和利用，但未来创业机会的识别和把握就要困难很多。这两种创业机会之间并没有严格的分界线，任何一个未来创业机会经过一定的时间，在特定的条件下最终都可能变为现实创业机会。从营销的角度来看，创业者应该提前预测未来创业机会，并积极进行相应的准备，一旦未来创业机会成为现实创业机会，能够让预备的产品抢先进入市场，获得市场的主动权。下面来看一下美国企业家哈默是如何预测创业机会而大获成功的。

美国企业界最具传奇色彩的人物之一，曾被称为"经营之神""幸运之神"的阿曼德·哈默，在上大学时就成为一位百万富翁，后来成为美苏贸易代理人，与东西方政界的领导人都有深厚的交情，在全世界享有盛誉。但哈默一生中最活跃的时期却是1931年从苏联回美国后开始的。他认为赚钱的机会到了，因为他捕捉到了一个准确的信息，即罗斯福正在走向总统的宝座，而罗斯福一旦当选，那么1919年颁布的禁酒令将被废除。这意味着全国对啤酒和威士忌的需求会激增，酒桶市场将会出现空前的需求，而当时市场上根本没有酒桶出售。哈默当机立断，立即从苏联订购了几船优质木材，在纽约码头设立了一座临时的桶板加工厂，并在新泽西州建立了一座现代化的酒桶厂。禁酒令废除之日，也正是哈默酒桶厂的酒桶从生产线上源源不断滚下之时，他的酒桶立刻被各制酒厂高价抢购一空。

3. 社会创业机会和个别创业机会

创业机会按创业机会主体分为社会创业机会和个别创业机会。

社会创业机会是指在一个特定的历史时期，由于社会或经济形势的某种变化所形成的有利客观因素，是一个系统性、全面性的机会，不需要考虑某一社会活动主体的自身条件，而是以全体社会成员为对象的创业机会。同处一个时代的人，都能利用这种机会创业。个别创业机会是指针对个别创业者在特定时间的良好机遇，是指从事某一社会或经济活动的个别创业者所拥有的创业机会，也被称为"个人发展机会"。这种创业机会因人而异，非常具体。由于创业者自身的情况不同，对于有些创业者来说可能是很好的创业机会，而对于其他创业者来说未必就是机会。需要指出的是，个别创业机会是从社会创业机会中派生出来的，需要在社会创业机会的前提下发挥作用。例如，能源危机引起人们对新能源的需求；生活水平提高，人们的保健意识增强，催生对保健品的需求等。而在社会创业机会中，只有那些符合创业者目标能力、有利于形成新创企业优势的才是个别创业机会。

阅读资料5-2

克里斯·迪克森：创业需要把握时机

克里斯·迪克森是美国著名的互联网创业者和天使投资人，他是网站"预感"（Hunch）和创始人风险投资基金（Founder Collective）的联合创始人，曾参与投资了多家科技公司，包括优步、讯佳普等为人熟知的企业。

毕业于美国哥伦比亚大学的克里斯，原本是哲学专业的学生，在取得了硕士学位后，他又赴哈佛商学院深造，是个名副其实的"学霸"。离开学校后，年轻的克里斯敢想敢做，抓住了每一次可能成功的机会。从软件程序员到一家网络安全公司的创立者，他只用了不到10年的时间。在积攒了一定的经验和资金之后，克里斯在2009年参与创办了让他名声大噪的"预感"，并通过此公司成了亿贝公司（eBay）早期团队的一员。后来，他又在投资市场兴起时加入风投行业，参与创立了创始人风险投资基金，且把握住了时机，投资了一批后来取得丰厚收益的科技企业，为自己的创业之路奠定了坚实的基础。

提到创业，克里斯曾撰文谈到，成功最重要的就是对时机的把握。如果他当初有机会参与知名视频网站"优兔"（YouTube）的投资，他可能也会错过，因为和很多人一样，他见过不计其数的视频服务公司失败的案例。出于"思维定势"，他不一定敢冒险投资，所以，他认为敢投资"优兔"的人无疑是把握了时机的智者。

创业为什么会失败？克里斯认为，对时机的误判是很重要的一个原因。"他们当时的想法和产品超前于那个时代，也就是生不逢时。"克里斯说。所以，聪明的创业者要学会对市场做出预估，等到时机成熟后才能一击即中。很多赫赫有名的企业都有诸多失败的经历，但它们最后都适时地把握了机会，进而一跃成为业界标杆。

克里斯对想创业的年轻人提出了自己的忠告，他认为，要经常思考"为什么我会取得成功"这个问题；当你的答案是自己选择了正确的时机时，你就真正地掌握了创业的秘诀。

5.2 创业机会的识别

我们正处于一个充满机遇的时代，嗅觉敏锐的创业者往往能抓住机会，成就一番事业。有效识别创业机会，对创业成功的重要性不言而喻。

5.2.1 创业机会识别的影响因素

创业机会的识别受到很多因素的影响，如创业者过去的经验和认知能力等。从本质上来说，创业机会识别是一种受创业者主观因素影响较大的行为过程。根据已有研究的分析，影响创业机会识别的因素主要集中在创业者的认知因素、创业警觉性、创业经验、社会关系网络等方面。下面分别予以介绍。

1. 创业者的认知因素

创业者的认知因素是创业者识别创业机会的基础，主要包括创业意识、创新思维等方面。这些方面本身就是创业者创业能力的重要组成部分，是创业者识别创业机会的重要前提。创业者发现创业机会，必须满足两个必要条件：第一，能够获取创业机会的信息；第二，可以合理理解这些信息并识别其中蕴含的商业价值。创业机会认知就是认识和识别机会的过程，通常由商机、资源、组织、管理、风险和利益等一系列相关因素的结构化知识所组成。良好的创业认知能力对于创业者来说具有重要的意义，有助于创业者敏锐地感知市场的变化，并迅速地洞察这种变化所带来的价值。

2. 创业警觉性

创业警觉性对创业机会的识别具有关键性的影响，它是指创业者时刻关注着市场，总是自发地关注他人忽略的市场环境特征，对创业机会存在的潜在性保持警惕和洞察力，一旦发现创业机会就会迅速采取行动。例如，1993年，王传福在一则国际电池行业的动态上看到，日本宣布本土将不再生产镍镉电池。专门研究和生产电池的王传福立刻意识到这一变化将引发镍镉电池生产基地的国际大转移，他意识到创业机会来了。

3. 创业经验

创业经验的积累受创业者既往接受的教育培训、工作经历以及创业经历等的影响。创业经验在创业者识别创业机会中起着非常重要的作用。不同的创业者在面对同样的机会信息时，常常会解读出不同的商业价值，这种对创业机会的不同分析与其先前的经历密切相关。

4. 社会关系网络

创业者的社会关系网络是其在长期的生活中积累的"人脉"，这些"人脉"将会为创业者提供许多重要的信息和资源，而这些信息和资源有利于创业者发现创业机会。很多创意来自企业外部，创业者要想及时而经济地获得这些创意，就必须与外部的社会建立广泛的联系。一般情况下，社会交往面广、交往对象多样化、与高社会地位个体关系密切的创业者更容易发现创新性强的机会。社会关系网络不仅提供了孕育创意的土壤，其深度和广度也将影响对机会的识别。

5.2.2 创业机会识别的过程

创业机会识别是对开发能够创造价值的业务可能性的感知，是从创意中筛选合适机会的过程。创业机会识别一般可分为创意感知、机会发现、机会评价、机会选择四个阶段，如图5-1所示。

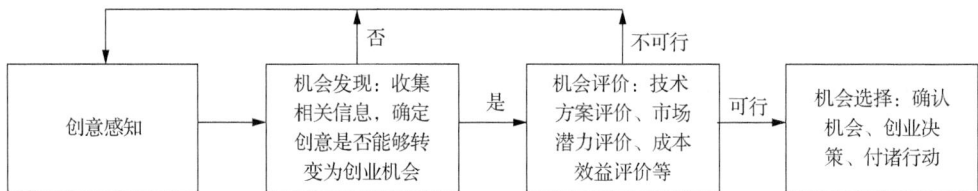

图5-1 创业机会识别的过程

1. 创意感知

创业开始可能源于一个新产品或新服务的创意，而创意往往来源于对市场机会、技术机会和政策变化信息的感知与分析，来源于创业者在个人经验基础上的创新性思考和"灵感"。

阅读资料5-3

"随身听"的诞生

有一天，索尼公司的创始人盛田昭夫外出散步，看到好朋友井深大手提笨重的录音机，耳朵上套着耳机，也在那里散步。

盛田昭夫感到奇怪，就问道："你这是怎么回事？"

井深大回答说："我喜欢听音乐，可又不愿意吵别人，所以只好戴上耳机。一边散步一边听音乐，是一件十分美好的事。"

老朋友的一句话，引发了盛田昭夫的灵感：生产一种可以随身携带的听音乐的机器！新产品"随身听"的构想由此萌发。

根据盛田昭夫的设想，技术力量十分雄厚的索尼公司立即进行了缩小录音机零件的研制工作。没过多久，世界上最小的录放音机就问世了。

这种新型录放音机刚投放市场时，销售部门和销售商担心地说："这种必须使用录音带的机子，却没有录音的功能，有几个傻瓜会买它呢？"

盛田昭夫坚定地反驳说："汽车音响也没有录音的功能，可是几乎每部车都需要它。因为它贴近和满足了人们的需要。"

第一批"随身听"一上市就大为轰动，使赶时髦的青年们争相购买。公司原来预计一年卖10万部，结果一年售出了400万部。

2. 机会发现

创意提出后，创业者需要收集相关的创业机会信息，使创意变成现实的创业机会。创业者需要通过多种方式及渠道收集、分析和解读有关特定的产业、市场、技术、政府政策等相关方面的信息，这些信息能够影响创业者对机会的最初识别。

3. 机会评价

机会评价是指审查创意并分析其可行性，主要包括技术方案评价、市场潜力评价以及成本效益评价等方面。创业机会评价是创业机会识别和选择的一个重要环节。可以说，选对了创业项目，就意味着创业成功了一半。

4. 机会选择

创业者利用各种方式和渠道收集有关市场需求或未得到充分利用的资源方面的信息，从中找到改进或者创造"目的—手段"关系的可能性，即创业机会，在此基础上对可能的创业机会进行评价，分析评价结果，识别出真正有价值、具有市场潜力且可行的创业机会。

5.2.3　创业机会识别的方法

创业需要机会，而创业机会的识别是把握创业机会的前提。创业者要想抓住创业机会，并成功地利用创业机会创业，首先需要正确识别创业机会。创业机会识别的方法主要有掌握信息、善于观察和寻找创业机会。

1. 掌握信息

创业机会来源于某种信息，创业者需要养成不断地通过各种方式留意、收集有关机会信息的习惯。收集信息的方式和渠道有很多种，创业者

微课堂

创业机会的识别方法

可以利用报纸杂志、互联网、广播、电视、专业书籍、专家讲座甚至街谈巷议及朋友交流等各种方式，或者从消费者、现有企业、分销渠道、政府机构以及研发机构等多种渠道来收集。不管通过哪种方式或哪种渠道，创业者都需要注意以下三点。

（1）要带着相关问题有目标地利用不同渠道收集有用的信息。

（2）要识别和了解自己创办的企业与其他竞争对手在销售相似产品时可能会遇到的并需设法解决的相同情况，如有关销售产品的总体市场性质和特征。

（3）要对照市场总体情况，找出新创企业所独有的特殊情况（如选址、周围环境、创业资金或者员工选拔等）；也应考虑如何借助整体市场，充分发挥自身独具的有利条件。

当你感觉某些信息对市场、销售或者资源整合有所帮助时，要把它们记录下来。"好记性不如烂笔头"，通过对获取的信息进行记录并加以整理，在需要时，保证可以随时查阅到相关信息，使收集的信息发挥其应有的作用。

┃ 阅读资料5-4 ┃

聚焦二十大 ｜ 返乡创业大学生：乡村振兴对年轻人来说是机遇

"党的二十大报告中提到，要全面推进乡村振兴，坚持农业农村优先发展，巩固拓展脱贫攻坚成果，加快建设农业强国。听到这些，我对乡村振兴充满信心和期待。"封开县木素菌业有限公司负责人陈嘉龙谈起乡村振兴工作，眼中满是憧憬。

"90后"青年陈嘉龙2014年毕业于郑州大学，2015年来到封开一座小山村的竹林里，创办了封开县木素菌业有限公司，开始研究竹荪种植，积极投身到乡村振兴工作中。"创业这些年，在各级党委政府的关心和支持下，公司发展走上新台阶。"

作为一名返乡创业的大学生，知识与技术是陈嘉龙紧紧抓在手里的"资本"。多年来，他不断优化种植技术，解决销售痛点难点。企业在他的努力下经历了多次升级改造。"一直以来，我努力钻研行业规则，勇于打破行业壁垒，自行摸索出一套新的核心技术。通过这套技术可以提高竹荪的产量，实现常年供应，给村民创造更多就业机会，提升整体经济效益。"陈嘉龙对记者说。

党的二十大报告中还提到，要扎实推动乡村产业、人才、文化、生态、组织振兴。陈先生表示，对于年轻人来说，乡村振兴是一个难得的机遇。"未来我将继续做好封开竹荪这个品牌，带动更多的大学生投入到乡村振兴工作中，为中华民族伟大复兴贡献青年力量。"陈嘉龙说。

资料来源：西江网。

2．善于观察

创业者要善于观察，因为善于观察可以帮助创业者更好地了解市场、行业和客户需求，及时调整自己的策略和产品，从而获得成功。通常情况下，创业者可以从以下几个方面来观察。

（1）影响市场变化的因素

创业者需要确切地了解市场上是否出现了某种潜在的需求，并了解这种需求是短期的还是长期的。一般情况下，经济发展、政治环境、技术水平、社会文化等因素都会对市场需求产生影响，由此引发市场上对某类产品或服务的需求。例如，肯尼迪爱坐旋转椅，在他任美国总统的时候，旋转椅市场曾一度被人看好。在罗斯福当选美国总统废除了禁酒令后，酒类产品成为创业者的大好机遇。事实表明，创业者如果能够敏捷地率先识别和把握市场需求的变化，并能立即采取相应的创业行动，满足消费者的需求，就能收获颇丰。反之，如果市场上某类产品或服务的需求出现衰退趋势，而创业者却未能发觉，则难免蒙受损失。

（2）市场竞争情况

一旦某个创业机会崭露头角，就会有不少的创业者、竞争者竞相而上，这是经常发生的。创业者要能够正确地分析潜在竞争者、行业内现有竞争者以及替代品竞争者等的基本情况，确切地了解新创企业是否有足够的能力赢得赖以生存的市场份额。例如，彩虹集团在公司二次创业之初，发现国内有上百家电热毯产品竞争企业。但由于彩虹集团有强于他人的创业精神和创新能力，几轮竞争下来，彩虹集团成为电热毯产业的龙头企业。

（3）他人的成功经验

虽说成功的经验不是放之四海而皆准的，但学习成功创业者的优点和长处可以使创业者的思维更开阔，更容易把握创业机会。美国一位小企业家的创业经历可以给我们一些启迪。麦凯布夫妇的"录像天地"开张时，他们除了在柜台内摆放了常见的好莱坞电影外，还储备了许多稀奇古怪的电影，并打出了"保证供应城内最糟电影"的招牌。结果消费者蜂拥而至，纷纷来租一些电影院通常不愿意上映的电影。麦凯布夫妇还通过免费电话向全美出租电影录像带，一年的生意额达50万美元。

（4）创业机会的现实性

即使某个创业机会特别具有前景，但特定创业者仍需进一步分析机会实现的可能性。创业者面对一个创业机会时，应该考虑"个人与创业机会的匹配度"。通常试图利用该机会创业的创业者不一定拥有创业所需的全部资源，因此创业者需要观察自身是否具有利用该创业机会所需的关键资源，是否能够"构建网络"跨越资源缺口，机会特征是否与个人特质相匹配，以确定该机会是否是自己能够加以利用的创业机会，是否是值得开发的机会。

3. 寻找创业机会

创业机会表现为满足在对象、时间、地点、方式、成本、数量等方面存在不平衡状态的需求。创业机会主要可以从市场供需差异、市场的"边边角角"、竞争对手的缺陷、市场变化的趋势等方面探寻，主要类型如表5-1所示。

表5-1 创业机会的主要类型

创业机会	机会描述
短缺机会	宏观供求总是有一定短缺的，这些短缺正是创业者能利用的创业机会。假如城市家庭中洗衣机的市场需求总量为100%，而市场供应量只有70%，那么对企业来说，剩下的30%就是可供选择和开拓的创业机会
价值新发现机会	倾听新闻，了解科技新发现，如一种物质通过科学研究具有新用途时，机会就出现了
成本价格差机会	能够降低成本的就是创业机会。例如，能降低人力成本、时间成本、生产成本的方式都可以成为创业机会
方便性机会	能够创造便利的就是创业机会，如外卖的普及、共享单车的出现，都为消费者提供了便利

创业机会	机会描述
配套机会	人们在关注某一目标时，有时会给另一项业务提供发展空间。例如，矿山开采、登山旅游等为送水、卖水的人带来了机会
关联与系统性机会	寻求地域性产品或服务的互补性、继承性。例如，房地产开发商需要通过引入大型商场、学校等方式为消费者提供便民服务
传统与文化机会	借助各种节日和活动等，寻找商品咨询、销售、广告宣传等创业机会
时间机会	时间就是机会。远水解不了近渴，一种商品或服务，如何打好时间差，值得创业者考虑
通用需求机会	围绕人们的生存需求，在吃穿住行方面寻找创业机会。例如，双职工家庭没有时间照顾孩子，于是有了托儿所
基础性建设机会	根据国家政策，围绕乡镇发展、产业建设、人才培养、基础建设、环境保护等寻找商机，如新能源汽车的发展、空气净化器的研发
突发性机会	关注由于洪水、冰雪、地震等自然灾害引发的地区损失，注意传染病以及重大责任事故引发的突发性事件带来的机会
其他机会	其他未满足的市场需求或者未充分利用的资源等方面的创业机会

创业者寻找创业机会应满足以下六个条件：一是要有合适的时机，二是提供合适的产品，三是具有合适的销售渠道和手段，四是拥有合适的目标客户，五是设定合适的市场价格，六是具有合适的销售地域。

5.2.4　创业机会的评价方法

发现具有吸引力的创业机会是创业成功的基石，选择良好的创业机会，创业就成功了一半。创业者如果能在创业之前对创业机会进行科学的评价，无疑能提高创业的成功率。下面分别介绍几种评价创业机会的方法。

1．定性评价方法

创业机会的定性评价方法一般包括以下五大步骤。

（1）判断新创企业的产品或服务能为消费者创造的价值与可能存在的问题。

（2）分析新创企业的产品或服务在目标市场投放的风险，进行机会窗分析。

（3）分析在新创企业的产品或服务的生产过程中是否能保证足够的生产批量和可以接受的产品质量。

（4）估算新创企业的产品或者服务的初期投资额，确定要使用何种融资渠道。

（5）在更大的范围内，考虑新创企业的风险程度，以及如何控制和管理这些风险因素。

2．定量评价方法

大卫·贝奇教授在《创业学》一书中提出了四种目前公认有效的评价创业机会的定量评价方法。

（1）标准打分矩阵方法

标准打分矩阵方法通过选择对创业机会有重要影响的因素，由专家组对每一个因素进行极好、好、一般这三个等级的打分，最后计算出每个指标下各个创业机会的加权平均分，从而对不同的创业机会进行筛选。其中，创业机会评价指标的选取非常关键，每个创业机会都有不同的影响因素。下面以一个生产企业的创业机会为例来分析标准打分矩阵方法，如表5-2所示。

表5-2　生产企业创业机会标准打分矩阵方法

标准	专家评分			
	极好（3）	好（2）	一般（1）	加权平均分
技术水平				
产品质量				
产品安全性				
生产规模				
产品性价比				
市场潜力				
市场可接受性				
投资收益				
融资能力				
竞争状况				
广告潜力				
创业团队情况				

（2）威斯汀豪斯方法

威斯汀豪斯（Westinghouse）方法是一种通过计算和比较各创业机会的优先级来进行机会筛选的方法。其计算公式为：

$$Y_i = \frac{P_{i1} \times P_{i2} \times \overline{S}_i \times (p_i - c_i) \times l_i}{C_i}, i = 1, 2, \cdots, n$$

其中，Y_i 为第 i 个创业机会的机会优先级；P_{i1} 为第 i 个创业机会的技术成功概率，以百分比表示；P_{i2} 为第 i 个创业机会的商业成功概率，以百分比表示；$\overline{S}_i$ 为第 i 个创业机会的平均年销售数；P_i 为第 i 个创业机会的预期产品销售价格，c_i 为第 i 个创业机会的单位产品生产成本；l_i 是第 i 个创业机会的投资生命周期，即可以预期的年均销售额保持不变的年限；C_i 是第 i 个创业机会的总成本，即预期的所有投入，包括研究、设计、制造和营销费用。Y_i 越高，第 i 个创业机会的成功率越高。

（3）泊泰申米特方法

泊泰申米特（Potentionmeter）方法让创业者填写针对各创业机会的情况预先设定好相关因素和权值的选项式问卷，如表5-3所示。对于每项因素来说，不同选项的得分可以从-2到2之间取值。打分完成后，对所有因素的得分求和，即得到最后的总分。创业机会的总分越高，该创业机会成功的潜力就越大。

表5-3　泊泰申米特方法

因素	得分（-2~2）
1．占有领先地位的潜力	
2．进入市场的容易程度	
3．预期的年销售额	
4．市场试验的时间范围	

续表

因素	得分（-2~2）
5．投资回收期	
6．从创业到销售额高速增长的预期时间	
7．产品生命周期中预期的成长阶段	
8．商业周期的影响	
9．为产品制定高价的潜力	
10．销售人员的要求	

　　该方法与标准打分矩阵方法都需要创业者根据创业机会的情况选择评价因素或者标准来打分，从而根据分值对创业机会进行筛选。但由于有关创业机会的很多因素具有模糊性，难以评价，同时创业机会的时效性导致创业者没有太长的时间用于评估，因此大部分的创业者都是凭借创业警觉性、创业经验以及社会关系网络来评价创业机会的。

　　（4）巴迪选择因素方法

　　巴迪（Baty）选择因素方法是通过设定的11个选择因素来对各创业机会进行评估的，如表5-4所示。

表5-4　巴迪选择因素方法

选择因素	是否符合
1．这个创业机会在现阶段是否只有你一个人发现	
2．初始产品生产成本是否可以承受	
3．初始市场开发成本是否可以承受	
4．产品是否具有高利润回报的潜力	
5．是否可以预期产品投放市场和达到盈亏平衡点的时间	
6．市场潜力是否巨大	
7．产品是否是一个高速成长的产品家族的第一个成员	
8．你是否拥有一些现成的初始用户	
9．是否可以预期产品的开发成本和开发周期	
10．是否处于一个成长中的行业	
11．金融界是否能够理解你的产品和消费者对它的要求	

　　一般来说，如果某个创业机会只符合11个选择因素中的6个及以下，这个创业机会就应该被放弃；相反，如果某个创业机会能够满足7个及以上因素，则该创业机会具有很大的成功概率。

　　3．**综合可行性评价方法**

　　综合可行性评价方法是一种综合、系统的可行性分析，是对创业机会本身及外部因素的综合分析，主要包括对创业机会的技术、市场、财务、组织及竞争等可行性因素的分析，如图5-2所示。

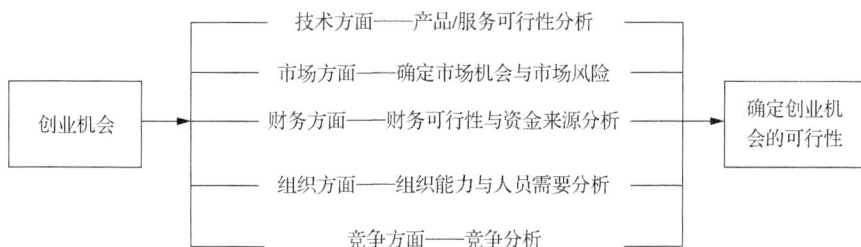

图5-2 创业机会可行性综合可行性评价方法

综合可行性评价方法与整个企业的计划准备阶段密切相关，如表5-5所示。该表格给出了每个可行性领域包含的特殊活动，尽管其中列出的五个领域都很重要，但尤其要关注的是技术和市场方面。

表5-5 综合可行性评价方法的特殊活动

技术可行性分析	市场可行性分析	财务可行性分析	组织能力分析	竞争性分析
关键技术规范 设计 耐久性 可靠性 产品安全性 标准性	**市场潜力** 潜在消费者及其主要特征的确定（如年龄、收入及购买习惯等） 潜在市场份额 潜在消费能力 计划销售价格	**所需资金来源** 固定资产 流动资产 必要周转资金	**人员需要** 可能受雇人员的技术水平 其他个人特征管理需要 个人职责划分 组织关系划分 潜在组织发展 竞争分析	**存在的竞争者** 规模 金融资源 市场进入障碍 竞争者对新进企业在降价、攻击性广告、引入新产品等方面的可能反应 潜在的新竞争者
工程需要 机器 工具 设备 工作流程	**市场测试** 测试选择 真实市场测试 市场分析	**可获得的金融资源** 借贷 可能资金来源 借贷成本 还款条件 运营成本分析 固定成本 可变成本 计划现金流 计划利润		
产品开发 方案 模型 原型	**营销计划方面** 分销渠道 提高干劲 所需分销点 包装 差别定价			
产品测试 实验测试 现场测试 厂址定位 厂址的期望特征 （邻近供给方与客户） 环境管制				

资料来源：Schollhammer H L, Kuriloff A H. Entrepreneurship and small Business Management. New York: John wiley & Sons，1979：56.

正如一位风险投资专家所说："创业者的风险就是你自己、你的团队和你创业设想中的每一处瑕疵。你必须首先对这些风险做出一个合理的评估。"这句话清楚地阐述了在创建企业或者寻找资金之前，对创业机会实施的每一方面评估的必要性。

本章习题

一、单选题

1. 创业机会最重要的来源是（　　）。

    A. 技术变革　　　　B. 制度变革　　　　C. 社会变革　　　　D. 产业结构变革

2. 创业机会和商业机会的根本区别在于（　　）的差异。

    A. 创意　　　　　　　　　　　　B. 利润或价值创造潜力

    C. 识别市场需求　　　　　　　　D. 机会来源

3. 创业机会识别的首要过程是（　　）。

    A. 机会选择　　　　B. 机会发现　　　　C. 创意感知　　　　D. 机会评价

4. （　　）方法通过选择对创业机会有重要影响的因素，由专家组对创业机会的每一个因素进行极好、好、一般这三个等级的打分，最后计算出每个指标下各个创业机会的加权平均分，从而对不同的创业机会进行筛选。

    A. 威斯汀豪斯（Westinghouse）方法　　　B. 综合可行性方法

    C. 标准打分矩阵方法　　　　　　　　　　D. 泊泰申米特（Potentionmeter）方法

5. 创业者的（　　）因素是创业者识别创业机会的基础，主要包括创业意识、创新思维等方面。

    A. 认知　　　　　　B. 警觉性　　　　　C. 先前经验　　　　D. 社会关系网络

二、多选题

1. 大卫·贝奇教授在《创业学》一书中提出了四种目前公认有效的评价创业机会的定量评价方法，这些方法为（　　）。

    A. 标准打分矩阵方法　　　　　　B. 威斯汀豪斯方法

    C. 综合可行性评价方法　　　　　D. 巴迪选择因素方法

    E. 泊泰申米特方法

2. 创业机会识别是对开发能够创造价值的业务可能性的感知，是从创意中筛选合适机会的过程，一般可分为以下哪几个阶段？（　　）

    A. 创意感知　　　　B. 机会发现　　　　C. 机会评价

    D. 机会选择　　　　E. 机会训练

3. 机会评价是指仔细审查创意并分析其可行性，主要包括（　　）。

    A. 市场竞争情况评价　　　　　　B. 技术方案评价

    C. 市场潜力评价　　　　　　　　D. 创业团队评价

    E. 成本效益评价

4. 创业机会按照影响时间可分为（　　）。

    A. 现实创业机会　　B. 显现创业机会　　C. 未来创业机会

    D. 潜在创业机会　　E. 社会创业机会

5. 创业机会的识别受到很多因素的影响，主要包括（　　）。

    A. 创业者的认知因素　　　　　　B. 创业警觉性

    C. 创业者性别　　　　　　　　　D. 创业经验

    E. 社会关系网络

三、名词解释

1. 创业机会 2. 显现创业机会 3. 现实创业机会 4. 社会创业机会

5. 个别创业机会

四、简答及论述题

1. 依据不同的划分标准，创业机会可分为哪些类型？

2. 创业机会有哪些来源？

3. 何谓社会创业机会？

4. 试论述创业机会识别的方法。

5. 试论述创业机会定性评价方法的五大步骤。

案例讨论

从政府工作报告中寻找创业机会

中年女子郭蕴青，17岁做纺织工，36岁时下岗。作为南京的第一批合同制工人，失业意味着解除劳动合同，并且没有多少经济补偿。她虽然下岗在家，但她仍然很关心时事，每天都注意收看中央电视台的《新闻联播》，也会关注每年发布的《政府工作报告》。

某年《政府工作报告》中提到，要把我国从一个农业大国建设成现代化工业强国。"建设工业强国，制造业是根本。"

她的丈夫谭维耕是机械技术员。有段时间，丈夫常常很晚才回家，原来是被他的徒弟请到各自的私营工厂解决技术难题。

"与其帮别人干，不如自己干！"郭女士与丈夫商定后，注册了自己的公司。她的全部资金只有3万元，又借来几万元，买了3台机械设备。由于抓住了创业的"风口"，加上经营有方，如今郭蕴青夫妇的公司拥有多条业务线，生意红红火火。

资料来源：扬子晚报。

思考讨论题：

结合本案例，请谈谈如何才能有效把握创业机会。

第6章 商业模式选择

本章导读

商业模式是一种包含了一系列要素及其关系的概念性工具，用以阐明某个特定实体的商业逻辑。它描述了企业能为客户提供的价值以及企业的内部结构、合作伙伴网络和关系资本等用以实现（创造、推销和交付）这一价值并产生可持续盈利收入的要素。对于创业企业来说，选择合适的商业模式对于保证创业的成功具有重要的意义。本章主要讲述商业模式的内涵与构成要素、商业模式的设计以及商业模式的创新等内容，其中商业模式的设计是本章学习的重点。

知识结构图

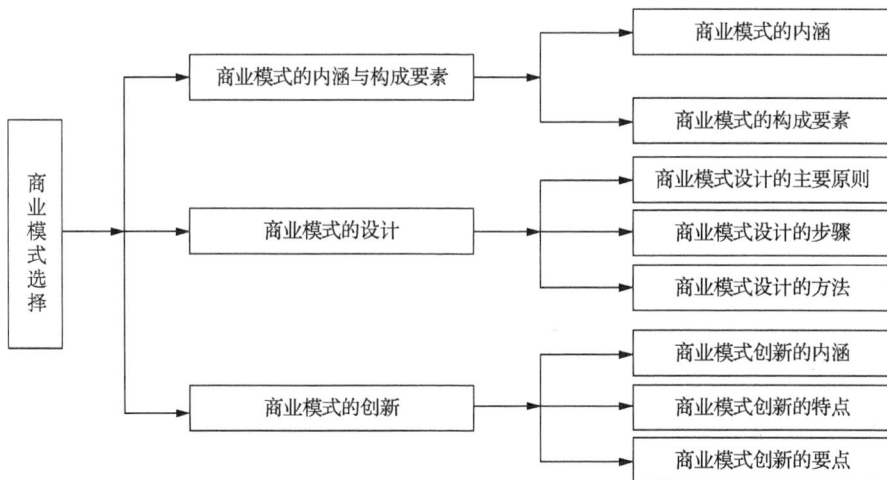

开篇引例

比亚迪高速增长的逻辑

2022年，比亚迪汽车全年累计销量达到186.85万辆，同比增长152.5%，一举超越一汽大众，登顶全品牌乘用车销量冠军宝座，结束了中国车市销冠近40年被合资品牌霸榜的历史。同时，比亚迪也超越特斯拉，位居全球新能源汽车销量首位。

作为全球销量冠军，比亚迪最近几年的增长逻辑，总结下来主要有以下两点：一是纵向一体化战略，二是技术突破。

所谓纵向一体化，简单理解就是整合上下游，自己做。这种模式的好处是，可以节约大量资源成本和时间成本。而成本越低，与对手进行价格博弈就越从容。此外，纵向一体化还能防止关键部件被卡脖子，从而降低经营的风险。

如果说纵向一体化本质上是战略上的成功，那么比亚迪在刀片电池、DM-i混合动力系统、造车平台e3.0上的三大技术突破，则是支撑产品卖点的三大抓手。

比亚迪的电池、电机、电控的"三电系统"，IGBT芯片等核心部件，都是自己设计制造的，这同样为其高速增长打下了坚实的基础。

6.1 商业模式的内涵与构成要素

商业模式热潮始于20世纪末期的互联网创业潮。互联网兴起之后，市场上涌现了许多新的经营模式，同时在网络经济条件下，各种不同的业务流程、不同的收入模式、不同的信息流通方式出现了，这迫使企业重新考虑竞争优势的来源、结构以及过程，也使企业商业模式受到了从创业者到投资家的广泛关注。人们逐渐认识到，企业必须选择一个适合自己的、有效的和成功的商业模式，从而保证长久地生存和发展。

6.1.1 商业模式的内涵

商业模式的概念出现在20世纪50年代，但直到20世纪90年代才开始被广泛使用和传播。目前对商业模式并没有统一的认识，有关商业模式的研究还处于探索性阶段。迄今为止，在商业模式的研究中还没有形成普遍认可的理论体系和分析框架，国内外学者对商业模式定义的理论研究总体上经历了从经济类、运营类、战略类到整合类递进的过程（见图6-1）。

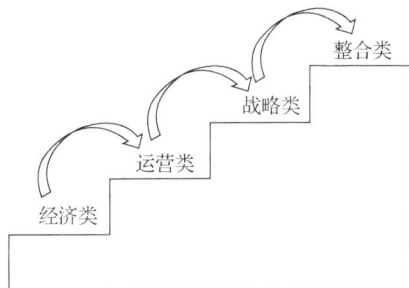

图6-1 商业模式定义的演进过程

从经济类层面上看，商业模式仅仅被描述为企业的经济模式。综合众多学者的观点，经济类层面对商业模式的定义，是指企业为追求利润、获取价值回报所建构的逻辑陈述。

从运营类层面上看，商业模式被描述为企业的运营结构，焦点在于说明企业通过何种内部流程和基本构造设计，使价值创造成为可能。从运营类层面来定义商业模式，不仅涉及企业追求收益的内部运作方式，还把价值链中其他利益相关者都纳入商业模式。

从战略类层面上看，商业模式是对能够获得竞争优势的价值创造活动的描述，涉及市场主张、组织行为、增长机会、竞争优势和可持续性等。

从整合类层面上看，商业模式被认为是一种对企业商业系统如何更好运行的本质描述，是对企业经济模式、运营结构和战略方向的整合与提升。

阅读资料6-1

美团外卖的商业模式

1. 核心竞争力

美团外卖的核心竞争力在于其强大的技术团队和庞大的用户基础。美团外卖拥有自主研发的订餐系统和高效的配送系统，能够实现快速、准确的订单处理和配送。此外，美团外卖通过多年的运营，积累了大量用户数据，通过数据分析，能够精准地定位消费者的需求，为商家提供有价值的营销信息。

2. 盈利模式

美团外卖的盈利模式主要包括三种：平台服务费、广告收入和配送服务费。平台服务费是指商家在平台上销售菜品需要支付给美团外卖的佣金；广告收入是指商家在平台上投放广告的费用；配送服务费是指美团外卖为商家提供配送服务收取的费用。

客户群体：美团外卖的客户群体主要包括上班族、家庭主妇和学生等。这些客户群体具有不同的消费需求和消费能力。美团外卖通过提供多种类型的餐饮服务，满足不同客户群体的需求。

3. 销售渠道

美团外卖主要通过自有平台和第三方合作平台进行销售。自有平台包括美团外卖App、美团外卖官网等，第三方合作平台包括淘宝、京东等大型电商平台。

综上所述，商业模式是一种包含了一系列要素及其关系的概念性工具，用以阐明某个特定实体的商业逻辑。它描述了企业能为客户提供的价值以及企业的内部结构、合作伙伴网络和关系资本（Relationship Capital）等用以实现（创造、推销和交付）这一价值并产生可持续盈利收入的要素。商业模式的内涵包含以下几个方面：商业模式是包含多项业务的整体性系统；商业模式的本质就是企业保持持续盈利的行为引导模式；商业模式是易于受到外部动态环境的影响，并在不断变化的市场氛围中调整适应的企业思维逻辑；商业模式是在市场主张、组织行为、增长机会、竞争优势和可持续性的整体考察下，涉及企业的顾客、供应商等多方相关利益的协调，利用商业机会创造价值的交易内容、结构和治理架构的具有企业特色的运行框架；商业模式是企业经过业务流程的设计，把一系列管理理念、方式和方法，反复运用，对流程、客户、供应商、渠道、资源、能力和信息进行整合，形成的一套关于产品流、服务流、信息流和价值实现流的管理方法和操作系统。

6.1.2　商业模式的构成要素

商业模式概念的多样性以及研究者对商业模式认识的侧重点不同，使得对其构成要素的划分呈现高度的差异性，因此很难做出统一的界定。下面介绍几种有代表性的学术观点。

1. 哈默商业模式四要素

哈默（Hamel，2000）认为，商业模式由四大要素组成，即客户界面（包括履行与支持、信息与洞察力、企业与顾客的关系动态、价值构成等）、核心战略（包括经营使命、产品及市场范围、差异化基础）、战略性资源（包括核心能力、战略性资产、核心流程）、价值网络（包括供应商、合伙人、联盟），如图6-2所示。

顾客利益		配置方式		企业疆界	
客户界面	核心战略		战略性资源		价值网络
履行与支持	经营使命		核心能力		供应商
信息与洞察力	产品及市场范围		战略性资产		合伙人
关系动态	差异化基础		核心流程		联盟

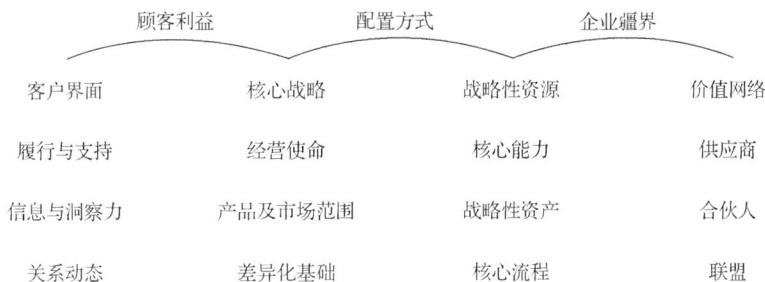

图6-2　Hamel商业模式组成要素的关系

从图6-2中可以看出，这四种要素产生了三种不同的连接，即顾客利益连接客户界面和核心战略；配置方式连接核心战略与战略性资源；企业疆界连接战略性资源与价值网络。这些连接将四个要素紧密地连成一个协调运作的整体，而这些连接的本质就是使企业获得持续性盈利。

2. 克里斯坦森商业模式构成要素

2008年12月，哈佛商学院教授克里斯坦森在《哈佛商业评论》上发表了《如何重塑商业模式》一文，对商业模式进行了一次新的定义。克里斯坦森认为，商业模式包含四个方面的构成要素，即客户价值主张、盈利模式、关键资源、关键流程。其中，关键资源是指向目标客户群传递价值主张所需要的人员、技术、产品、厂房、设备和品牌等资源；关键流程是指企业拥有一系列的运营流程和管理流程，以确保其价值传递方式具备可重复性和扩展性。关键资源是企业创造价值流程中的基础，关键流程则贯穿企业利用这些关键资源的过程，这两个方面相互配合，为客户提供价值，即满足客户价值主张。客户价值主张是指某种为客户创造价值的方法，也是企业实现利润的直接方式。这一系列活动都是在企业能够盈利的基础上进行的，也就是在这一系列的活动中，企业自身的盈利模式形成了。

3. 泽尼亚·林德加特和马丁·李维斯商业模式构成要素

泽尼亚·林德加特和马丁·李维斯（Zenya Lindgardt & Martin Reeves，2009）认为，商业模式由价值定位和业务模式两个基本部分组成，每个部分又有三个方面。目标细分市场、提供产品或服务、收入模式这三个方面构成价值定位部分，而价值链、成本模式和组织构成业务模式部分，如图6-3所示。

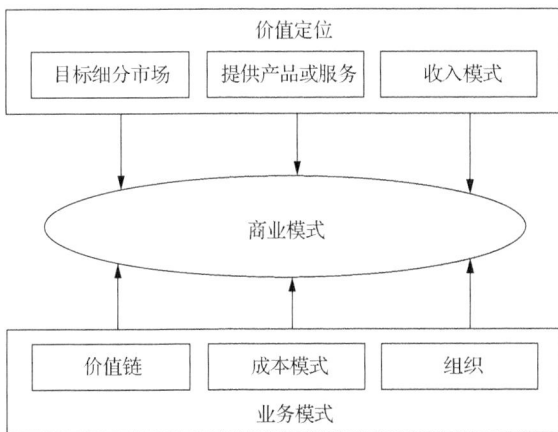

图6-3　泽尼亚·林德加特和马丁·李维斯商业模式构成要素

从这六个构成要素中可以看出，价值定位部分回答了企业的价值提供及服务对象问题，而业务模式部分在细节领域回答了企业如何有效地实现企业价值，将企业的整个运作流程均纳入商业模式，从两个部分六个方面勾勒出商业模式的全貌。

需要指出的是，企业商业模式结构的设计显然还受其他很多因素的影响，如宏观经济的运行、竞争对手的行为和市场结构等，但这些因素对企业商业模式的影响是通过各个要素表现出来的。影响因素属于商业模式结构中的要素，因此不能作为企业商业模式的主要结构组成。企业商业模式的形成和运行是一个动态的过程，是一个和市场变化匹配的过程，同时也是企业商业模式不断优化、完善和创新的过程，这就决定了企业商业模式结构的设计应是一个循环提升的过程。

6.2 商业模式的设计

6.2.1 商业模式设计的主要原则

一个成功的商业模式不一定是在技术上的突破，也可以是对某一个环节的改造，或者对原有模式的重组创新，甚至对整个游戏规则的颠覆。商业模式设计的核心原则是对商业模式定义的延伸和丰富。下面介绍八个对商业模式的影响最为深远的原则，创业企业应该加以注意和借鉴。

微课堂

商业模式设计的
主要原则

1. 客户价值最大化原则

一个商业模式能否持续盈利，是与该模式能否实现客户价值最大化有必然关系的。一个不能满足客户价值最大化要求的商业模式，即使盈利也一定是暂时的、偶然的，是不具有持续性的。反之，一个能实现客户价值最大化的商业模式，即使暂时不盈利，但最终也会走向盈利。所以，我们把对客户价值的实现再实现、满足再满足当作企业尤其是创业企业应该始终追求的主观目标。

2. 持续盈利原则

企业能否持续盈利是判断其商业模式是否成功的唯一外在标准。因此，在创业企业设计商业模式时，盈利和持续盈利也自然成为重要的原则。当然，这里指的是在"阳光"下的持续盈利。持续盈利是指既要"盈利"，又要有发展后劲，具有可持续性，而不是一时的偶然盈利。

3. 资源整合原则

整合就是要优化资源配置，就是要有进有退、有取有舍，就是要获得整体的最优。

在战略思维的层面上，资源整合是系统论的思维方式，是通过组织协调，把企业内部彼此相关但却分离的职能和企业外部既参与共同的使命又拥有独立经济利益的合作伙伴整合成一个为客户服务的整体，取得"1+1>2"的效果。

在战术选择的层面上，资源整合是优化配置的决策，是根据企业的发展战略和市场需求对有关资源进行重新配置，以凸显企业的核心竞争力，并寻求资源配置与客户需求的最佳结合点，目的是增强企业的竞争优势，提高客户服务水平。

4. 创新原则

三星集团原会长李健熙说："除了老婆和孩子外，其余什么都要改变！"时代华纳前首席执行官迈克尔·邓恩说："在经营企业的过程中，商业模式比高新技术更重要，因为前者是企业能够立足的先决条件。"商业模式的创新形式贯穿于创业企业经营管理的整个过程，贯穿于企业资源开发模式、制造方式、营销体系、市场流通等各个环节，也就是说，在企业经营的每一个环节上的创新都可能变成一种成功的商业模式。

5. 自由现金流有效性原则

融资模式的打造对企业有着特殊的意义，对广大中小企业和创业企业来说更是如此。企业生存需要资金，企业发展需要资金，企业快速成长更需要资金。资金已经成为所有企业在发展中最难突破的瓶颈。谁能解决资金问题，谁就赢得了企业发展的先机，也就掌握了市场的主动权。

从一些成功企业的发展过程来看，无论其表面上对外阐述的成功理由是什么，都不能回避和掩盖资金对其成功的重要作用，许多失败的企业就是因为没有建立有效的自由现金流结构而失败的。例如，巨人集团因为近千万元的资金缺口而轰然倒下；曾经与国美不相上下的国通电器，拥有过30多亿元的销售额，也因为几百万元的资金缺口而销声匿迹。因此，商业模式设计中很重要的一环就是考虑自由现金流。

6. 组织管理的高效率原则

高效率是每个管理者梦寐以求的事，也是商业模式追求的最高目标。决定企业是否有盈利能力的一个重要因素就是组织管理的高效率。

按现代管理学理论来说，一个企业要想高效率地运行，首先要解决企业的愿景、使命和核心价值观问题，这是企业生存、成长的动力，也是员工努力工作的理由；其次要有一套科学的、实用的业务系统；最后还要有科学的奖励、激励方案。只有把这三点做到位，企业的管理才更能实现高效率。现实生活中的万科、联想、华润、海尔等大公司，在业务系统模式的建立上都可圈可点，也是值得我们学习的。

7. 风险控制原则

设计得再好的商业模式，如果抵御风险的能力很差，就会像在沙丘上建立的大厦一样，经不起任何风浪。这个风险既指系统外的风险，如交易、政策、法律和行业风险，也指系统内的风险，如产品变化、人员变更、资金不继等，创业企业尤其应该注意。

8. 做好税收规划原则

税收规划是指纳税人在法律规定的范围内，通过对经营、投资、理财等活动的事先规划和安排，充分利用现有税法中的优惠、减免、税率、扣除等方面的政策，以降低税负或递延纳税义务的方式，实现科学合理的纳税筹划。税收规划的主要目标是通过合理的规划和安排，使纳税人能够降低税负或递延纳税义务，同时避免违反法律法规和道德规范。

6.2.2 商业模式设计的步骤

简单有效的商业模式能够使创业企业实现迅速发展，并为客户和社会创造价值。设计一个成功的商业模式，对企业的发展至关重要。那么，如何设计有特色的、成功的商业模式呢？一般来说，要遵循以下步骤。

1. 确定市场，发现机会

企业先确定一个范围相对较小的市场，找到自己的产品所服务的消费者，然后充分进行市场调查，分析消费者的消费心理，集中力量满足消费者最主要的需求。同时，还要对目标客户群划分层次，分出主次，找准每个层次的消费者不同的消费动机，然后对症下药，各个击破。

一些企业往往把重点放在市场调查上，却忽视了客户对产品的设计、服务及商业模式的看法。因此，实现商业模式创新，要加深对客户的了解，关注其愿望和焦点，广泛听取和采纳客户提出的具有建设性的意见或建议，把焦点集中在潜在客户群上，满足潜在客户的迫切需求。

在满足不同消费者需求的同时，企业也要做好产品的售后调查，得到消费者的有效信息反馈，找出自己在产品性能等方面的优势和不足，从而为下一批产品的改进打好基础。如果企业在产品的创新上有新的设想，要及时与目标消费群体进行沟通，以验证自己的设想是否得到他们的认可、市场是否广阔，在充分调查的基础上再决定是否生产。

2. 整合资源，系统思考

企业要将目标客户、原材料供应商、合伙单位以及相应的外部资源进行整合，弄清利益相关者之间的关系，然后全面系统地思考，利用这些利益相关者从产业链上得到自己想要的。当然，除了一些合作伙伴之外，企业还要深入研究自己的竞争对手和潜在的竞争对手，本着公平竞争的原则，在产品的创新上下功夫，避免与竞争对手进行直接、正面的竞争，找准恰当的时机，迅速占领市场。

3. 良好的产品价值定位

企业产品的价值体现在可以引起消费者的共鸣，给他们带来兴奋感。在对产品价值是否可以满足市场需求进行调查的时候，企业可以用样品让消费者直观感受，这样更具说服力。对产品价值定位后，企业根据不同消费者的消费心理，生产出具有竞争力且适销对路的产品。

4. 完整的产品定义

创业企业对自己的产品进行完整的定义，要从三个方面着手：一是产品的核心，即功能、性能、品质等方面；二是产品的售前和售后服务；三是产品可以为消费者带来的消费体验。产品定义确定之后，先生产一些试用品，并通过消费者使用体验的反馈结果来确定产品的改进、定价，并研究量产和销售的途径。

5. 精密的销售计划

好的产品要想占领市场，离不开配套的销售计划。企业可以先制订销售目标，开展对销售人员和渠道人员的培训，同时把销售成本预算制订到销售计划之内，把用于销售的人、财、物所需成本尽可能地固定下来，以增加利润。

6. 合理的组织设计

成功的商业模式离不开合理的组织设计。企业的组织设计是实现企业目标的重要保障。因此，管理者要明确企业核心团队的优势所在，让投资者树立投资的信心。

7. 新颖的构思创意

创业企业的成功离不开商业模式的创新，商业模式的创新来源于商业模式的创意。创业者要大胆构思各种创意，从中选择可操作性强的创意。创意构思分为两个阶段：一是创意生成阶段，要保证创意的数量足够多，以供选择；二是创意形成阶段，要对所有创意进行整合，选择出几种切实可行的创意。商业模式创新是针对旧有模式来说的，创新就意味着不可复制，必须进行全新的设计，甚至可以颠覆正统。只要这个构思可以为企业创造价值，它就是一个成功的创意。

8. 进行原型的制作

制作原型是将创意进行具体化的一种方式，可以促进企业继续对商业模式创意进行探索和创新。商业模式原型作为一种思维工具，可以帮助企业进行模式创新探索。制作原型一定要源于对商业模式的构想，并为其最终实现而服务。在这个过程中，可以根据不同的客户层次，制作适合每个层次的原型，以更好地满足不同客户的需求。

按照上述步骤实施，再结合自身实践和探索，就一定可以找到适合自己的商业模式，在激烈的市场竞争中获胜。

6.2.3 商业模式设计的方法

本节以制造企业为例，介绍基于产品（含服务）的商业模式设计方法、基于品牌的商业模式设计方法，以及基于价值链的商业模式设计方法。

1. **基于产品（含服务）的商业模式设计方法**

基于产品（含服务）的商业模式，即企业通过向市场提供相应的产品（含服务），进而获得竞争优势和企业利润。基于产品（含服务）的商业模式设计方法，即从产品出发来设计企业的商业模式。根据行业、产品、顾客需求及企业的战略选择，可有多种切入方法，如客户解决方案模式、独特产品模式、基础产品引领模式、定制模式、低成本模式、品牌模式等。本书详细介绍前三种模式。

（1）客户解决方案模式

客户解决方案模式指企业以客户而不是以企业自身为出发点，以一整套的服务与解决方案而不是以单纯的产品来满足客户的需求，为赢得客户而投资，进而提升客户价值。例如，美国通用电气公司通过对客户进行分析，了解到客户如何购买和使用产品，以及客户在这一过程中所花费的金钱、时间和遇到的困扰，然后有针对性地设计个性化的客户解决方案，向客户提供自选配置、零部件和附件，提供融资和检修维护等售后服务，进而帮助客户克服遇到的困难，完成这个昂贵而耗时的购买决策与实施过程。

创业企业通过为客户提供相应的解决方案，掌握大量客户的详细资料，并与客户建立友好的伙伴关系，同时更迅速地满足客户的需求。

（2）独特产品模式

独特产品模式指企业既具有非同一般的工艺流程、配方与原料，特别是核心技术，又能够提供市场长期需要的独特产品。鉴于该模式的独占性特点，掌握独特工艺流程、配方与原料、核心技术、产品的企业可能获得相当高的利润。例如，掌握祖传秘方、获得和使用难度很大的新产品的研发与设计技术等。该模式是差异化战略的实现形式。典型的例子是山东东阿集团，该企业依靠独特的熬制工艺技术，运用现代科学工艺将原有秘制古方予以改进，获得了商业成功。

（3）基础产品引领模式

基础产品引领模式指企业推出一种基础产品，进而借助该产品来带动后续产品的销售，主要从后续产品获取长期利润的经营模式。在不少采取基础产品引领模式的企业中，基础产品的销售额或利润并不高，但其衍生产品的利润极为丰厚。例如，早些年一些企业以照相机为基础产品，尽管照相机并没有多少盈利，但照相机的销售带动了胶卷市场的发育。

又如，柯达公司的基础产品是冲印设备，其利润相当微薄，但后续的巨量相纸和冲印套药销售为其带来了极为丰厚的利润。柯达公司曾实施过让更多人仅花99元就可以拥有一部相机的"相机播种计划"，但配套的单个MAX400胶卷的零售价就要26元，这个计划让柯达公司受益无穷。

再如，一些软件企业推出基础软件产品，带动了软件升级产品及维护服务市场的发育。一些家用五金企业推出了刮胡刀架，带动了刀片市场的成长。基础产品引领模式成功的关键，在于企业能否推出具有持久市场的基础产品，以便带来更多的后续产品的销售和更为丰厚的产品群利润。

2．基于品牌的商业模式设计方法

（1）品牌

品牌是人们对一个企业及其产品、售后服务、文化价值的一种评价和认知，是一种信任。品牌也是企业的一种商誉。简单地讲，品牌是指消费者对某个企业的产品甚至企业的认知程度。

品牌最持久的含义和实质是其价值、文化和个性。品牌也是一种商业用语，品牌注册后形成商标，企业由此获得法律保护，拥有其专用权。知名品牌是企业长期努力经营的结果，是企业的无形载体，更是创业企业努力的方向。

与品牌紧密联系的有如下概念：一是品牌名，即品牌中可以读出的部分，包括词语、字母、数字或词组等的组合；二是品牌标志，即品牌中不可以发声的部分，包括符号、图案或明显的色彩或字体。品牌的价值包括用户价值和自我价值两个部分。品牌的功能、质量和价值是品牌的用户价值要素，即品牌的内在三要素；品牌的知名度、美誉度和普及度是品牌的自我价值要素，即品牌的外在三要素。品牌用户价值的大小取决于内在三要素，品牌自我价值的大小则取决于外在三要素。创业企业在创立品牌的时候要考虑这些因素的影响。

（2）品牌的分类

品牌可以依据不同的标准划分为不同的种类。根据品牌的辐射区域划分，品牌分为地区品牌、国内品牌、国际品牌。地区品牌即在一个较小的区域内生产销售的产品品牌，该品牌产品多在一定范围内产销，辐射范围不大，主要受产品特性、地理条件或某些文化特性的影响，例如地方戏和地方特色产品。国内品牌是指国内知名度较高，在全国销售的产品品牌，如奥克斯家电、娃哈哈饮料、雪花啤酒等。国际品牌是指在国际上知名度、美誉度较高，产品辐射全球的品牌，如华为、麦当劳、比亚迪、奔驰、微软、皮尔·卡丹等。

根据品牌产品生产经营的环节划分，品牌分为制造商品牌和专业经销商品牌。制造商品牌是指制造商为生产制造产品而设计的品牌，如索尼、奔驰、长虹等。专业经销商品牌是经销商根据自身发展需求而创立的品牌，如王府井百货等。

根据品牌来源划分，品牌分为自有品牌、外来品牌和嫁接品牌。自有品牌是企业自己创立的品牌，如苹果、东风、永久、全聚德等。外来品牌是企业通过特许经营、兼并收购等取得的品牌，如联合利华收购北京"京华"牌，香港迪生集团收购法国品牌都彭（S.T.Dupont）。嫁接品牌主要指通过合资、合作等形成的带有双方品牌特质的新品牌，如家电巨头海尔的"琴岛—利勃海尔"品牌。

（3）品牌引导的商业模式

品牌引导的商业模式，即紧紧围绕品牌塑造而设计的商业模式，主要途径是致力于提高本企业品牌的知名度、信誉度和顾客忠诚度。采用该模式的创业企业，需要投资重金于品牌营销，以增加公众对自己品牌、产品的了解，获得认同，赢得信任和信誉，增强客户对于本企业产品的信任和依赖程度。当然，前提是企业的产品质量优异，否则就可能使企业的营销投资颗粒无收。

客户认可某个企业的产品后，其使用产品和服务的经历，可以通过"口碑效应"影响更多的客户，从而进一步提高品牌企业的知名度。当更多客户愿意为该品牌的产品支付高价时，品牌效应即可能转化为品牌企业的丰厚利润。例如，"脑白金"上市之初很不被看好。继"三株事件"之后，保健品市场一直萎靡不振，消费者信心受到重创。尽管如此，脑白金仍从中央电视台到地方电视台，从楼宇海报到车载广告，对消费者进行狂轰滥炸式的宣传。因此，"脑白金"推出后很长一段时间一直亏损。但就是这样看似恶俗的广告，后来妇孺皆知，品牌的知名度在短时间内迅速得到提升，最终在低迷的保健品市场杀出了一片天地，迅速提升了销售量，使投资得到了回报。我国企业的品牌塑造虽然起步较晚，但已给不少企业带来了广阔的市场和丰厚的利润，如浙江的"娃哈哈"、山东的"海尔"、四川的"长虹"等。由此可见，着力于本企业的品牌塑造是创新创业与企业成长的必由之路。

（4）品牌引导的商业模式设计的要点

① 专注于少数品牌的塑造

品牌是用于识别生产者或销售者的产品或服务的。品牌的塑造是企业长期努力的结果。但企业的资源往往是有限的，甚至是稀缺的，故在一定时期内，特别是在初创的几年内，企业只能专注于少数品牌的塑造。反之，如果企业追求塑造过多的品牌，很可能导致任一品牌都无法成为知名品牌。

② 关注品牌塑造中的风险

创业企业创立品牌后，在其成长的过程中，由于市场的不断变化和不确定性，品牌的价值既可能增加，也可能萎缩，甚至某些品牌还会因竞争而被挤出市场。这就是说，品牌塑造是有一定风险的。基于此，企业需要定期评估自己的品牌。对于市场价值正在萎缩的品牌，要适时发现市场价值萎缩的原因，采取措施予以提升。对于预期价值难以提升的品牌，则应适时放弃，而专注于塑造那些市场价值正在提升的品牌。

③ 加强品牌的无形资产管理

创业企业可以凭借品牌的特定优势不断获取利益，可以借助品牌的扩张持续拓展市场。但如果企业没有将品牌作为无形资产来管理，品牌的诸多价值就实现不了。典型例子是，2022年，字节跳动公司旗下的抖音和海外版的TikTok成为全球"价值增长最快的品牌"，增速达215%，品牌价值已从2021年的187亿美元增长到2022年的590亿美元。这与字节跳动公司重视品牌的无形资产属性有很大关系，其采取了诸多有效的措施来管理品牌，从而在该品牌旗下产品的市场得以扩大的同时，也使公司的品牌价值得以持续提升。

④ 关注品牌的直接与间接载体

品牌不具有独立的实体，不占有空间，但它有助于人们通过比较容易记忆的形式来记住某个产品和企业。因此，品牌必须通过一系列的物质载体来表现自己。品牌的直接载体主要是文字、图案和符号，间接载体是产品的质量，以及相关服务、知名度、美誉度、市场占有率等。没有物质载体，品牌就无法表现出来，更不可能达到品牌的传播效果。优秀品牌的载体表现皆较为突出，"可口可乐"使人们联想到其饮料的饮后效果，红色图案及相应包装也便于识别；"麦当劳"黄色的"M"标识给人独特的视觉感受。这些都是值得创业者借鉴的。

⑤ 善于防范和抵御其他企业的侵权行为

品牌拥有者经过法律程序的认定，享有对本企业品牌的专有权，如果有其他企业或个人仿冒和伪造该企业的品牌，就必然会伤害到该企业的市场利益。近年来，发生了不少品牌被抢注的情况。既然发生了这么多的"抢注"，相关企业的产品在国外销售就会遇到障碍。这就提醒创业者，要善于防范和抵御其他企业的侵权行为。

3. 基于价值链的商业模式设计方法

价值链分析是研究、设计商业模式的重要方法。从价值链的基本思想出发，商业模式应该是企业价值链上某几个"战略环节"的组合。企业通过战略环节的创新和其他环节的衔接与配合，可以使自己创造的价值大于所耗费的成本，或大于企业商业模式创新之前的价值。

（1）从价值链出发定位商业模式

从价值链出发定位本企业的商业模式，是指企业从当前市场环境和自身优势出发，通过分析整个产业价值链上的价值创造活动，确定自己在产业价值链中的有利位置，明确今后的发展方向和商业模式。

"外包"是价值链定位模式的一种，即企业将其非核心业务或职能活动进行分拆、剥离，进而外包给合作企业来完成，而自己只保留那些核心价值活动，即保留具有竞争优势、难以被模仿的价值活动，保留自己具有相对优势的价值活动，以获得比单纯利用内部资源更多的竞争优势。

该模式的原则，就是企业从事非核心价值活动的总成本高于其通过价值链分拆、职能外包的总成本。通过这种模式，企业可以与伙伴企业在资源、要素和能力等方面实现优势互补，提高企业的敏捷性和柔韧性，提高企业的利润水平。

（2）通过价值链延展设计商业模式

通过价值链延展来设计本企业的商业模式，即在本企业价值链的基础上，通过延伸其两端的价值活动，向上游供应商或下游销售商方向整合和延伸。

这种商业模式设计方法，本质上是将原来在本企业之外的价值活动纳入本企业的经营范围，这不仅会增加本企业的价值活动，而且会扩大本企业与利益相关者的关系网络，包括企业间的合作关系，由此可节约大量的交易费用（如信息搜寻与谈判成本等），提高企业的整体反应能力与效率，增强企业的竞争实力和盈利能力。

由此设计的商业模式，一是前向一体化，二是后向一体化，三是混合一体化。

前向一体化商业模式，即将渠道价值链和顾客价值链上的价值活动纳入企业的价值链，成为企业内在价值活动的一部分。例如，可口可乐公司发现决定自身产品销售量的，不仅是零售商和最终消费者，还有分装商。于是，可口可乐公司不断地收购国内外分装商，并帮助它们提高生产和销售效率。

后向一体化商业模式，即将供应商的价值链纳入生产商的价值体系，实现原材料的自给自足，提高原材料的质量，并由此节省生产商的采购成本。典型的例子如快餐巨头麦当劳公司，其连锁经营加盟店开遍全球，所需的原料全部层层筛选、自产自用，既保证了质量，又降低了汉堡等快餐成品的成本。

混合一体化商业模式，即同时向产业价值链的上端和下端延伸，以控制原材料的生产，控制核心技术的研发，控制产品或服务的分销网络；或者向旁侧方向扩展，进而成为行业领导者。典型的例子是国内最早的汽车制造商长春一汽。长春一汽从早期的货车生产出发，前后向一体化重新构建自己的商业模式，在沿着货车产业链上下游延伸的同时，又扩张进入轻型车、轿车及汽车服务、汽车金融服务等市场。

▌阅读资料6-2 ▌

海尔集团成功的商业模式转型

海尔集团是家电行业的领军企业，其成功的商业模式经历了多次转型，每一次转型都取得了显著的成功。

第一次转型：从家电制造业到多元化发展

随着家电市场竞争的加剧，海尔集团意识到单一的家电制造业已经无法支撑企业的长期发展。于是，海尔集团开始采取多元化发展战略，涉足物流、金融、生物医药等领域，形成了一个庞大的商业帝国。

第二次转型：从本土化到全球化

在经济全球化的趋势下，海尔集团开始进行全球化的战略转型。通过在海外设立研发中心、建立生产基地、收购国外品牌等方式，海尔集团实现了在全球范围内的布局。同时，海尔集团还注重本土化运营，根据不同国家和地区的市场特点，制定不同的产品策略和服务策略，成功打入全球市场。

第三次转型：从传统制造业到互联网化

随着互联网技术的发展，海尔集团开始进行互联网化的转型。通过打造线上平台，连接消费者和工厂，实现个性化定制和柔性化生产。同时，海尔集团还注重与互联网公司的合作，如与阿里巴巴、腾讯等公司合作，共同探索新的商业模式。

通过多次成功的转型，海尔集团不仅实现了自身的发展，还成了行业的领导者。其成功的商业模式转型经验可以为其他企业提供借鉴和启示。

6.3 商业模式的创新

6.3.1 商业模式创新的内涵

商业模式创新的概念可以追溯到熊彼特，他提出创新是将一种新的生产要素和生产条件的"新结合"引入生产体系。熊彼特意义上的创新囊括了产品创新、工艺创新、市场创新、供应来源创新和组织管理创新等。其中市场创新、供应来源创新和组织管理创新皆可纳入商业模式创新的范畴。

现有研究者对于商业模式创新多从以下两个方面来界定。

1. 从客户价值角度出发定义商业模式创新

这种观点认为，商业模式创新是制订新的、优于现有方法的为客户解决问题的方案，目的是实现在未来竞争环境下的与众不同的工艺技术或产品创新。例如，米切尔（Mitchell）认为，商业模式创新的目标是以最合适的方式给客户提供产品或服务，并剔除客户不需要的东西；该过程可以发生在各个经营环节，包括客户服务、市场营销、广告或公司与客户的交互之中等。米歇尔·莫里斯（Michael Morris）等认为，商业模式具有生命周期，它应包括规范期、强化巩固期、适应期、修正期和再造期；企业的商业模式将从基础层向特有层、规则层演进，而且随着企业环境的变化，商业模式必须进行调整。

玛格丽塔（Magretta）将商业模式创新与价值链理论结合，认为新的商业模式都是对现有价值链的调整，也即对价值链中的两类基本活动（一类是与制造有关的商业活动，另一类是与销售有关的商业活动）的创新。

2. 从商业模式的构成要素来定义商业模式创新

米切尔和科尔斯（Mitchell & Coles）从商业模式构成的基本要素"5W2H"等方面来论述商业模式创新，认为从商业模式的利益相关者（Who）、所提供的产品或服务（What）、何时提供（When）、哪里提供（Where）、企业存在原因（Why）、交易方式（How）及价格支付（How much）等七个要素，即可以界定商业模式创新。

根据商业模式构成要素变化的范围和程度，有学者将商业模式的变化分为改进、变革和创新三种类别，并认为，在这七个要素中，仅某一个要素的改进，可称为商业模式改进；至少包括四个构成要素的改进，可称为商业模式变革；而那些全新的或行业内未曾应用过的商业模式的变革便是商业模式创新。

当然，即使学者对商业模式改进、变革和创新论述得头头是道，但客观上，商业模式的改进、变革、创新的边界仍是十分模糊的。米切尔等的划分实际上仅仅表明商业模式变革或创新涉及多个要素的协同变化。例如，米切尔等认为，并非所有商业模式的变化都会形成商业模式创新，如果新的商业模式能以前所未有的方式提供产品、服务给客户或最终的消费者，那么它才是真正意义上的商业模式创新。

基于以上，可以认为，商业模式创新是指把新的商业模式引入企业的生产经营，进而为客户和企业创造新增的价值。而称为"新"的商业模式，既可能是在构成要素方面不同于已有的商业模式，也可能是在要素间关系或者机制方面不同于已有的商业模式。例如，基于网络的市场、eBay的点对点、苹果的iPod/iTunes平台、宜家家居自我组装家具的模式、戴尔的定制计算机服务、宝马MINI Cooper跑车的个人定制，以及莎拉的持续产品线更新等，都是为客户和企业创造新增价值的商业模式创新的典型范例。它们已经跨越了单纯的产品和工艺创新，而是以一种持续的盈利方式推动公司从一个或多个维度来创造新的价值。

因此，商业模式创新可以帮助创业企业实现长远发展的目标。

6.3.2 商业模式创新的特点

商业模式创新的描述，本质上包括三部分内容。一是要说明新的商业模式或者是创新后的商业模式描述；二是要说明新的商业模式相对于原有的模式或者其他厂商的商业模式有何不同之处，创新点究竟体现在哪里；三是要说明商业模式创新是如何发生的，有着什么样的过程。相对于传统的创新类型，商业模式创新有以下几个明显的特点。

第一，商业模式创新是需求导向，更加注重从客户的角度，从根本上思考和设计企业的行为。商业模式创新的视角更为外向和开放，更多注重和涉及企业经济方面的因素。商业模式创新的出发点，是考虑如何从根本上为客户创造增加的价值。因此，它的逻辑思考的起点是客户的需求，并根据客户需求的变化，有效引导直至最终满足，这一点明显不同于技术创新。技术创新的视角，常常是从技术特性与功能出发，看它能用来干什么，并去寻找潜在的市场用途，一种技术创新可能会应用于不同的领域。商业模式创新即使涉及技术，也多是和技术的经济因素、技术所蕴含的经济价值及经济可行性有关，而不是纯粹的技术特性。

第二，商业模式创新表现为一种系统化和根本性创新，而不是单一因素的变化。它常常涉及商业模式多个要素的变化，需要企业进行较大的战略调整，是一种集成创新。商业模式创新往往伴随产品、工艺或者组织的创新；商业模式创新同时也是一种服务创新，表现为服务内容及方式、组织形态等多方面的创新变化。随着产业结构的逐渐调整，产业柔性化趋势增强，服务日益成为主导形式。在过去的几十年中，美国经济逐渐过渡到以服务业为主，也可以说从实体经济逐渐转向虚拟经济。2022年，美国服务业收入额占GDP的比重超过了80%，主要的就业人员也是在服务业领域。对传统制造企业来说，服务的重要性更是与以往不可同日而语。因此，无论从时间的角度还是内涵来讲，商业模式创新均显著地体现了其集成创新、系统化创新和根本性创新的特征。

第三，商业模式创新较难被其他企业模仿。从绩效表现看，商业模式创新如果提供全新的产品或服务，那么它可能开创了一个全新的可盈利产业领域；即便提供已有的产品或服务，也能给企业带来更持久的盈利能力与更大的竞争优势。传统的创新形态，能带来企业局部和内部效率的提高、成本的降低，而且容易被其他企业在较短时间内模仿。商业模式创新虽然也表现为企业效率提高、成本降低，由于它更为系统和根本，涉及多个要素的同时变化，因此它也更难被竞争者模仿，常给企业带来战略性的竞争优势，而且这种优势通常可以持续数年。

6.3.3　商业模式创新的要点

在全球化、网络化、复杂业态等条件下，商业模式创新越来越复杂和艰难，这就要求创业企业的管理者对商业模式的创新具有丰富的想象力和商业经验。一般而言，商业模式创新需要把握以下要点。

1. 理解商业模式的本质与具体内涵

如前文所述，商业模式本质上是企业为客户创造并传递价值的基本逻辑，即企业在一定的价值链或价值网络中如何为客户提供产品和服务，并使企业自身获取利润的"商业逻辑"。商业模式的具体内涵是"整体解决方案"，即企业为了实现客户价值的最大化和企业利润的最大化，把能使企业有效运行的各种要素整合起来，形成完整、高效、具有独特竞争力的运营系统，并通过提供产品和服务而使系统持续实现盈利目标的"整体解决方案"。

因此，只要从"商业逻辑"和"整体解决方案"出发，去思考具体业务的相关要素和需要解决的问题，创业者就有可能设计出可行的商业模式。

2. 善于把握"由简到繁"的设计过程

较为抽象地看，商业模式主要由四个要素构成：一是客户价值，即企业可能给客户创造和传递的价值；二是价值创造方式，即企业为客户创造价值的商业途径与方式；三是价值传递的商业途径与方式；四是企业通过为客户创造并传递价值而使自己获取利润的商业途径与方式。这四个要素是商业模式最基本的构成要素。创业者可以由此出发来思考自己的商业模式及其设计。

商业模式是要具体实施的。要使设计的商业模式达到可以实施的程度，就需要把它具体化为"整体解决方案"。其中，客户价值即客户的需求和满意程度，企业既要满足客户的现实需求，又要激发客户的潜在需求。满足并激发客户的需求，是企业存在的价值所在。基于此，企业需要借助价值工程的方法，将企业产品或服务的功能与客户的显在、潜在的需求衔接起来，并尽可能地创造"消费者剩余"。

价值创造及价值传递的商业途径与方式的设计，应具体化为企业内部的价值链和外部价值网络。其中，企业内部价值链的设计，应具体化到企业生产经营的各种要素的逻辑化配置。企业外部价值网络的设计，应具体化到企业外部价值网络的各个节点及其与企业内部价值链的关系的逻辑化配置。

企业通过为客户创造并传递价值而使自己获取利润的商业途径与方式，是商业模式设计的难点所在。一些企业能够为客户创造并传递价值，但自己却不能盈利，即是这方面的例证。设计这方面的商业途径与方式，重要的是在企业内部价值链的每个环节都考虑成本、效率和新增的价值；在企业外部价值网络的每个节点，都需要考虑本企业可能得到的利益和其他利益相关者期望得到的利益。企业在与外部交易时，从各个节点上得到的利益综合为"正"，才有可能获得期望的利润。

3．适时根据商业模式的变化调整企业的价值链与价值网络

在企业经营中，商业模式不应是一成不变的，而应根据企业为客户创造并传递的价值的变化、企业内外部环境的变化等来调整。

调整企业的商业模式，本质上是调整企业的商业逻辑，具体是调整企业内部的价值链与企业外部的价值网络，以及二者之间的关系。随着企业内部价值链上基本价值创造活动的调整，辅助价值创造活动也需要进行相应的调整。企业外部价值网络的调整，除了调整外部价值网络上的节点，还需要调整节点之间的关系。

本章习题

一、单选题

1. 商业模式热潮始于20世纪（　　　）的互联网创业潮。

　　A．早期　　　　　　　B．前期　　　　　　　C．中期　　　　　　　D．末期

2. 商业模式的概念第一次出现在20世纪50年代，但直到（　　　）才开始被广泛使用和传播。

　　A．20世纪60年代　　B．20世纪70年代　　C．20世纪80年代　　D．20世纪90年代

3. 下列不属于克里斯坦森商业模式构成要素的是（　　　）。

　　A．客户价值主张　　B．盈利模式　　　　　C．战略性资产　　　　D．关键资源

4. 关于客户价值最大化原则，说法正确的是（　　　）。

　　A．一个商业模式能否持续盈利，是与该模式能否使客户价值实现最大化有必然关系的

　　B．一个不能满足客户价值最大化要求的商业模式，如果能盈利就一定不是偶然的

　　C．一个使客户价值最大化的商业模式，如果暂时不盈利，最终也很难盈利

　　D．对客户价值的实现再实现、满足再满足应当作为企业始终追求的客观目标

5. 品牌的类别不包括（　　　）。

　　A．地区品牌　　　　　B．国内品牌　　　　　C．特供品牌　　　　　D．国际品牌

二、多选题

1. 国内外学者对商业模式定义的理论研究总体上经历了从（　　　）递进的过程。

　　A．经济类　　　　　　B．营销类　　　　　　C．运营类

　　D．战略类　　　　　　E．整合类

2. 哈默（Hamel）认为，商业模式的构成要素包括（　　　）。

　　A．客户界面　　　　　B．核心战略　　　　　C．战略性资源

　　D．价值网络　　　　　E．经营使命

3. 品牌的外在三要素是（　　　）。

　　A．品牌的功能　　　　B．品牌的知名度　　　C．品牌的美誉度

　　D．品牌的普及度　　　E．品牌的价值

4. 品牌引导的商业模式设计的要点包括（　　　）。

　　A．专注于少数品牌的塑造　　　　　　　　　B．关注品牌塑造中的风险

　　C．加强品牌的无形资产管理　　　　　　　　D．关注品牌的直接与间接载体

　　E．善于防范和抵御其他企业的侵权行为

5. 商业模式创新的要点包括（　　　）。

　　A. 理解商业模式的本质与具体内涵

　　B. 根据商业模式的构成要素来定义商业模式创新

　　C. 善于把握"由简到繁"的设计过程

　　D. 适时根据商业模式的变化调整企业的价值链与价值网络

　　E. 善于把握"由繁到简"的设计过程

三、名词解释

1. 商业模式　2. 品牌引导的商业模式　3. 前向一体化商业模式

4. 后向一体化商业模式　5. 商业模式创新

四、简答及论述题

1. 商业模式设计的原则主要有哪些？

2. 商业模式设计应遵循的步骤是什么？

3. 简述混合一体化商业模式。

4. 品牌引导的商业模式设计的要点是什么？

5. 试论述商业模式创新的特点。

案例讨论

拼多多的商业模式

拼多多自2015年9月成立以来，聚焦三线及以下城市追求高性价比商品的消费者，约有半数以上用户来自三线及以下城市。通过"社交电商"的运营模式，依托微信的强社交平台进行裂变营销，成为拼多多经营的秘诀。另外，拼多多与工厂直接合作，打造了"客对厂"反向定制的模式。

拼多多现行采取的营销策略有"低价"＋"团购"＋"裂变社交"，用户通过和亲朋好友一起参与活动，以更低的价格拿到商品，亲朋好友再分享到自己的社交圈。拼多多利用这样的模式加速其品牌的推广，用户通过分享可以以更低的价格拿到该商品，拼多多也因此收获了人气和流量，可谓一举两得。拼多多通过平台为用户购买商品的交易提供桥梁，可以从中收取商家的佣金，创造一定的收入。拼多多的商业模式使得该平台和物流公司都获得了价值，同时也给用户带来了高性价比的商品。

市场空间和价格定位决定了拼多多走上低价和低成本的道路。拼多多的商品主要为日常用品和服饰等，大部分的价格不过百元。拼多多将目标市场定位于被电商巨头忽视的三线及以下城市和中低收入的用户。不可忽视的是，我国三线城市和中低收入人群庞大，价格敏感性消费者仍占据主流，而拼多多的商品价格普遍低于淘宝和京东等购物平台。再加上对接厂家等商家服务的直通化，拼多多大大节省了中间成本，实现了薄利多销并提高了周转率。

资料来源：百度文库。

思考讨论题：

结合案例材料，请对拼多多的商业模式进行评述。

第7章 创业风险

本章导读

创业风险无处不在。在创业过程中，创业者可能会遇到各种风险与挑战。在经济学领域，风险与利润往往是相辅相成的，创业风险可能会给创业者带来不可避免的损失，却也有可能蕴藏着巨大的商机与利润。对于创业风险，创业者需正确看待，谨慎化解。

知识结构图

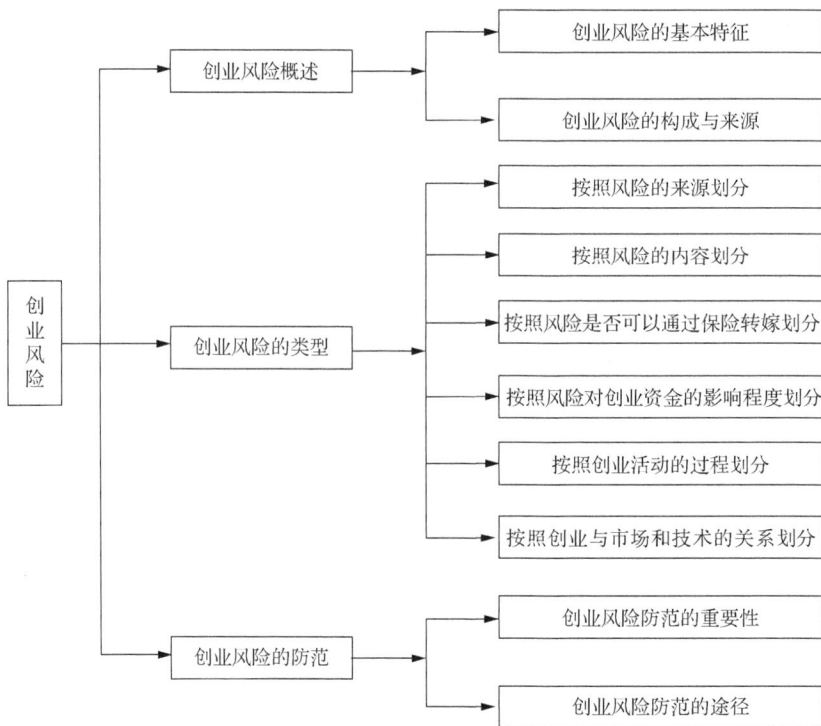

开篇引例

小康的创业失败经历

小康是一个充满激情的年轻创业者，在大学期间就开始了自己的创业之旅。他创办的公司是一家农特产品网站，旨在为城市消费者提供优质的农村特产。在最初的几年里，小康的公司发展顺利，销售额和用户数量都在不断攀升。

然而，随着市场竞争的加剧，小康的公司开始出现问题。首先，随着销量的增加，公司放松了对农产品品质的把控，使客户投诉数量不断增加，口碑逐渐下滑。其次，公司的财务管理混乱，出现了大量的坏账和库存积压。最后，公司的团队建设存在问题，员工之间的矛盾和不信任导致工作效率低下。

面对这些问题，小康显得束手无策。他试图通过加强营销和推广来吸引更多的客户，但收效甚微。同时，他也没有找到有效的方法来解决产品质量、财务管理和团队建设等问题。渐渐地，客户流失、销售额下降、公司信誉受损，最终导致公司倒闭。

这个案例告诉我们，创业的道路充满了挑战和风险。创业者需要具备全面的能力和知识，包括市场需求分析、产品设计、团队建设、财务管理等方面的知识。同时，创业者还需要具备应对市场变化和风险的能力，不断调整和改进自己的商业模式，以保持竞争优势。

7.1　创业风险概述

创业风险是指创业者在企业创建和经营管理的过程中，由于创业环境的不确定性、创业过程的复杂性、创业资金来源的有限性以及创业团队的能力限制等因素，引起创业结果偏离预期目标的不确定性。

7.1.1　创业风险的基本特征

创业风险贯穿于整个创业过程，其种类也多种多样，但是从整体上来说，这些不同的创业风险蕴含着一些相同的基本特征。

第一，客观存在性。创业风险无处不在，存在于创业过程的各个环节中，客观存在性是它的首要特征。创业风险是由客观存在的自然环境和社会现象引起的，不以人的意志为转移。一方面，自然灾害如洪涝灾害、地震等都会对一部分特定的企业产生一定的影响；另一方面，社会现象如车祸、疾病也是普遍存在、不可避免的。这些客观存在于生活中的风险都会对创业产生一定的影响，创业风险又是由这些客观存在所引起的，因而创业风险也具有一定的客观存在性。

第二，不确定性和易变性。创业风险虽然存在于创业过程的方方面面，但是具体在创业的哪个阶段会发生、会带来怎样的后果、产生的影响有多大等，这些都具有不确定性，这也就导致了创业风险的不确定性。创业风险的不确定性在很大程度上取决于它所处外部环境的易变性。由于企业所处的外部环境处于不断的动态变化之中，这就导致外部环境具有很大的不确定性和易变性，这也是导致创业风险不确定和变化的因素之一。

第三，可识别性、可测量性和可控性。创业风险的可识别性是指创业者能够利用自己的知识和相关资料，经过理性的思考，在创业过程中发现、识别风险并划分风险的类别。可测量性和可控性是指创业者在识别风险的基础上对风险可能产生的后果或带来的影响进行大致的估算，进而采取一定的措施将现存的风险控制在一定范围内，从而尽量规避风险或减少风险可能对企业产生的影响。但需要注意的是，创业者及其企业管理者的知识和能力往往是有限的，科技的发展也没有达到尽善尽美的地步，加之风险的客观存在性，有相当多的风险是无法规避的，创业者可以做的就是尽量减少其所带来的损失。

第四，双重性。创业风险与股票一样，带来的影响往往是双重的。风险的背后蕴藏着利润与机会。对创业者来说，为了获得利润，风险往往是不可避免的；如果创业者能够理智对待并化解风险，那么创业所带来的收益就会有所增加，甚至还可能会带来潜在商机。反之，就会面临风险所带来的损失。换句话说，风险是利润的代价，利润是风险的报酬。另外，从经济学的角度来说，创业风险往往与利润成正比，风险越大，克服风险后带来的收益也就会越多；如果风险较小，那么带来的利润也是有限的。

第五，相对性。创业风险是相对于创业环境和创业主体而言的。由于创业环境处于不断的动态变化之中，创业风险也会随着创业环境的变化而不断改变；另外，在不同的环境中创业效果也会完全不同。例如在温州，皮鞋类市场的竞争往往较为激烈。皮鞋制造企业如果想在温州的皮鞋市场做出一番事业，那么除了自身要有创意、有创新点以外，还需要不断调整自身去适应环境，从容地应对风险与挑战。此外，由于创业者的知识、经历、性格等因素的不同，创业风险对不同的创业主体来说也会有较大差异。例如，出生在商人家庭的创业者由于从小到大耳濡目染，会比不是商人家庭出身的创业者更知道如何应对和化解风险，他们的心理承受能力也会更强。

7.1.2　创业风险的构成与来源

1．创业风险的构成

创业风险主要由风险因素、风险事件和风险影响三个部分组成。风险因素主要是指增加风险事故发生的概率及严重程度的诸多因素，包括有形风险因素（如洪灾、火灾等）和无形风险因素（如文化差异、风俗习惯等），而且风险因素越多，引发风险的可能性也就越大，造成的损失也可能越大。风险事件是指一系列风险因素综合作用所引发的事件，是致使风险变成现实的一个重要原因。风险影响主要是指某一风险事件发生以后所产生的影响，这个影响可能是正面的，如克服风险为企业带来更多利润、在解决问题的过程中使创业者及其团队得到更好的锻炼、增强了企业抗风险能力等；但也可能是负面的，如企业未能抵抗住风险，从而导致企业形象受损，经济上也面临巨大损失，更有甚者会走向没落，最终面临破产。

2．创业风险的来源

创业风险贯穿于创业的整个过程，能否做出理智、及时的应对方案，以解决创业风险，对一个企业的发展有着至关重要的影响。对于创业者而言，要解决创业风险、维持企业的生存与发展，最先应该弄清的是风险的来源。创业风险的来源是多方面的，包括技术、资金、信息、管理、政策、人力资源等。

（1）技术风险

对于高新技术产业来说，技术资源在企业发展过程中是非常重要的，有时甚至能够影响企业的生存与走向；对于非高新技术产业来说，技术虽不至于起到举足轻重的作用，但是对于一个企业的兴衰也非常重要。以甲、乙两个企业为例，如果甲企业拥有先进的生产技术，那么通常来说，它就能够在一定时间内生产出更多、更优质的产品，从而获得比乙企业更多的利润。在知识经济高度发展的今天，技术对一个企业的发展显得更为重要。因而，如何提高企业生产、研发等各个方面的技术，将技术风险控制在一定范围内，对创业者及其团队来说显得尤为迫切。

（2）资金风险

资金风险主要指的是融资风险，这是企业面临的首要风险。对于一个企业来说，如果无法做到有效融资，那么企业的生存与发展就无从谈起。有很多创业者往往有很好的想法和创意，但由于资金不足，创业者自身又没有渠道获得资金来源，造成创业者往往还没有去进行创业实践，创业的想法就已经被扼杀在摇篮里了。可见，创业过程中所面临的资金风险在创业风险中居于首要地位。

▍阅读资料7-1 ▍

中小企业的融资之路——以某农机公司为例

某农机公司成立于2016年，注册资本200万元，是一家代理销售农业机械设备及配件、农用车及配件的商贸类微型企业。该企业为该市专业农用机械的总代理，凭着品牌优势，结合企业主的良好经营手法，近年来该企业的发展较为稳定。

每年的开春以及年底为企业的销售旺季，为配合广大农村消费市场而开展促销活动，企业需大量购入存货。这段时间，该企业在业务运营过程中流动资金较为紧张。该企业眼看着大笔订单接进来，却因为流动资金不足而无法及时备货。如果交货时间多次拖延，将大大影响企业信誉，这对稳定及发展自己的客户群极为不利。

此时，该企业想到了通过自有房产抵押，向银行进行流动资金融资。该企业先后与几家国有银行洽谈过贷款业务，但都没有成功。主要是由于在洽谈过程中遇到了以下两个问题。

（1）抵押额度未能达到企业的融资需求。由于一般情况下房产抵押贷款额度为评估价值的七折，这样企业实际能够得到的融资额度与其融资需求有一定差距，不能完全满足企业的资金缺口。

（2）企业需要的是短期的流动资金贷款，经营收入回笼较快，贷款的需求期较短，所以更适合短期内可以灵活周转的额度产品。如果贷款期限太长，一方面没有必要，另一方面利息费用也是一笔不小的开支，这对于一家并不"财大气粗"的小企业来说也是一种负担。

在与多家银行洽谈未果后，企业主通过朋友介绍，得知某村镇银行有专门针对小企业的一些融资产品，于是就找了该村镇银行业务人员洽谈贷款业务。之前与其他银行在洽谈过程中存在的两个问题，通过该村镇银行的小微企业流动资金循环贷款产品就解决了。

（3）信息风险

信息风险主要包括两个方面的内容：信息泄露和信息不对称。一方面，在网络高度普及的今天，企业的信息往往会通过互联网进行存储，企业与企业、企业内部之间通常也是通过互联网来进行联络的，这无疑为企业的管理提供了非常便捷的途径。但由于网络安全存在隐患，这也使得企业的关键信息有泄露的风险。另一方面，信息不对称也会对企业的发展起到一定的制约作用。企业为了更好地生存与发展，需要对一切外部信息，尤其是供求方面的信息有更加敏锐的洞察力，如果一个企业获得外部信息的能力比较弱，那么它在市场竞争中势必处于劣势地位。

（4）管理风险

管理者在企业运行过程中扮演着一个非常重要的角色，其能力水平非常重要。李忠文的

"百信鞋业"失败的一个重要原因就是它低层次的"家族"管理模式。"百信"的财务工作由学历不高的李忠文妻子掌管，由于缺乏科学的资金运作，造成货物大量积压。协助李忠文打理全国各地几十家店铺的也大多是他的亲戚朋友，不少亲戚朋友公然地、大规模地损公肥私、化公为私，使企业利益受到极大损害。例如，"百信"配货中心由几位亲戚负责，以至于有的管理人员为一己私利大吃回扣，在经营上违规操作。在到处欠款的同时，"百信"向各鞋厂下订单的人员仍然高价购进鞋厂的产品，甚至连库存鞋、处理鞋也高价吃进，从而赚取差额，藏进个人腰包。于是，劣质商品开始大量涌入"百信"，原来打天下仰仗的"质优"已不复存在[①]。

（5）政策风险

国家的政策处于不断的变化之中，对企业发展的影响是巨大的。当政策鼓励企业发展时，企业可以把握时机并迅速发展；相反，当政策抑制一个产业的发展时，这些企业也会相继走向没落。相关政策对创业起到了非常重要的导向作用。

（6）人力资源风险

人力资源风险主要包括岗位不匹配和人力资源流失两个方面的风险。人力资源丰富与否会直接影响创业的成败，尤其是人员与岗位匹配与否。企业要尽量把合适的人放在合适的岗位，最大限度地发挥每个员工的作用。此外，优质人力资源流失率高也是创业过程中常见的风险，优质人力资源的高流失率必将导致企业创业成本的提高与创业失败的风险。

7.2 创业风险的类型

创业风险种类繁多，根据不同的划分标准可以分成不同的类型。例如，按照风险的来源，创业风险可以分为系统性风险和非系统性风险；按照风险的内容，创业风险可以分为技术风险、市场风险、财务风险和其他风险；按照风险是否可以通过保险转嫁，创业风险可以分为可保风险和不可保风险；按照风险对创业资金的影响程度，创业风险可以分为安全性风险、收益性风险和流动性风险；按照创业活动的过程，创业风险可以分为机会识别与评估阶段的风险、进行创业计划的风险、获取创业资源的风险以及新创建企业的管理风险；按照创业与市场和技术的关系，创业风险可以分为改良型风险、杠杆型风险、跨越型风险和激进型风险。下面分别进行介绍。

7.2.1 按照风险的来源划分

按照风险的来源，我们可以将创业风险划分为系统性风险和非系统性风险。系统性风险也可以称为客观风险或外部风险，顾名思义，就是由于一些外部的客观因素，或者说由于外部环境的不确定性所引发的风险。系统性风险是不可避免的，创业者及其管理团队只能在事后采取措施来尽量减小系统性风险所带来的损失。非系统性风险又称主观风险或企业内部风险，主要是指由于创业者及其团队、创业企业自身的不确定因素所引发的风险。对于非系统性风险，创业者及其团队往往能够通过主观努力和科学的方法，采取一定的事先预防措施，以尽量避免这种风险的发生，从而最大限度地减少甚至消除损失。系统性风险和非系统性风险的构成及具体内容如表7-1所示。

---

① 百信鞋业神话缘何破灭？——中国工业新闻网。

表7-1　系统性风险和非系统性风险的构成及具体内容

风险类别	风险构成	具体内容
系统性风险	政策法规风险	创业政策的支持程度、相关法律法规的健全程度
	宏观经济风险	宏观经济状况、经济景气指数变动、通货膨胀
	金融与资本市场风险	利率变动情况、创业信贷、资本市场规模与健全程度
	社会风险	社会认可度、中介服务机构以及基础设施完善程度
非系统性风险	技术风险	研发风险、商业化风险、技术淘汰风险
	生产风险	生产工艺与设备、生产资源获取的难度、资源配置合理程度
	财务风险	融资风险、追加投资风险、财务管理风险
	管理风险	经营决策和战略规划的合理性、管理层的综合素质和能力、企业管理制度的科学性和合理性
	人员风险	流动性风险、契约风险、道德风险

资料来源：张玉臣. 创业基础. 北京：清华大学出版社，2015.

7.2.2　按照风险的内容划分

按照风险的内容，创业风险分为技术风险、市场风险、财务风险和其他风险。

第一，技术风险。技术风险主要是指企业所应用的技术的不确定性以及由此带来的收益或损失后果的不确定性。一方面，新的技术在诞生之初往往是不完善的，需要进行不断的改进以适应企业快速发展的需要，而且当一项新技术投入使用后，一线员工对新技术熟悉并熟练使用还需要一个过程；另一方面，当今正是高新技术蓬勃发展的新时期，一项在目前看来还属于顶尖位置的技术，过了一段时间就很可能被更新、更高效的技术取代。

第二，市场风险。市场风险主要是指因外部市场的不确定性而可能给企业带来的损失。外部市场的不确定性可以表现为消费者接受能力的不确定性，也就是说当一款全新的产品或服务进入市场以后，消费者一般会因为不能及时了解这款产品是否是自己需要的而保持观望的态度；另外，新产品进入市场以后往往会面临激烈的市场竞争，这时候与之竞争的并非只有口碑本来就已经比较好的老产品，还有同时进入市场的其他的新产品，因而能否在众多产品中脱颖而出、占领一定的市场份额，都是难以估量的。

第三，财务风险。财务风险主要是指由于企业筹资、运营等活动而可能带来的债务风险。财务风险包括筹资、投资等方面的风险。筹资风险可能发生在企业的任何阶段，并且会随着筹资方式的不同而有所区别，但是不管企业在何阶段以何种方式筹资，都需要保持合理的负债比例，这样企业才能持续、平稳地经营发展。此外，企业在运营过程中，难免会面临投资何种产品或服务的问题，如果投资得好，产品或服务就能够吸引消费者，从而为企业获得更多的收益；反之，企业就会面临投资所带来的损失。这就是通常意义上所说的投资风险。

第四，其他风险。其他风险主要包括团队风险、项目风险、管理风险、生产风险、法律政策风险等。这些风险或多或少都会给企业带来一定的影响，因而如何妥善处理就显得尤为重要了。

7.2.3　按照风险是否可以通过保险转嫁划分

按照风险是否可以通过保险转嫁，创业风险分为可保风险和不可保风险。可保风险主要是指企业可以通过购买保险、向保险公司支付一定的保险费用的方式，将自身的风险向保险公司转嫁，从而能够在一定程度上减少自身在风险发生时所要承担的代价。例如，企业为员工购买工伤保险等相关保险，一旦员工发生意外，保险公司就会承担相应的理赔责任，从而降低企业的赔偿负担。相反，不可保风险则是指由于保险品种的缺失而不能由保险公司分摊的那部分风险。这时企业就需要自己来进行赔付了，这给企业带来了沉重的负担。

阅读资料7-2

保险，创业风险的转嫁途径

东莞市某公司自2013年1月开始参保工伤险，参保人数125人，人均月缴费16.8元。该公司员工王某某，于2014年3月4日下夜班后骑自行车返回出租屋，21时途经某路口时，被一辆大型客车撞倒，导致头部"重型颅脑损伤"，经送医院抢救无效于次日死亡。经交警部门认定，王某某负次要责任。4月2日，该公司到东莞市社保局申报工伤认定。经社保局调查核实，认为王某某的死亡事故符合"在上下班途中，受到非本人主要责任的交通事故或者城市轨道交通、客运轮渡、火车事故伤害的情形"，于4月29日做出认定王某某为工伤的决定。

最后，东莞市社保局向王某某及近亲属支付了全部因工死亡补偿：丧葬补助金1.28万元，一次性工亡补助金53.91万元，并从2016年4月起按月支付王某某的母亲余某某供养亲属抚恤金630元，今后将按照东莞市上年度职工平均工资增长比例同步调整。该公司由于为王某某缴纳了工伤保险，并不需要为此支付工亡补偿待遇，全部由工伤保险基金负责支付。

该公司缴纳工伤保险仅15个月后就遭遇了严重的工亡事故。公司累计缴纳了工伤保险费3.15万元，但其工亡职工王某某一次性赔付就超过了50万元。如果公司未缴纳工伤保险，这些费用就全部要由公司承担，这对于一家仅有一百多人的小公司来说，将是一笔巨大的赔偿费用，如果是需要长期救治的重伤职工，仅仅医疗费可能就有几十万元甚至上百万元。事故处理完毕后，该公司老板感慨：多亏缴纳了工伤保险；如果没有缴纳工伤保险，一起车祸就能导致公司倒闭。

资料来源：腾讯网。

7.2.4　按照风险对创业资金的影响程度划分

按照风险对创业资金的影响程度，创业风险可以分为安全性风险、收益性风险和流动性风险。所谓安全性风险，主要包括两个方面的内容：一是预期收益方面存在的风险，主要是产品和服务所产生的收益相较于预估来说有所减少；二是创业者及其创业团队投入的资金可能也会有一定的损失，也就是投入成本方面的损失。由于风险的客观存在性，安全性风险是不可避免的。收益性风险是指企业预期的实际收益有损失的可能性，但是不包括投入的原始资本可能受损的情况，这一风险可以受消费者心理、产品质量、外部市场等诸多因素影响，也是无法避免的。而流动性风险则是指创业者及其团队以及投资方投入的资金不会存在风险，但可能因为资金不能按时转移而造成一系列运营活动的停滞，从而造成投资方的损失。这三种风险往往是企业经营与管理过程中比较容易遇到的风险，因而需要创业者及其管理团队谨慎对待。

7.2.5　按照创业活动的过程划分

按照创业活动的过程，我们可以将创业风险分为机会识别与评估阶段的风险、进行创业计划的风险、获取创业资源的风险以及新创建企业的管理风险。机会识别与评估阶段的风险贯穿于整个创业过程，主要是指创业者及其团队由于某些主观或客观的原因而不能很好地发现并利用创业机会所带来的损失。这个损失是相对的，如果抓住了机会，企业就能够获得更多的收益，但如果没有把握住机会，相较于原来，也不会给企业带来更多的损失。进行创业计划的风险主要是指创业者在计划创业的过程中，由于自身知识能力方面的局限或信息不对称等原因而带来的潜在风险。获取创业资源的风险主要包括人力、物力、财力三个方面的风险，这是创业者在创业过程中最容易遇到的风险。新创建企业的管理风险主要是指在创业之初，创业者往往没有丰富的企业管理经验，也缺乏相关的管理人才，在管理方面往往会存在一些漏洞，这也会在一定程度上限制企业的生存与发展。

7.2.6　按照创业与市场和技术的关系划分

按照创业与市场和技术的关系，创业风险可以分为改良型风险、杠杆型风险、跨越型风险和激进型风险。改良型风险主要指创业者利用现有的市场和已有的技术进行创业所面临的风险。这种类型的创业风险主要来自市场内已经存在的竞争者，但是又由于这种创业主要是一种模仿型创业，因而其风险较小，但是即便创业成功，企业能够获得的收益也是有限的。杠杆型风险主要是指创业者利用已有的技术、开拓新的市场进行创业所存在的风险。这种风险比较常见，在经济全球化的今天显得尤为突出，如肯德基等进入国内并迅速在市场中占得一席之地。跨越型风险是指利用现有市场、研发新的技术进行创业可能带来的风险。这种创业风险程度较高，潜在收益也相对较多。激进型风险主要是指创业者摆脱原有的市场和技术，采用新技术、开拓新市场进行创业所面临的风险。这种创业风险相较于前三种来说是最高的，但是其潜在的机会和收益也是非常多的，一旦创业成功，那么企业将迅速占领这个产品的市场，获得巨大的收益。

7.3　创业风险的防范

创业企业在各个不同的成长阶段，都会面临不同的创业风险，这就需要创业者及其团队有效控制和防范创业风险，尽量将创业风险控制在一定的范围内。所谓创业风险的防范，是指创业者及其团队在创业过程中会遇到各种创业风险，创业者需要对这些创业风险进行识别、分析，并在此基础上制定有效防备措施，解决风险，将创业风险所带来的损失减小到最低限度。

7.3.1　创业风险防范的重要性

创业风险的防范对于整个创业过程都有着非常重要的意义。

第一，有利于提高企业的生产经营能力，实现创业目标。绝大多数创业者创业之初的目标都在于获得盈利，而对创业过程中的风险进行防范，则是企业获得持续、稳定收益的重要保证。风险防范可以最大限度地减少风险带来的损失，帮助企业达成盈利的目标。

第二，有利于提高企业效率，减轻企业经济负担。防范风险可以为企业发展扫清障碍，从而减少创业者及其团队在解决风险上所浪费的时间，提高效率。同时，为了应对风险，企业除了要花费精力思考如何解决风险，势必还需要投入一定的财力和物力，这也会给企业增加了经济负担。相反，如果能够做到有效防范风险，那么其经济压力也会相对减小。

第三，有利于保持企业的竞争优势，稳固市场地位。风险防范是多方面的，由于现在几乎所有企业都会把相关信息存储在计算机上，因而现代企业普遍面对的一个风险即为企业核心秘密的泄露。从一定意义上来说，对这方面风险的防范则可以防止其秘密的泄露，从而保持企业的竞争优势，稳固市场地位。

第四，有利于规范企业管理，使企业尽快步入正轨。对风险的有效防范从一定程度上可以理解为企业管理水平的提高，或者说，当一个企业管理水平提高的时候，它的风险防范能力自然也是随之提高的。风险管理能够促进企业决策科学化、合理化，降低决策所带来的风险和损失，使企业的管理走向规范化，从而加快整个企业步入正轨的进程。

7.3.2　创业风险防范的途径

在创业的不同时期，创业者及其管理团队往往会面临不同的风险。而不同时期的创业风险，则需要通过不同的方法来加以防范。

1. 创业项目选择的风险防范

在创业最开始的时候，创业者首先要面临的是如何选择创业项目的问题。在这一过程中，如果创业者对市场需求和同行业竞争者没有一个很好的了解而盲目地选择了一个本身前景黯淡的行业，那么接下来不管创业者如何努力，哪怕已经处于这个行业的顶端，那么相对于其他的热门创业项目来说，创业者所获得的收益也将是较低的。因此，在创业项目选定之前，创业者应该充分地搜集信息，了解这个行业的发展现状，并对其前景做出较为精确的可行性评估。在创业初期所面临的风险要远远高于其他阶段，稍有不慎，创业还未成功就有可能被扼杀在摇篮里，这就需要创业者拥有敏锐的洞察力。

经过大量的实证研究，人们发现在项目选择方面存在着一些基本原则。首先是市场原则，也就是说创业者在选择创业项目时，应该以满足市场需求为前提，选择那些市场需求量大、发展前景较为广阔的产业或项目；其次是效益原则，创业者要讲求投资项目有较高的投入产出比，有一定的回报率；再次是政策原则，创业者应该顺应时代潮流，选择那些国家产业政策鼓励、支持的产业或项目，回避国家产业投资明确限制和压产的项目；最后是优势原则，创业者应该选择那些自己熟悉并拥有资源优势的项目，充分利用当地的资源优势和本身所具有的优势而不盲目追求社会经济热点，从而避免决策失误，浪费劳动与投资[1]。

2. 创业团队组建的风险防范

创业者在创业过程中往往不会选择孤军奋战，在选定创业项目之后，就需要寻找合作伙伴，打造创业团队。关于创业伙伴，最好是选择那些自己了解的人，大家彼此之间相互了解，可以减少磨合的时间，提高效率。

首先，应该选择那些不太计较且心思缜密的人。在创业过程中，创业团队的成员之间难免会存在一些分歧，如果对于一些鸡毛蒜皮的小事都斤斤计较，那么必然难成大事。但是不计较并不意味着什么事都"差不多就行"，创业风险无处不在、时刻都有，通常心思缜密之

微课堂

创业风险防范的途径

---

[1] 邓汉慧. 创业基础. 北京：北京大学出版社，2016.

人能及时发现从而做到有效防范，粗枝大叶之人往往会疏忽潜在的风险。其次，创业团队应当有一个核心人物能够把握大局，做到当机立断，这样才能更好地做出决策解决风险。最后，在创业团队中，各成员之间的关系应该明确。朋友关系、家族关系不应带到创业公司中来，即便企业中有这样的关系存在，相关人员仍然应该奖罚分明，在做出决策时不受裙带关系的羁绊。

另外，对于刚建立起来的团队，成员之间往往心思各异，创业者还需要建立共同愿景。一方面，可以通过塑造积极向上、团结拼搏的企业文化，使团队成员在潜移默化之中受到影响，发自内心地认为自己是这个团队的成员，自身利益与团队利益是一致的，从而共同为企业目标的实现付出努力。另一方面，创业者可以通过多样化的管理手段来加以解决，如激励、批评、授权、建议等。在企业内部，设定一个科学、行之有效的绩效考评办法，但要注意绩效考评应当与成员的工作量与付出成正比。即企业成员顺利达成目标，完成或超额完成目标后就会受到一定的奖励，这能够激励企业成员努力完成自己的任务。当其没有完成绩效目标时，创业者可以通过适当的惩罚以促使其努力达成目标，但是需要注意的是，对于那些虽未达成目标但是又确实为此付出努力的成员，创业者应该在情绪上加以安抚，以免其进行下一次任务时仍然带着完不成任务的消极情绪。

阅读资料7-3

团队组建风险成因及表现

1. 缺乏共同目标。如果创业团队成员之间缺乏共同的目标和愿景，就可能会导致团队凝聚力不足，进而影响企业的长期发展。例如，在某个企业的创立初期，团队成员对于企业的定位和发展方向存在分歧，最终导致团队解散，企业无法继续发展。

2. 股权分配不合理。如果创业团队成员之间的股权分配不合理，就可能导致团队内部的矛盾和分歧。例如，在某个创业团队中，一位创始人拥有过多的股权，而其他创始人则股权较少，这导致团队内部出现了不和谐的声音，最终影响了企业的发展。

3. 缺乏信任。如果创业团队成员之间缺乏信任，就可能导致团队的合作效果不佳，甚至出现内部分裂。例如，在某个创业团队中，一位创始人在管理企业时出现了失误，导致其他团队成员对其失去信任，最终影响了企业的运作。

4. 沟通不畅。如果创业团队成员之间沟通不畅，就可能导致信息传递不及时、不准确，进而影响企业的决策和执行效果。例如，在某个创业团队中，不同领域的创始人在沟通时存在语言障碍，导致信息传递不准确，最终影响了企业的发展。

5. 缺乏共同价值观。如果创业团队成员之间缺乏共同价值观，就可能导致企业文化的缺失，进而影响企业的长期发展。例如，在某个创业团队中，不同背景的创始人在经营理念和价值观上存在分歧，导致企业文化混乱，最终影响了企业的发展。

以上这些风险因素并不是绝对的，但如果创业者在创业初期没有重视它们，就有可能导致创业失败。因此，在组建创业团队时，应该充分考虑这些因素，并采取相应的措施来降低风险。

3. 创业机密泄露的风险防范

完成了创业项目和合作伙伴选择之后，企业开始进入运营环节，下一步要防范的就是如何保护企业的商业秘密，防止秘密泄露所带来的风险。在当今社会，市场竞争激烈，企业的核心秘密一旦泄露，就可能给企业带来致命的打击。在当今的互联网时代，几乎所有企业都会将自己的信息存储到计算机里，信息化、网络化办公平台为企业工作提供了极大的便捷，但是也潜伏着危机。除了自身的操作失误和黑客入侵这两个常遇到的问题之外，企业还可能面临着系统稳定性的问题，这就需要企业在创业之初就选择一个比较不错的系统，并且不断对其进行升级、更新。通常，面对这种风险，企业可以选择一个优秀的软件供应商来防止风险的发生。当然，企业也可以自己来进行开发创新，使用自己研发的系统。

除了这些客观因素以外，还有主观因素带来的泄密风险，即员工的职业道德。一方面，企业可以在一开始就选择那些素质较高的人成为自己的员工，这样能够在很大程度上避免商业秘密泄露的风险。与此同时，企业还应该对员工加强教育，提高其职业道德素养。

另一方面，企业可以通过产权保护来保护企业秘密。首先是商标注册。商标是企业重要的无形资产，具有独占性。企业商标一旦注册完成，其他企业就不能使用，否则就是侵权。企业一旦确定了自己的商标，就应该及时注册，以防止被其他企业冒用。其次是申请专利。专利权是一种专有权，这种权利具有独占的排他性。非专利权人要想使用他人的专利技术，必须依法征得专利权人的同意或许可。企业一旦有创新的技术出现，就应该及时申请专利，以保护自己的知识产权。最后是签订保密协议。签订保密协议是企业对自己的商业秘密进行保护的常用手段之一。这不仅针对企业员工，还针对所有知悉企业秘密的人。我国相关法律规定，当事人在签订合同过程中知悉的商业秘密，无论合同是否成立，均不得泄露或不正当使用。这样企业的商业秘密就受到了法律保护，可大大减少了当事人泄露秘密的可能性。

4. 创业人才匮乏及流失的风险防范

创业人才是创业企业最为核心的资源，是决定创业企业成败的关键因素。企业在初创阶段，往往存在着人才匮乏的情况，为解决这个问题可以采取如下两种策略：一是加强对现有人才的培养工作。对于企业内部有实力的员工，要对他们的优势、特长进行开发，从而培养出能够在企业中担当大任的领军人物。企业可以在内部建立相关的培养机构进行培训、教育，也可以将相关人员送至专门的人才培养机构、高等院校进修学习。二是注意引进新的人才。企业即使已经拥有很多有能力的人，也不能因此放慢人才引进的步伐。只有时刻关注并引进人才，新老员工之间才能进行有效的更新换代，才可有效避免人才脱节的状况。

需要注意的是，创业企业往往实力还不够强大，给予人才的福利和待遇很难与实力强劲的大企业相比，如此优秀人才很可能被竞争对手挖墙脚，因此创业企业存在较高的人才流失风险。为防范这种风险，创业企业除了尽可能提高人才的物质待遇外，还应更多地采用非物质激励的手段。例如，给予人才更大的工作自由度和才华施展空间，让其充分享受工作带来的成就感和荣誉感，同时赋予人才更大的权力和责任，让其产生强大的使命感和责任感，从而通过事业来留住优秀人才。

阅读资料7-4

股权激励已逐渐成为创业型企业的"标配"

根据股权激励服务商一心向上（Upone Share）联合中关村融创企业开放创新促进会共同发布的《2023年新政策下拟上市公司股权激励研究报告》，截至2023年9月30

日，2023年A股（沪深北）首发上市的264家公司中，超过73%的公司设立了员工持股平台。超60%的科技型初创企业在A轮融资前便实施了首次股权激励，并在上市前后分批实施。

据了解，这是一心向上连续第二年发布该报告。在2023年度的报告中，研究团队全面分析了2023年最新颁布的企业申报上市政策对于企业股权激励的新要求和新规则，旨在帮助企业提升在人力资源、财务、税务、法律合规层面的认知，从而有效实现人才长期激励。

一心向上CEO对21世纪经济报道记者表示，事实上，股权激励已成为企业吸引和管理人才的重要砝码。在实践中，企业在创业初期和发展阶段需要吸引人才、在困境反转或是业绩增长时期需要与员工分享增长红利、在阶段性经营困难的情况下需要留住人才，都可以运用股权激励。

资料来源：21世纪经济报道。

5. 创业财务风险防范

财务风险也是需要创业者密切关注的风险之一。在创业的任何时期，创业资金都有着非常重要的作用。尤其在创业之初，如果没有或缺乏创业资金的支持，创业活动几乎就可以宣告死亡。引发财务风险的因素有很多，如创业者由于自身经济限制而需要举债或贷款，如果举债或贷款的数额巨大，那么企业就会面临不能及时归还的财务风险；如果举债方式不合理，如借高利贷进行创业，那么也会给企业带来灭顶之灾；另外，负债结构不合理也是引发财务风险的因素，如短期负债和长期负债所占比重不合理等。总之，引起财务风险的因素有很多，因而如何有效规避财务风险非常值得创业者深思。

对于财务风险，可以通过以下几个途径加以解决。首先，建立财务风险预防机制，明确各方的责任。风险预防机制的建立可以使创业团队及成员居安思危，在工作时更加小心谨慎，避免做出错误决策，同时在筹资时充分考虑企业的债务偿还能力。其次，采取适宜的借款策略，进行多方经营，从而增加利润。企业在借款时，应充分考虑自身是否能够如期还债，资金的去向是否能够创造高于债务的利润，明白哪笔债款可以借，哪笔债款不能借。借了债款有资金进行生产经营活动以后，企业则需要考虑要将资金投入哪个项目才能够以最少的成本获得最多的盈利。企业可以考虑多方经营，降低亏本的风险。但是需要注意的是，多方经营一定要在企业承受能力范围之内，可以考虑在发展一个主业的同时兼顾几个副业，要突出主业，防止过度扩张可能导致的更大风险。最后，考虑企业的持续融资能力，建立快速融资渠道。企业必须根据自身的风险承受能力，对各种融资方式进行权衡，选择那些能够用最少的投资获取最大收益的方案，同时保证融资的可持续性和资金的顺畅周转，从而有效控制财务风险。

6. 创业管理风险防范

在企业创建以后，创业者要面临的最大问题是管理风险。这是企业在日常生产经营过程中必须面临的风险。在企业创建以后，如何控制成本、如何确保质量、如何提高生产效率、如何打造自己的品牌等，都是企业应该考虑的问题。为了消除管理风险，创业者要建立一个有效的团队，并将自己的权力适当下放到管理层和一线员工。因为一方面，创业者自身精力有限，不可能对每件事的每个细节都非常详细地了解；而下层管理者以及一线的员工相对于创业者来说，对产品和服务的生产与销售更加了解；另一方面，创业者的知识与能力也是有限的，他们能够成功创业自有其过人之处，但是一旦涉及一些生产或者管理专业领域的问题，难免会有所欠缺。此外，企业也可以通过授权使员工获得更多的满足感，从而使员工更加努力地去完成领导分派的任务。在授权过程中，创业者需要明白哪些权力可以下放，哪些权力不可以。对于核心决策，创业者应该经过慎重的思考与讨论后做出，这样可以避免由于自身的考虑不周或下属对于企业所处宏观环境的不熟悉而导致决策失误。还可以通过完善组织架构、规范企业章程来规避管理风险。

由于管理活动是人的活动，而人的活动是主观行为，难免带有主观情绪，这就可能带来管理风险。因此，为了更好地实现企业既定的目标，创业者就需要制定相应的规章制度来规避风险。同时，由于企业外部环境处于不断变化之中，组织架构和企业章程也都应该是动态变化的。固定不变的组织架构不能更好地为企业带来收益，反而会成为阻碍企业发展的风险因素。通常来说，企业可以委托专业的咨询公司来设计组织架构，但由于咨询公司作为第三方对企业自身的情况可能很难有透彻的了解，这时就需要企业内部人员一起加入到组织架构的设计中，这样才能够在足够专业的基础之上充分结合企业自身的实际情况，设计出最高效的组织架构。当然，企业内部的章程也非常重要。创业者还应该在组织内部建立一个风险责任机制。

众所周知，风险在创业过程中无处不在、时刻都有，创业者及其团队不可能对每一个可能发生的风险都做到有效防范，但是如果将每个方面的风险精确到个人，即实行风险责任制，那么每个人需要防范的风险就比较有限了，这样也就能在一定程度上减小风险发生的概率，从而降低风险带来的损失。这与授权有相似之处，但是又不完全相同。授权授予的主要是权力，有权必有责，权力的下放伴随着一定的责任，但是风险责任制带来的却是责任。将风险防范精确到个人以后，下一步就需要对风险可能带来的损失以及损失的程度进行估计了，如一笔投资一旦失误，那么会给企业带来多大的损失。此外，创业者还要对风险进行积极的预防，提早对可能发生的风险进行防范，一旦某个环节出现问题，要积极采取补救措施，将损失减小到最低限度。最后，对于那些无法规避的风险，还应该学会转移风险，如将风险转嫁给保险公司，通过项目外包来降低风险，通过"利益共享，风险共担"，降低自身所要承担的风险。

阅读资料7-5

降低创业风险的有效措施

1. 做好市场调研。在创业之前，进行市场调研是非常重要的一步。了解市场需求、竞争情况、市场规模等信息，可以帮助你评估项目的可行性和风险程度。

2. 制订合理的商业计划。制订商业计划可以帮助你明确目标、制订策略和行动计划，同时也可以帮助你评估商业模式的可行性和风险程度。

3. 找到合适的合作伙伴。选择合适的合作伙伴可以为你提供更多的资源和经验，同时也可以帮助你分担风险和责任。

4. 筹集足够的资金。充足的资金可以让你更好地应对市场变化和风险，同时也可以帮助你扩大业务规模和提升竞争力。

5. 了解相关法律法规。了解相关的法律法规可以避免你在创业过程中触犯法律,同时也可以帮助你更好地保护自己的权益。

6. 建立优秀的团队。一个优秀的团队可以为你提供更好的产品和服务,同时也可以帮助你更好地应对市场变化和风险。

7. 保持灵活性和适应性。在创业过程中,市场和客户需求是不断变化的,保持灵活性和适应性可以帮助你及时调整策略和行动计划,以应对市场变化和风险。

本章习题

一、单选题

1. 创业风险的首要特征是( )。

  A. 客观存在性 B. 可识别性 C. 可测量性 D. 可控性

2. 按照风险的来源划分,创业风险可以划分为( )。

  A. 可保风险和不可保风险

  B. 技术风险、市场风险、财务风险和其他风险

  C. 系统性风险和非系统性风险

  D. 安全性风险、收益性风险和流动性风险

3. 从经济学的角度来说,通常创业风险与其收益的关系是( )。

  A. 正比   B. 反比

  C. 二者没有任何关系   D. 不确定

4. ( )主要指的是融资风险,这是企业面临的首要风险。

  A. 技术风险 B. 人力资源风险 C. 人才风险 D. 资金风险

5. ( )是创业企业最为核心的资源,是决定创业企业成败的关键因素。

  A. 创业环境 B. 创业人才 C. 创业资金 D. 创业机会

二、多选题

1. 按照创业与市场和技术的关系,创业风险可以划分为( )。

  A. 改良型风险 B. 跨越型风险 C. 激进型风险

  D. 杠杆型风险 E. 安全型风险

2. 创业风险主要由( )组成。

  A. 风险因素 B. 风险事件 C. 风险原因

  D. 风险影响 E. 风险概率

3. 在创业过程中,风险无处不在、无时不有,其来源主要包括以下哪几个方面?( )

  A. 技术风险 B. 资金风险 C. 信息风险

  D. 管理风险 E. 政策风险

4. 按照风险来源,创业风险划分为系统性风险和非系统性风险。其中,非系统性风险包括( )。

  A. 技术风险 B. 生产风险 C. 财务风险

  D. 管理风险 E. 人员风险

5. 下列关于创业风险防范的说法正确的有（　　　　）。

A. 创业风险的防范对于整个创业过程都有着非常重要的意义

B. 创业企业在各个不同的成长阶段，都会面临不同的风险

C. 新创企业的管理风险主要发生在创业之初

D. 风险事件是指一系列风险因素综合作用所引发的事件，是致使风险变成现实的一个重要原因

E. 人力资源风险主要是由人员配置不科学所导致的

三、名词解释

1. 创业风险　2. 系统性风险　3. 非系统性风险　4. 跨越型风险　5. 可保风险

四、简答及论述题

1. 创业风险有哪些基本特征？

2. 创业风险主要由哪三个部分组成？

3. 创业风险中的技术风险指的是什么？

4. 试论述创业风险中的财务风险。

5. 试述创业风险防范的重要性。

案例讨论

A智能家居公司面临的创业风险

王先生是新创企业A智能家居公司的创始人，在创业伊始，他列出了如下创业风险。

1. 市场风险

智能家居市场不断变化，消费者需求和竞争对手的策略都在动态调整。最初的市场调查和竞品分析有助于制定针对性的营销策略，但随着市场环境的变化，公司需要不断跟踪市场趋势，调整产品和服务。此外，消费者对智能家居产品的接受程度也是导致市场风险的重要因素。

2. 竞争风险

智能家居市场竞争激烈，市场上存在众多竞争对手。为了在竞争中脱颖而出，公司需要不断进行技术创新，提升产品性能和服务质量。同时，要注意保护企业知识产权，防止专利和技术被抄袭。

3. 技术风险

智能家居涉及的技术领域广泛，包括物联网、传感器、人工智能等。技术的不断更新和进步对公司的技术能力和研发实力提出了更高的要求。同时，技术风险的另一个重要方面是安全性，智能家居系统需要保障数据安全和隐私保护。

4. 财务风险

财务风险是创业公司面临的一个重要风险。公司需要合理规划资金使用，确保资金链的稳定。在融资方面，要制定合适的融资策略，既要避免过早耗尽资金，也要避免后期融资困难。此外，公司需要建立财务体系，合规纳税，规避财务风险。

5. 人力资源风险

创业公司需要招揽优秀的人才，包括技术、市场、运营等各方面的专业人才。人才流失

和招聘困难是常见的人力资源风险。公司需要建立良好的企业文化，提供有竞争力的薪酬福利，同时注重员工发展和培训，留住人才。

6. 法律风险

创业公司需要遵守各种法律法规，包括公司法、知识产权法、劳动法等。不合规的行为可能会给公司带来巨大的法律风险。因此，公司需要建立法律风险防范机制，加强员工法律意识培训，规避法律风险。

7. 环境风险

环境风险包括宏观环境风险和微观环境风险两个部分。宏观环境包括政治、经济、社会、技术等各方面的大环境。政治稳定、经济景气、社会和谐、技术进步都对公司的运营产生影响。微观环境包括所在行业的小环境，如产业链上下游的情况、竞争对手的策略等。公司需要对环境变化保持敏感，及时调整战略和运营策略，以应对环境风险。

8. 基础设施风险

基础设施包括电力、通信、交通等方面的基础设施。基础设施的不完善可能会对公司的运营和发展产生影响。例如，电力供应不稳定会影响公司的产品测试和生产；通信网络的不畅会影响公司的服务质量和用户体验；交通不便会影响公司的物流和员工招聘。因此，公司需要对基础设施风险保持敏感，采取相应的应对措施，如建立备用电源系统、备份通信网络等。

思考讨论题：

1. 王先生对A智能家居公司创业风险的分析全面吗？还有哪些方面需要补充？
2. A智能家居公司在运营和发展过程中该如何防范这些风险？

第8章 创业计划

📖 **本章导读**

创业计划又称"商业计划",是在创业过程中,创业者用书面形式做出的可行性报告。创业计划为创业企业描绘了未来发展的蓝图,指明了创业的方向和目标,是聚集人才、获取创业资金的纲领性文件,因此必须被高度重视。本章主要讲述创业计划的基本概念、意义、与风险投资的关系,创业计划的撰写原则、基本内容、步骤与方法、撰写实践,以及创业计划的陈述等内容。通过本章的学习,我们能够提升创业计划的撰写质量并提高创业陈述的水平。

📚 **知识结构图**

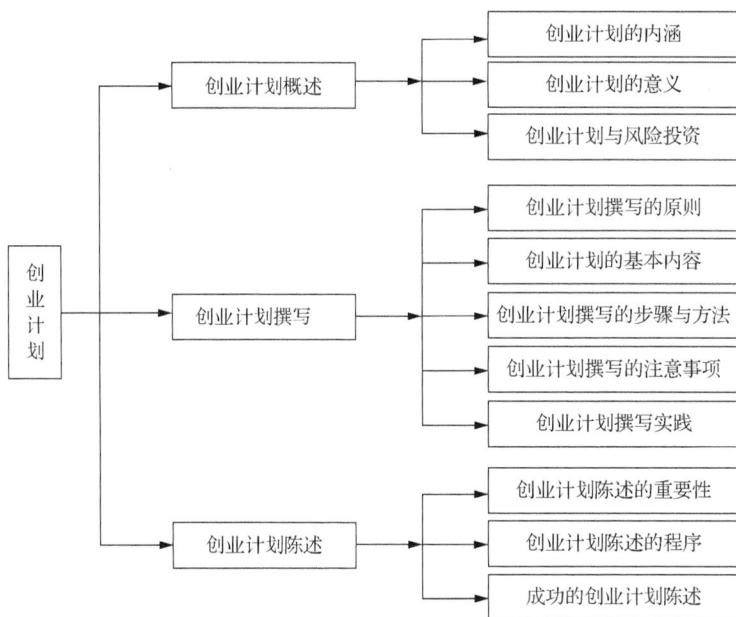

📕 **开篇引例**

Z先生的创业计划

Z先生毕业于某名牌大学的环境科学与工程专业,经过多年的潜心研究,他在室内环境污染治理技术方面取得了一项重要突破，这项技术如果在实践中得到应用，前景非常广阔。于是，Z先生便辞去原来的工作，开始自己创业。由于创业资金有限，Z先生的公司刚成立不久就遇到了难题：无钱购置一些材料，也无力招聘高水平的员工。无奈之下，Z先生想到了风险投资基金，希望通过引入合作伙伴的方式打破困境。为此，他多次与一些风险投资机构或投资人接洽商谈。虽然Z先生反复强调了他的技术多么先进，应用前景多么好，并拍着胸脯保证投资他的公司回报绝对低不了，但总是令对方难以信服，而且对于投资人问到的很多数据，他也无法提供，如市场需求量具体是多少，一年可以有多少销售量，投资后年回报率有多高等。Z先生的回答显然无法令投资人满意，他的融资计划因此无法实现。

这时，曾经在Z先生注册公司时帮助过他的一位从事管理咨询工作的朋友的一句话点醒了他："你的那些技术有几个投资者搞得懂？你连一份像样的创业计划都没有，怎么让别人相信你？投资者凭什么相信你？"于是，在向相关专家请教咨询后，Z先生又查阅了大量的资料，然后静下心来，从公司的经营宗旨、战略目标出发，对公司的技术、产品、市场销售、资金需求、财务指标、投资收益、投资者的退出等方面进行了分析和论证，当然在这个过程中，他还会不时做一些市场调查。一个月后，他拿出了一份创业计划初稿，经过几位相关专家的指点，他再次对创业计划进行了修改和完善。凭着这份创业计划，Z先生不久就与一家风险投资公司达成了投资协议。有了风险投资公司的支持，员工招聘问题迎刃而解。

在解决了资金难题之后，Z先生的公司很快就步入了正轨。回想往事，Z先生感慨道："编制创业计划绝不是随便写一篇文章的事。编制创业计划的过程就是我不断理清自己思路的过程。只有自己的思路清楚了，才有可能让投资人、员工相信我。"

8.1 创业计划概述

8.1.1 创业计划的内涵

创业计划（又称商业计划）是一种书面文件，它阐述了创业者的创业创意、愿景，以及创意与愿景如何被转换成为一家盈利的、可行的企业。具体而言，创业计划是从创业企业内部的人员、制度、管理及企业的产品、营销、市场等各方面对即将展开的商业项目进行的可行性分析。但需注意的是，创业计划并非企业的内部经营计划，它的使用者除了创业者、管理团队成员和员工这些企业内部的人员外，还包括那些与拟创企业成长和发展有关的投资人、金融机构、供应商、经销商等外部投资人。

8.1.2 创业计划的意义

创业计划不仅是一种业务构思策划、吸引投资的宣传书，更是以后公司运作的指导书。一份完整的创业计划为企业提供了发展方向，是经营决策的重要工具，具有重要的指导意义。

1. 指导创业实践

创业计划是创业全过程的纲领性的文件，是创业实践的战略设计和现实指导，为创业者、创业管理团队和企业雇员提供了一份清晰的、关于创业企业发展目标和发展战略的说明书。

它能引导企业创业实践过程的不同阶段，让人了解"做什么""怎样做"。

2. 整合创业资源

创业计划的整合作用是最根本、最重要的作用。在创业过程中，各种信息、要素是极其分散、凌乱的。编写创业计划，有助于创业者梳理思路，开展调研，完善信息，找到各种程序之间的衔接点，最终把各种资源有序地整合起来，形成增量资源，从而为创业实践提供条件。

3. 获取创业资金

创业计划是企业获得融资的基础性文件。创业企业要获得风险资金的支持，其中最重要的途径就是编制一份高质量的创业计划。内容翔实、数据丰富、体系完整的创业计划更能吸引投资人，让他们认可创业项目运作计划，以使创业融资需求成为现实。因此，创业计划的质量对创业者的项目融资至关重要。

4. 聚集创业人才

对于创业企业而言，人力资源是决定企业命运的最重要的资本。创业企业需要聚集各类拥有技术、资源和抱负的人才。优秀的创业计划如同招聘广告，能够起到招贤纳士的作用，这主要表现在四个方面：吸引创业人才进入；吸引新股东加盟，引入潜在的投资者；吸引有志之士参加创业团队；吸引对创业计划感兴趣的组织赞助和支持。

8.1.3　创业计划与风险投资

所谓风险投资（Venture Capital，VC），是指由职业金融家投入到新兴的、迅速发展的、有巨大竞争潜力的企业中的一种权益资本。创业计划是获得风险投资的"敲门砖"。一份优秀的创业计划往往会使创业者获得事半功倍的效果。风险投资人通常是在审阅创业计划之后，再考虑是否进一步了解企业的情况和与企业人员见面。只有在了解了企业的产品、管理策略、市场规划、盈利预测等之后，风险投资人才知道产品是否有吸引力，从而决定是否进一步商讨合作。

创业计划对风险投资意义重大。对于风险投资人而言，一份专业的创业计划承载了企业的全部信息，通过这个载体，风险投资人可初步评估项目是否有投资价值。好的创业计划，是吸引投资的关键。风险投资人以他们专业的评价标准对创业计划进行评估，如创业者是否对面临的环境做好了充分的准备？如果获得投资，投资资本的回报率如何？创业者的素质和风格如何……

8.2　创业计划撰写

创业计划撰写是至关重要的，写一份完善的创业计划是耗时且费力的。在撰写创业计划的过程中，创业者能够明确目前创业项目的价值和未来的发展前景。

8.2.1　创业计划撰写的原则

为打动投资人，创业计划需客观呈现创业企业的竞争优势以及创业项目的可行性，并尽可能地提供数据加以佐证。创业者在撰写创业计划时应遵循客观实际、市场导向、团队协作、展示优势、内容完整、文字精练和前后一致的原则。创业计划撰写的原则如表8-1所示。

表8-1　创业计划撰写的原则

原则	说明
客观实际原则	创业计划的内容要客观实际，数据、资料要真实可信，尽量不添加创业者的主观判断
市场导向原则	创业计划要明确指出创业企业的市场机会与竞争威胁，突出显示创业者对市场的把握和预测能力
团队协作原则	创业计划要展现团队组建的思路、人员调配情况，突出高管人员优势和良好的团队合作氛围
展示优势原则	创业计划应尽可能呈现创业企业的竞争优势，明确能够为投资者带来的预期收益
内容完整原则	创业计划的内容应全面完整，为投资者全方位展示创业企业的发展蓝图
文字精练原则	创业计划要简明扼要、突出重点、观点明确、直奔主题，不写与主题无关的内容
前后一致原则	创业计划的内容、观点要前后一致，预估与论证要相互佐证，要有较强的逻辑性

8.2.2　创业计划的基本内容

一份完整的创业计划由封面、目录、摘要、正文和附录五大部分组成。其中正文是创业计划的主体部分，也是整个创业计划的核心。创业计划各部分的具体内容如下。

1. 封面

创业计划封面应明确创业企业的名称，体现企业的经营范围。要以醒目的字体和字号来显示创业计划的标题。此外，封面上还应有创业企业地址以及主要联系人的姓名、联系方式等。

一个好的封面会使阅读者产生好感，形成良好的第一印象。所以封面要尽量设计得美观简洁。

2. 目录

目录是正文的索引，位于封面的下一页。目录要列出创业计划的组成部分和对应的页码，以方便投资人查阅。

3. 摘要

摘要是对创业计划的简短概述，涵盖了创业计划的核心要点，是对整个创业计划精华的浓缩。摘要是投资人最先阅读的部分，为了方便投资人在最短的时间内评审创业计划并做出判断，摘要应尽可能简明扼要，长度通常以1～2页为宜。创业计划摘要的内容一般包括产品和服务、市场大小和增长机会、创业企业的竞争优势、商业模式、财务计划、资金需求与融资方案、收获回报方式等。创业计划摘要要做到结构完整、语言流畅、表述准确且富有感染力。要重点阐明创业项目的亮点，尤其是相对于竞争对手的不同之处。

4. 正文

正文是创业计划的主要内容，一般包括企业描述、产品或服务、竞争分析、创意开发、创业团队、财务规划、风险分析和退出策略等内容，如图8-1所示。

（1）企业描述

在描述企业时，创业者要首先说明创办新企业的思路，创意的形成和发展过程以及企业的发展战略，其次要客观描述创业企业的现状、过去的背景和经营的范围等，最后阐述企业的使命、经营理念、企业的资金状况以及选址等。

微课堂

如何撰写创业计划正文

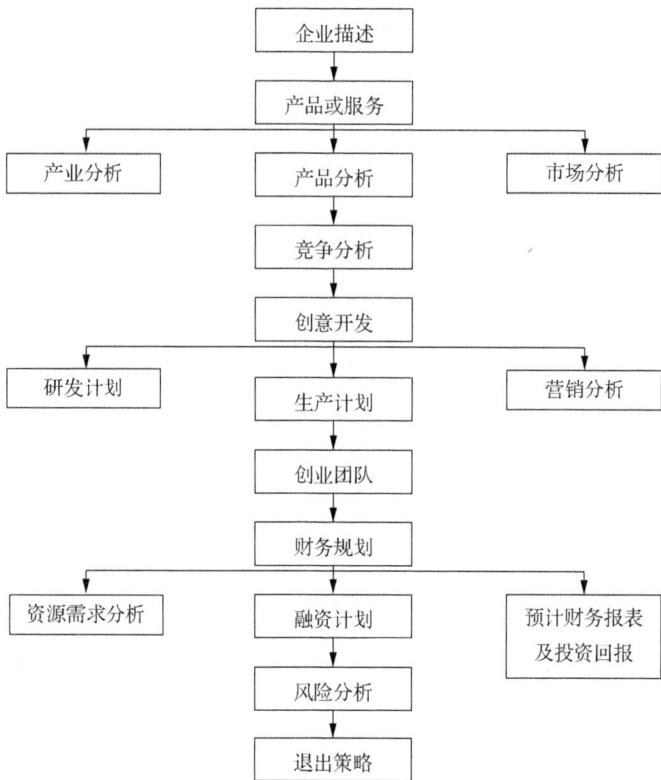

图8-1 创业计划正文内容示意图

（2）产品或服务

这部分内容主要描述创业企业对产品或服务的所有权、潜在的优势、市场的进入和成长战略。在进行投资项目评估时，投资人最关心的问题之一就是产品或服务是否具有独特性和新颖性，能否快速进入并占领市场。产品或服务介绍的有关细节应包括：产品或服务的概念、性能及特性；产品或服务的市场竞争力；产品或服务的研究和开发过程；发展新产品或服务的计划和成本分析；产品或服务的市场前景预测；产品或服务的品牌和专利等。在产品或服务介绍的部分，创业者要对产品或服务做出详细的说明，说明既要准确，也要通俗易懂，使投资人能够准确地认识和了解产品或服务。一般地，产品介绍都要附上产品原型、照片或其他介绍。

对产品或服务的描述可以从产业分析、产品分析和市场分析这三个角度进一步展开。

（3）竞争分析

竞争分析的主要内容是分析现有竞争者和潜在竞争者，包括分析现有竞争者的产品或服务的价格、性能、市场占有率、生产能力、市场分布、获利能力等，同时还要分析现有竞争者的相对竞争优势和劣势。之所以要分析潜在竞争者，是因为当某一行业急速增长，或者它的投资收益水平较高时，其自然就会成为行业之外的企业争相涌入的对象。潜在竞争者的进入会改变原有的竞争格局，现有企业的竞争优势可能会因此而荡然无存。所以在创业计划中必须对此进行分析，这也是投资人非常关注的内容。分析潜在竞争者可以从行业壁垒、进入障碍以及创业企业利用自身拥有的专利、专有技术等所建立的防护优势等方面进行阐述。

（4）创意开发

创意是创造意识或创新意识的简称，是指具有新颖性和创造性的想法。创业企业仅有好的创意是远远不够的，投资人所关心的是这些创意能否得到有效的开发。好的创意只有被有效开发，才能为顾客创造价值以及为创业者和投资人带来收益。创业者要在创业计划中阐述创意开发，需重点介绍创业企业的研发计划、生产计划和营销计划。

（5）创业团队

对创业团队的介绍是创业计划中较受投资人关注的内容。这是因为投资人非常关心创业团队是否有能力和经验管理好企业的日常运营，是否有能力带领新创企业进一步发展，更关心的是投资给这个创业团队能否获得收益。创业计划中要列出管理层、董事和所有持股20%以上的股东的简历。简历中应当概括说明创业团队主要成员的教育水平和工作经历，以及团队的分工和组合优势等。需注意的是，对投资人来说，创业者丰富的履历和先前成功的经验比高学历更有说服力。

（6）财务规划

创业企业的财务规划是投资人分析拟投资企业未来财务状况的依据，投资人可据此判断投资能否获得理想的回报。财务规划的内容包括资源需求分析、融资计划、预计财务报表及投资回报等。

（7）风险分析

创业者需要在创业计划中客观描述可能面临的各种风险，同时还应阐明企业为降低或防范风险所采取的措施。创业计划中的风险分析一般包括对市场风险的分析、对管理风险的分析、对技术风险的分析和对财务风险的分析。常见的风险因素包括资源不足、经营期限短、管理经验不丰富、市场不确定性因素、生产不确定性因素、清偿能力、对核心任务的依赖，以及政策因素、法律因素等。需注意的是，即使所有这些因素都不对创业企业构成威胁，创业者也要在创业计划中讲明不存在风险的原因。

（8）退出策略

创业企业发展到一定阶段会存在创业者和投资人退出的问题，这也是投资人关注的关键问题。投资人投资企业最终想到的是资金的回报而不是成就一番伟业。因此，创业者需要在创业计划中描述清楚怎样保证投资人，尤其是在创业者也退出的情况下最终能以现金的方式收回投资。

5．附录

附录是对正文内容进一步补充的文件资料，如详细的调研数据、财务计划、管理层简历、销售手册、产品图纸、专利证书等，以及其他需要进一步说明或提供佐证的事实材料。

8.2.3 创业计划撰写的步骤与方法

1．创业计划撰写的步骤

创业计划的撰写分为三个基本步骤。第一步是做准备工作，主要内容包括：①确定创业计划的目的与宗旨；②组成创业计划工作小组；③制订创业计划编写计划；④确定创业计划的种类与总体框架；⑤制定创业计划编写的日程安排与人员分工。第二步是收集资料，主要工作是以创业计划总体框架为指导，针对创业目的与宗旨，搜寻内部与外部资料。第三步是形成计划，具体工作包括：①拟定执行纲要；②草拟创业计划；③修改完善；④定稿。

2. 创业计划撰写的方法

在撰写创业计划时，可采用如下的方法：①制订编写计划，使编写工作有序进行；②主要围绕创业产品与服务，经常性地评估产品与服务的创业价值；③要充分寻求外部有关人员的指导与协助；④在不断修改补充中完善创业计划；⑤要针对创业计划的目标读者，设置计划项目的不同侧重点。

8.2.4 创业计划撰写的注意事项

一份高质量的创业计划，不仅可以用来证明创业者有能力处理新企业所面临的各种问题，而且还利于企业与外部利益相关者进行提高企业价值方面的沟通，借此获得创业融资。为保证创业计划质量，创业者在撰写时应注意以下事项。

1. 客观实际，避免夸张

一份高质量的创业计划要以其客观性说服、打动投资人，必须切合实际，不能过分乐观夸大。过分乐观夸大的陈述、预测会破坏它的可信度。

2. 语言规范，简洁清晰

一份高质量的创业计划要做到语言规范，篇幅适中、简明扼要、条理清晰，要能够给投资人留下好的印象，能够让投资人愿意去深入了解企业，让投资人看到企业的长期使命。

3. 编排合理，装订美观

创业计划中的封面、目录、概要、附录等部分是否合理编排、美观整洁，会直接影响阅读者对创业计划的评价。切忌出现语法、书写、装订错误。

4. 突出关键风险因素，提出合理规避风险的对策

阐述新企业可能遇到的关键风险因素，是创业计划中不可或缺的一部分，而这部分内容是投资人关注的重点。企业如果在创业计划中可以针对关键的风险因素提出合理的以应对和规避风险的策略，一般会被投资人所青睐。

5. 凸显优秀创业团队的信号

创业者在撰写创业计划时一定要让投资人接收到创业团队具有较强的管理能力和资源整合能力的信号。这些才是投资人最想知道的。他们感受到团队的凝聚力和向心性后，才更愿意投资。

8.2.5 创业计划撰写实践

对于大学生而言，创业计划撰写实践的最重要形式是创业计划竞赛。创业计划竞赛是20世纪80年代在美国高校兴起的以推动成果转化为目标的活动。所谓创业计划竞赛，就是由参赛者组成优势互补的竞赛小组，提出一项具有市场前景的技术产品或服务。围绕这一产品或服务，以获得风险投资家的投资为目的，形成规范具体、具有可操作性和说服力的商业计划，最终通过书面评审和口头答辩的形式评出获胜者。竞赛高度模拟了实际商业项目投资评估的运作过程，对参赛者的综合素质提出了很高的要求。同时竞赛坚持育人宗旨，引导大学生在专业学习和课外学术科技创作基础上，通过参加培训和比赛，不断完善项目设计，吸引风险投资介入，进而催生高新科技创业公司。

1. 创业计划竞赛的程序与要求

不同地区、不同组织、不同时期举行的竞赛，其规则不完全相同。从共性的角度对创业计划竞赛具体程序的介绍如下：报名参赛；选择产品或服务；递交创业计划；答辩；评判；宣布结果；成果转化。

2．"挑战杯"中国大学生创业计划竞赛

挑战杯是"挑战杯"全国大学生系列科技学术竞赛的简称，是由共青团中央、中国科协、教育部和全国学联共同主办的全国性的大学生课外学术实践竞赛。"挑战杯"竞赛在我国共有两个并列项目，一个是"挑战杯"中国大学生创业计划竞赛，另一个则是"挑战杯"全国大学生课外学术科技作品竞赛。这两个项目的全国竞赛交叉轮流开展，每个项目每两年举办一届。

1999年，清华大学承办的首届"挑战杯"中国大学生创业计划竞赛在北京成功举办，竞赛由和讯网赞助，汇集了全国120余所高校近400件作品。大赛的举办使"创业"的热浪从清华园向全国扩散，在全国高校掀起了一轮创新创业的热潮，孕育了视美乐、易得方舟等一批高科技公司，产生了良好的社会影响。

2023年3月17日至19日，第十三届"挑战杯"中国大学生创业计划竞赛全国决赛在北京理工大学举行。本届竞赛设置了科技创新和未来产业、乡村振兴和农业农村现代化、社会治理和公共服务、生态环保和可持续发展、文化创意和区域合作5个组别，共吸引来自3011所高校的142.4万名学生参赛，经过校级初赛、省级复赛和全国决赛初评，463个项目进入全国决赛终审答辩。此外，竞赛期间还同步举办创新创业成果展，分为电子展示区、实物体验区，北京理工大学创新创业团队还为大赛打造了"元宇宙"交互空间，利用云交互空间实时生成技术，展示全国大学生优秀创新创业作品，可实现万人以上同时在线。

8.3 创业计划陈述

创业计划陈述是指在创业计划撰写完成后，对整合创业计划工作的过程、创业项目参与人员以及创业项目的概要等，进行的一个简短的描述性陈述，一般是在面对投资人的时候，创业者本人进行的陈述。创业计划陈述可以分为线上陈述和线下陈述。线上陈述主要是通过QQ群、微信群或者在线视频等互联网方式对项目进行讲解；线下陈述主要通过活动专场与投资人进行面对面的演讲以及交流。

8.3.1 创业计划陈述的重要性

创业计划陈述虽然是创业计划的最后一个环节，但却十分重要。它的估值在于可以同时让多个投资人很认真地倾听创业者的讲解和说明，同时还可以让双方有一个思考和交流的过程。通常情况下，投资人每天看到的创业计划和接触的项目很多，甚至有的投资人一天阅读上百份创业计划，所以筛选项目往往只能凭借一些市场份额、盈利水平等硬性指标，很难了解项目的精彩之处，很多优质的企业都是因此而与投资擦肩而过的。创业计划陈述可以让投资人在相对安静的环境和氛围里，在创业者声情并茂的展示下，真正读懂企业的项目，从而做出更为准确的判断。对于一些技术性强的项目，创业计划陈述更能减少出现投资人看不懂和不理解项目的问题。创业者可以通过自己的精辟讲解和与投资人之间的交流，快速对接自己的项目，减少融资之路上的弯路。

8.3.2 创业计划陈述的程序

一个好的创业计划陈述是创业成功的一半。虽然陈述只有短短的几分钟，但却是创业团

队在完成创业计划之后一个极其耗费精力的环节，从前期准备、陈述到答辩都需要精心准备。

1. 前期准备

正式陈述之前的第一步是准备好汇报PPT，PPT的内容应与创业计划对应并高度提炼。逻辑清晰、文字精练、观点鲜明、视觉美观的PPT会让你从众多项目中脱颖而出。PPT的翻页速度最好是每分钟1～2页。PPT准备好之后，就要进入第二步，准备与PPT相对应的陈述的文字稿，把想说的话落在笔端，陈述人应对文字稿的语义、语句、语气反复斟酌，这个过程也是团队内部进一步统一思想、明确思路的过程。第三步是进行全过程反复演练，找到最佳状态，找到PPT翻页与文字稿的最佳结合点，加入肢体语言，不断对PPT进行打磨与润色，直到陈述人熟记于心，可以脱口而出。

2. 陈述

陈述人最好是公司的CEO或联合创始人，不建议选用创业团队其他成员来做陈述，即使他们对创业计划很熟悉，但也可能表达不出对项目的感情。不过团队其他成员也需要熟悉陈述人的文字稿和PPT，以便在必要时补充说明。

陈述人上台时应精神饱满、自信、表情自然，面向评委和观众致意后即可开始陈述。陈述内容按照准备阶段的演练内容展开，讲清楚准备做什么事、怎么做是最关键的，切忌随意临场发挥，因为陈述的时间非常有限，必须确保在规定的时间内把必须说的内容表达完整。陈述的语言要适当口语化和个性化，千万不要把陈述变成书面语言的背诵。马克思曾经说过："你怎么想就怎么写，怎么写就怎么说。"它告诉我们，不管"说"也好，"写"也好，都要用自己的语言，而不是别人的语言或现成的语言。语速要控制合理，避免过快或过慢，一般人正常语速为每分钟180～260字，具体速度根据时长和陈述人的语速而定；另外要珍惜难得的机会，充分利用给定的陈述时间。同时还要注意语调平和、语气轻松，配以适当的肢体语言。

此外，陈述人的穿着应精心准备，要做到得体大方，要通过着装展示陈述人的自信与风采。值得注意的是，陈述人未必非要身着正装，除非主办方提出具体的要求。特别是大学生的着装，在符合事宜、时宜的情况下，体现一定的青春气息和朝气蓬勃也是非常重要的。

3. 答辩

有些陈述结束后，会有答辩环节，特别是大学生创业竞赛类活动。创业团队要在了解规则的基础上明确是由陈述人进行答辩还是由创业团队全体成员参与答辩。答辩时需要仔细聆听评委的问题，就事论事，有针对性地回答，答题果断、简练、准确，切忌长篇大论。答辩结束后，陈述人或创业团队成员面向观众致意后按顺序走下演讲台，安静落座或离开会场。

8.3.3 成功的创业计划陈述

成功的创业计划陈述让陈述人觉得惬意并充分发挥，可以足够全面地描述创业计划的具体目录，让投资人感兴趣，并决定进行下一步的投资。简单来讲，一个成功的创业计划陈述应体现以下几点。

1. 需要有一个精彩的开场白，引起投资人的兴趣

一个精彩的开场白有三种作用。第一，吸引听众的注意力，激发听众的好奇心；第二，明确演讲的主题；第三，向听众阐明听演讲的必要性。开场白只要几句话就行。如何在短短的几十秒内有效地做到吸引听众，引出话题，建立信任，常用的方法有语出惊人、提出问题、设置悬念、讲述故事等。这些技巧并非每一条都适用于任何环境、任何场合。然而，陈述人

可以结合项目的特点寻求一些设计，这将会起到"凤头赢得百媚生"的效果。

2. 陈述时应主题凸显，特色鲜明

由于陈述时间很短，陈述人务必突出主题，抓住重点。陈述时一定要强调特色的重要性，彰显别人没有而你有的特点，即一定要陈述别人一般不可能陈述的东西。在大学生创业计划竞赛中，陈述主题雷同是比赛中普遍存在的问题，其原因主要是陈述人对创业概念的理解过于狭隘和对创业领域的选择趋于集中。总体而言，大学生的技术研发能力有限，往往能解决实际生活问题的小项目更容易得到风险投资人的青睐。例如最近几年，大学生的创业已经逐渐从网络、电子领域转向旅游、服务等更实际的项目。

3. 在陈述时表明创业团队的特长、经验

大学生一般理论比较丰富和系统，但缺乏经验，这一点投资人通常也明白。所以他们更看重青年学生的从业经历和经验，哪怕这些经历和经验是不完整的。从评委的角度看，有经历和经验的创业者对创业有切身的体验，所以创业设计自然会更扎实，更接近实际。从孵化企业的角度看，有从业经历和经验的创业者的创业计划更具可行性，而投资人把企业交由这样的人经营管理是更看好他们脚踏实地、吃苦耐劳的创业素质。因此，陈述人在陈述时应发挥专业特长，有创新内涵，不简单追随投资热点，充分挖掘、提炼创业团队的特长、经验和特殊的经历等。

4. 在陈述时实事求是，以真诚和专业素养打动投资人

陈述人在陈述创业计划时不能夸大其词，更不能隐瞒事实，要以实事求是的态度展示出团队的实力、对市场的了解和对未来的规划。另外，在创业过程中难免会遇到各种风险和挑战。在陈述创业计划时，陈述人要主动分析这些风险和挑战，并提出有针对性的解决措施。总之，创业计划陈述人要通过真诚的态度和较高的专业素养赢得投资人的信任和支持。

阅读资料8-1

商业计划PPT如何制作

做商业计划PPT最重要的原则是"长话短说，深入浅出"。封面：好的PPT封面就是"项目名称+一句话的描述"。例如，"小米电视：做年轻人的第一台电视"，言简意赅，指向明确。封面上的名字千万不要用公司的名字，其没有任何意义。评委们大多不会关心你的公司叫什么名字，他们关心的只是你的项目产品。另外，封面上还要体现你的参赛组别，以方便感兴趣的评委联系你。

通常一个好的商业计划PPT包含五个部分。

第一部分

1~2页，内容为分析行业背景及市场现状、与项目相关的背景，不要讲空泛的大数据，要讲与自己有关的、市场发展趋势等信息。这一部分要描述目前背景下人们的痛点和机会，如果有相关或相似的服务，可做对比分析，说明目前是做该项目的最好时机。第一部分要多用数据和案例，说得实际一些，多问几个为什么。

第二部分

1页，讲清楚你要做什么，最好使用图文结合的方式，让人一目了然。在这一部分，大家要尽可能"说人话"。所谓说人话，就是说谁都能听得懂的话，不要故弄玄虚。即便自己做的项目技术水平很高，也要深入浅出地把它说出来。有一个好方法：你总结完你所做的事后，先说给你父母听，如果他们都能听得懂，那么你的表达就没问题了。

第三部分

6页左右，主要说明你要如何做以及做的现状。在这一部分，你要说出自己的方案，然后明确用户群。

第四部分

1～2页，这一部分要介绍项目团队、核心成员、团队共识。例如，科技专利权人是谁？发明人是谁？如果用的是学校的技术，是否已与校方沟通过？专利与项目的关系是强联系还是弱联系？专利使你在哪些方面更强了？

第五部分

1页，主要内容为创业项目的财务预测与融资计划。一些团队倾向于阐述未来三至五年的发展愿景，但其实意义不大。这是因为在当前瞬息万变的环境下，创业团队很难精准预测创业项目几年后的状况。因此，在介绍创业项目的财务预测与融资计划时，应着重分析未来六个月至一年间的状况，以尽可能做到精确、可信。

资料来源：网易新闻。

本章习题

一、单选题

1. 创业计划又称（　　），是在创业过程中，用书面形式做出的可行性报告。

    A. 资产计划　　　　B. 市场开拓计划　　　C. 商业计划　　　　D. 盈利计划

2.（　　）是对创业计划的简短概述，是创业计划书的精华。

    A. 封面　　　　　　B. 摘要　　　　　　　C. 企业介绍　　　　D. 行业分析

3. 创业计划陈述人最好是（　　）。

    A. 公司的CEO或联合创始人　　　　　　B. 财务总监

    C. 人力资源总监　　　　　　　　　　　D. 团队成员

4. 通常对于一份创业计划，投资人最先阅读的部分是（　　）。

    A. 摘要　　　　　　B. 风险分析　　　　　C. 财务分析　　　　D. 团队分析

5. 大多数投资人宁愿向一个拥有一流水平的管理团队和二流产品或服务的企业投资，也不愿意向一个拥有二流水平的管理团队和一流产品或服务的企业投资，是强调（　　）。

    A. 产品的重要性　　　　　　　　　　　B. 服务的重要性

    C. 管理团队的重要性　　　　　　　　　D. 企业文化的重要性

二、多选题

1. 创业计划聚集人才的作用主要体现在哪些方面？（　　）

    A. 吸引创业人才进入　　　　　　　　　B. 吸引新股东加盟

    C. 引入潜在的投资人　　　　　　　　　D. 吸引有志之士参加创业团队

    E. 吸引对创业计划感兴趣的组织赞助和支持

2. 创业计划撰写的原则包括（　　）。

    A. 客观实际原则　　B. 市场导向原则　　C. 团队协作原则

    D. 展示优势原则　　E. 内容完整原则

3. 以下属于创业计划正文内容的有（　　　　）。

A. 产品或服务　　　B. 企业描述　　　C. 创业团队

D. 计划摘要　　　　E. 财务规划

4. 一份完整的创业计划包括（　　　　）。

A. 封面　　　　　　B. 目录　　　　　C. 摘要

D. 正文　　　　　　E. 附录

5. 在创业计划撰写的准备阶段，主要工作内容包括（　　　　）。

A. 组成创业计划工作小组　　　　　　B. 拟定执行纲要

C. 制订创业计划编写计划　　　　　　D. 草拟创业计划

E. 确定创业计划的种类与总体框架

三、名词解释

1. 创业计划　2. 摘要　3. 创业计划陈述

四、简答及论述题

1. 创业计划有什么意义？

2. 简述创业计划撰写的基本步骤。

3. 撰写创业计划时应注意哪些事项？

4. 简述创业计划陈述的重要性。

5. 一个成功的创业计划陈述需要注意哪些问题？

案例讨论

"挑战杯"大学生创业计划竞赛优秀作品：理工陶瓷项目创业计划

项目名称：理工陶瓷——工业级陶瓷增材制造产业引领者

学校：南京理工大学

1. 项目摘要

采用耐高温性能较好的陶瓷材料已成为各类发动机制造的一个发展趋势，激光选区熔化（SLM）技术将成为陶瓷热端部件的重要制造方法。

本项目针对涡轮转子、燃烧室等薄壁、多孔特征的复杂热端零部件，围绕陶瓷SLM成形中的裂纹抑制技术难题，创新地采用无黏结剂陶瓷浆料为原材料，研究激光-粉末、粉末-粉末相互作用机理，研究激光工艺参数、粉末状态、环境因素对熔池的影响规律，以及熔池状态演化与微观组织形成之间的内在关系，探明裂纹产生机理；研究以陶瓷材料微观特征为约束条件的微观结构及形貌主动设计理论；综合有限元分析、熔池监测和材料制备技术，采用高温预热、陶瓷材料增韧、裂纹原位自愈合方法，突破陶瓷裂纹抑制难题，满足现代发动机热端关键部件及复杂陶瓷零件制造的迫切需求，并进一步满足汽车、火箭等领域复杂零件对新型耐高温材料及加工工艺的迫切需求。

2. 项目关键词

激光选区熔化（SLM）、陶瓷、发动机叶片。

3. 作品介绍

理工陶瓷项目致力于为用户提供全球领先的陶瓷增材制造装备和3D打印服务。依托国际首创的无黏结剂成形技术、对流调控技术，彻底摆脱了沿用千年的脱脂烧结工艺，实现装备到设计的一体化增材制造方案，填补了工业级陶瓷复杂产品行业的市场空白。

团队牵头制定增材制造工艺参数库国家标准，依托唯一增材制造部级国际合作平台，为全球陶瓷增材指引方向；为中航兰翔陶瓷发动机叶片唯一服务商，高新技术企业中科煜宸陶瓷增材装备战略合作伙伴，拥有合作伙伴十余家，意向合作订单已超1500万元。博士团队已入驻南京市白下区新型研发机构进行为期三年的产业孵化。理工陶瓷，引领工业级陶瓷增材制造产业发展。

4. 技术原理功能

（1）针对成形精度无法控制的难题，国际首创无粘结剂激光选区直接成形技术，颠覆了现有陶瓷制造工艺流程，直接成形全陶瓷叶片，彻底摆脱沿用千年的脱脂烧结工艺，尺寸精度控制在100 μm以内。

（2）针对陶瓷强韧难，经历上万次试验迭代，探明了马兰戈尼对流与晶粒生长耦合机制，从螳螂虾前螯强韧的天然结构中获得启发，直接在100 μm熔池内精准调控对流，制备生物网格结构陶瓷，断裂韧性提升48%，弯曲强度提升166%，达到821 MPa，满足了叶片服役韧性需求，通过第三方权威检测机构认证。

（3）针对陶瓷组织缺陷控制难，我们发明了基于光强特征的熔池在线监控方法，在成形过程中，借助CT检测人体病灶原理，通过每秒采集10000个光强数据，实时重建三维光强模型，首次在国内实现在线智能化缺陷诊断及控制。

5. 创新与商业前景分析

本项目掌握国际首创的无粘结剂成形技术和对流调控技术，具有超前性和不可复制性，对比法国3DCeram、奥地利Lithoz等国际间接增材制造龙头企业，成形周期缩短80%、韧性提升48%，是目前国际上唯一可同时实现工业级陶瓷复杂结构制备和强韧化的团队。航空发动机叶片是"工业皇冠上的明珠"，陶瓷叶片可提升发动机推力，至今无法制造；此外，车载蜂窝陶瓷、陶瓷手机背板因脱脂烧结难以制造，成本居高不下。团队瞄准航空发动机叶片、车载蜂窝陶瓷、5G手机背板等工业级陶瓷复杂产品，依托技术代差优势填补市场空白，满足新一代重大战略科技产品对陶瓷工业产品制造能力的迫切需求，潜在市场高达380亿元。

本团队计划于202×年注册南京理工陶瓷科技有限公司，面向军工市场，中国航天科技、中国商发等高端领域客户提供工业级陶瓷复杂结构成形装备与服务，预计在公司成立后的下一年营业额突破1000万元。

思考讨论题：

根据所学知识，试对本创业计划进行评述。

第9章 创业资源与创业融资

本章导读

创业资源是创业企业开展创业活动不可或缺的条件。创业企业为了提高创业绩效、促进企业成长必须获取其所需的创业资源。而创业融资是指创业企业借助企业内部或外部的资金来源和方式,筹集生产经营和发展所需资金的行为和过程。获得一定的创业融资是创业企业开展创业活动的基础。本章主要讲述创业资源的含义与类型、创业资源获取的途径与技能、创业资源整合与拼凑、创业融资渠道、创业融资规划、创业融资的困难与风险以及对创业融资的建议等内容。通过本章的学习,我们可以对创业资源与创业融资的含义有一个清楚的认识,并初步掌握获取创业资源和创业融资的途径和技能。

知识结构图

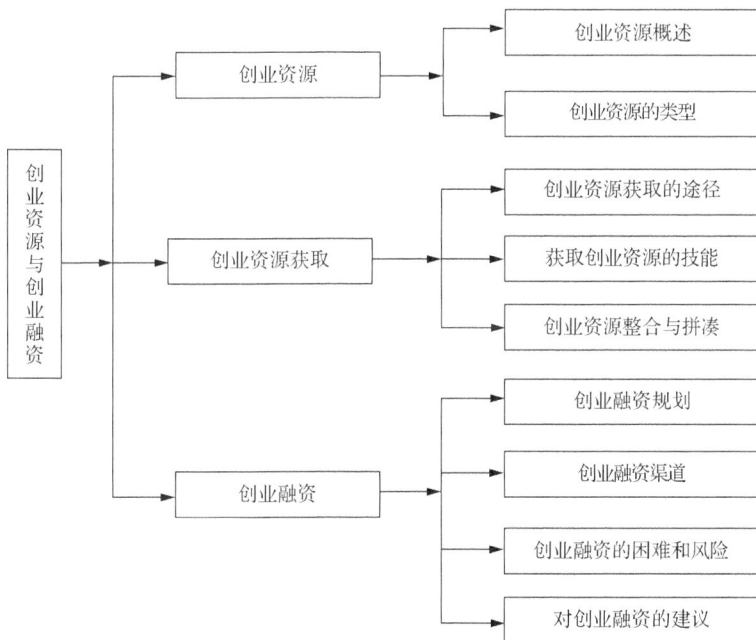

开篇引例

拼多多的创业融资

拼多多隶属上海寻梦信息技术有限公司，创立于2015年，是一家致力于为广大用户提供物有所值的商品和有趣的互动购物体验的"新电子商务"平台。拼多多创业初期，被众多投资人看好，进行了多轮融资，为企业的发展提供了坚实的资金保障。

2016年1月，拼多多通过天使轮融资，融资金额为1000万美元，投资方为宝尊电商。此轮融资旨在将拼多多打造成一个以"团购"为主的电商平台，以满足大众的消费需求。

2017年1月，拼多多进行了A轮融资，共融资了1.1亿美元，投资方包括红杉资本和腾讯等。这笔融资的目的是进一步扩大公司规模，提高品牌知名度，并开发更多的产品和服务以满足用户需求。

2018年4月，拼多多进行了B轮融资，共融资了32亿美元，投资方包括软银、经纬中国和高瓴资本等。这笔融资是中国电商行业历史上最大的一笔融资，旨在加速公司发展并提升其在中国市场的竞争力。

2019年7月，拼多多完成了C轮融资，共融资10亿美元，投资方为美团点评。此轮融资用于拼多多的技术研发和延续模式创新，以及进一步扩大市场份额。

在资金的支持下，拼多多通过创新的商业模式和技术应用，对现有商品流通环节进行重构，持续降低社会资源的损耗，在为用户创造价值的同时，有效推动了农业和制造业的发展。

9.1　创业资源

9.1.1　创业资源概述

1. 创业资源的内涵

创业资源最初是指在创业过程中所投入的各类有形资产与无形资产。狭义的有形资产通常是指具有固定生产能力特征的实体资产以及可以自由流通的金融性资产，如企业的厂房、机器设备和有价证券等。广义的有形资产则是指能够看得到的、具有实物形态的资产，它是容易被我们辨识和评估的资源，但其价值通常是有限的。无形资产是指企业拥有或者控制的没有实物形态的资产，如创业者长期积累而得的声誉、知识产权等资源。它的价值很容易被人们所忽视或低估，但是无形资产对于企业竞争力的影响正在逐渐增大。

除此之外也有学者认为，资源是创业者在创业过程中为获取利润而投入的各种要素的组合。经过学者不断探究，余绍忠（2013）将以往的研究进行总结，提出创业资源是指可以促进企业生存和发展、实现组织战略目标与愿景，并且可以为企业所拥有或者控制的各类要素与其组合[1]。

英国管理学家埃尔顿·彭罗斯在1959年出版的《企业成长理论》中曾提出资源基础理论。资源基础理论认为，企业不同的获利能力取决于企业在资源方面的差异。由此可见，创业资源是创业企业在整个成长过程中获取并投入生产的各种有用的资源，是开展创业活动不可或

---

[1] 吴迪. 创业资源、资源整合方式与创业绩效的关系研究. 东北财经大学, 2016.

缺的条件。创业企业为了提高创业绩效、促进企业成长，必须获取其所需的创业资源。创业资源不一定参与企业的生产活动，但其必定可直接或者间接影响创业绩效。

2. 资源的特性

资源的特性以资源基础理论为基础。而资源基础理论是以两个假设为前提的：企业拥有的资源是"异质"的与非完全流动的。或者换句话说，企业有着不同的资源起点，即资源的异质性。例如，不同创业企业拥有不同的创业创意、创业精神以及创业团队等。正是资源的异质性才导致了企业的竞争力差异。同时这些资源是别人难以获取和效仿的，即资源的固定性。不同的企业所拥有的资源是不同的，而正是异质性与固定性的资源才形成了企业不同的竞争优势，它有助于企业制定和实施有价值且竞争者无法轻易实施的战略。概括而言，资源表现出如下五个特性。

（1）价值性。价值性是指资源可以为企业的创业活动做出贡献。有价值的资源是提高效率与效能的基础，而资源的价值性主要取决于企业的竞争环境。

（2）稀缺性。对于资源的获取，每个企业的情况是不一样的。或许大多数企业都拥有某些资源，这些资源是有价值的，但却不一定能够为企业创造竞争优势。只有拥有别的企业求而不得的资源，才能形成竞争优势。

（3）难以模仿。在经济利益的驱使下，处于竞争劣势的企业必然会模仿优势企业，其结果是企业趋于一致，所有企业均难以获得所期待的利益。但是现有市场上的确存在着竞争实力强的企业与弱势企业，由此可见，优势企业必定存在其他企业难以模仿的资源。

（4）延展性。延展性是指企业可以合理利用已经拥有的资源推进产品的升级换代，从而推出全新的产品，创造更多的资源，以此来保持企业旺盛的生命力。

（5）难以替代。通常替代的形式可以分为相似替代与差异替代。即当缺乏某种资源时，企业会尽力寻找与其相似的资源或者此资源的替代品，但是想要寻求完全相似或者可完全替代的资源是非常困难的。

9.1.2 创业资源的类型

早期的研究将创业资源分为核心资源、基础资源与其他资源；学者余绍忠通过对此前研究进行总结，认为创业资源主要分为六种类型，具体包括资金资源、管理资源、人力资源、科技资源、政策资源以及信息资源。根据各类资源和企业战略规划以及与创业机会识别过程的关联程度，我们将前三种归为直接资源（直接参与生产过程的资源），将后三种归为间接资源（间接支持创业企业发展的资源）。下面分别介绍这六种资源。

1. 资金资源

资金资源是指能够支持创业者开展创业活动的资金、资产以及股票等资源。创业离不开资金的支持，创业者如果可以合理灵活运用一些资金资源，那么这些资金资源也许可以产生更多的资源，创造更大的价值。例如，在资本市场合理运作，可以保证企业股权的流动性，通过反复的交易，达到资金资源的价值最大化。

2. 管理资源

管理资源是指创业者为了更好地开展创业活动而需要的管理能力以及管理人才等。例如，专业的市场营销策划、规范化的企业管理制度、合理的企业人力管理、财务管理、营销管理机制以及专业人才等。国内研究者姚梅芳曾把人力资源、管理资源、科技资源归纳为核心资源。由此可见管理资源对于创业企业的重要性。

3. 人力资源

人力资源是指创业者以及创业团队所拥有的人际关系网络。当然，从创业者的角度而言，他所需要的人力资源也包括引进一些高级科技人才、管理人才、高水平专业的顾问团队以及胜任能力强的员工等。首先，创业者在创业之前与创业过程中都应该重视人力资源的积累与挖掘，如在平时经常帮助别人，一旦遇到困难就更容易寻求到他人的帮助。其次，需要注意的是，创业者要用真心去维护现有的以及潜在的人力资源，如在多次合作中以及交流沟通中维护人际关系等，在维护的同时，说不定会认识对自己更有帮助的人，形成新的人脉关系。正所谓你的朋友可能帮不了你，但或许你朋友的朋友可以帮助你。

4. 科技资源

创业企业的科技水平是决定创业产品是否具有市场竞争力和能否获利的根本因素。例如，寻找适合的研究机构、高校科研力量以及所需的专业的科技实验平台等科技资源。创业企业可以与科研机构、技术前沿人才合作，掌握科技资源。需要注意的是，科技资源可以与其他资源相结合，通过法律手段予以保护，如自主研发与知识产权等。

5. 政策资源

政策资源是指对创业活动的各种优惠扶持政策，如扶持创业专项基金等财政扶持政策、鼓励商业银行调整信贷结构等融资政策、对于符合政策的中小企业给予优惠税收政策、支持创办中小企业的创业扶持政策、支持中小企业开拓国外市场的对外经济技术合作与交流政策等。企业充分准确地掌握政策资源可以减少创业过程中的阻力，在创业过程中少走弯路，同时应使政策资源成为创业的助推器，达到事半功倍的效果。

6. 信息资源

信息资源是指创业者开展创业活动所需要的各方面信息。创业企业的决策至关重要，而决策建立在信息的基础上。信息可以是关于销售渠道的消息，也可以是关于竞争对手的行动等。对于创业者而言，这些信息都是有用的信息。但是信息不对称却是摆在创业者面前最大的困难。所谓信息不对称，是指在进行市场经济活动的过程中的各类人员对同一信息的掌握程度是不同的。对信息掌握比较充分的人无疑是处在有利地位的，反之则处于不利地位。而对于信息而言，创业者所能了解到的关于竞争对手、政府政策、合作伙伴、客户、渠道等的信息是有限的，因此限制了创业者的信息资源。正所谓"知己知彼，百战不殆"，只有掌握充分的信息，创业活动的成功性才能提高。

阅读资料9-1

创业资源的其他分类

依据不同的维度，创业资源的分类存在多样性，如有形资源与无形资源、简单资源与复杂资源等。简单资源是指有形的、看得见摸得着的资源。复杂资源是指无形的、系统的、以知识为基础的资源。另外，对于人力资源，有些学者将其进一步细分为智力资源、声誉资源与社会资源。智力资源可以理解为创业者以及创业团队所拥有与形成的判断力、智慧、知识与经验等。声誉资源是指由创业者以及其创业团队是否值得信任、是否尊重他人、是否真诚等形成的一种无形资产。社会资源则专门指创业者及其创业团队所拥有的社会人际网络资源。

9.2　创业资源获取

9.2.1　创业资源获取的途径

通常而言，创业者可以利用市场途径与非市场途径两种方法获取创业资源。市场途径是指创业者在市场上有偿购买相关资源。例如，通过支付报酬来雇用专业的市场营销策划与管理人才而获得管理资源、通过与科研机构合作开发或者与高校合作而获得的科技资源等。而非市场途径是指利用社会关系或者较小的代价，甚至无偿获取相关资源。例如，基于信任或者血缘关系向朋友或者亲人借款而取得的资金资源、通过社会人际网络关系而获得的关于销售渠道的信息资源等。创业者在创业初期，由于资金等资源最为匮乏，因此通过市场途径获取资源较为困难。所以在起步阶段的创业者通常利用非市场途径获取创业资源，通过社会网络关系降低获取资源的成本。对于创业资源的获取途径，创业者要根据实际情况综合考虑，灵活搭配使用上述两种途径。

阅读资料9-2

如何寻找合适的创业资源

1. 明确自己的创业方向

在寻找创业资源之前，创业者首先要明确自己的创业方向。通过了解自己的兴趣、技能、经验和知识等方面，确定自己的创业方向并制订可行的商业计划书。这有助于将自己的创业资源的搜索范围缩小到特定的领域和市场，提高寻找符合条件的创业资源的效率。

2. 了解创业资源的类型

创业资源包括人力、资金、渠道等多种类型。在寻找创业资源时，创业者需要了解各种资源的优缺点，以便更好地选择适合自己的创业资源。例如，人力资源能够帮助解决创业者的人力短缺问题，但需要花费大量的时间和精力来寻找、培养和管理。资金资源可以帮助创业者解决创业资金短缺的问题，但需要面对严格的融资要求和还款计划。渠道资源可以帮助创业者快速打入市场，但需要考虑与渠道商之间的合作关系。合作伙伴可以帮助创业者拓展业务和市场，但需要在合作伙伴选择和管理方面投入大量的时间和精力。

3. 了解创业资源的来源渠道

了解创业资源的来源渠道，可以帮助创业者更好地获取创业资源。创业资源的获取渠道有多种，如创业者自身、亲朋好友、银行等金融机构、政府、风险投资公司、众筹平台等。创业者应综合分析上述各种资源获取渠道，研究获得资源的方法，以便获取更多的资源支持。

4. 关注创业生态圈

在寻找创业资源的同时，创业者需要积极关注创业生态圈的动态，包括行业新闻、政策和行业研究等。了解行业趋势和创业生态的现状，可以帮助创业者更好地把握机遇，预测潜在的风险和挑战，并避免犯错误。

5. 有效利用市场资源

创业者应该善于利用市场资源，包括公共资源、商业资源以及社会资源等来获得更多的资金和支持。例如，创业者可以利用支持创新创业政策来申请创业贷款、创业担保贷款等。商业资源如品牌商业、硅谷文化等可帮助创业者稳定其经济来源和资源来源。通过社会资源如社会组织、工会等，创业者可以获得更多的人才、资金和技术。

资料来源：百度百家号。

9.2.2　获取创业资源的技能

获取创业资源需要一定的技能，这些技能主要包括应变技能、合作技能、沟通技能以及信息获取与利用技能等。下面分别进行简要的介绍。

1．应变技能

创业者在获取资源的过程中往往不可能是一帆风顺的，可能会遇到许多预先尚未预料到的事情。此时创业者需要随机应变，根据当时的情景进行适应性调整。应变技能的培养，重在平时的积累和不断的学习，只有拥有良好的心态和丰富的经验，才能做到处变不惊、从容应对。

2．合作技能

创业活动本身是一种社会活动，离不开与创业团队、利益相关者以及社会团体的合作，所以学会合作至关重要。在与他人的合作中，创业者可以降低获取资源的难度与成本。在合作技能的培养方面，创业者要树立共赢意识，真诚对待合作成员。

3．沟通技能

良好的沟通是产生信任的前提。创业者只有能够与别人进行良好、有效的沟通，才能与他人建立信任，从而高效率地获取资源。在沟通技能的培养方面，创业者要经常保持微笑与乐观的心态，学会说话与倾听的技巧，建立广泛的社会关系网络。

4．信息获取与利用技能

创业者需要对信息拥有较高的敏锐度，以此获取别人看到了却没有引起注意的信息。对获取的信息进行有效的加工处理和利用，有利于创业者获取新的资源及对资源进行进一步的整合。创业者在平时应注意对生活中的事物仔细观察和缜密思考，养成良好的习惯，进而提升信息获取与利用技能。

9.2.3　创业资源整合与拼凑

1．创业资源整合

创业企业在创业初期普遍存在资源匮乏的问题，企业在一定资源条件的限制下进行生产活动会影响效率，为此企业必须对资源进行整合，利用现有的资源能力构建新的资源组合，以此提高创业活动的成功概率。普遍认可的资源整合方式分为三种：稳定调整的资源整合方式、丰富细化资源整合方式以及开拓创造的资源整合方式。需要注意的是，创业资源整合存在动态性与复杂性的特点。资源整合方式的不同会引起创业资源和绩效之间调节作用的不同，而且环境的不确定性必然会影响资源整合，创业企业应在不同的创业阶段与不同的环境下，采取不同的资源整合策略。在此介绍四种较为普遍的资源整合策略：创造性整合策略、杠杆整合策略、拼凑整合策略、步步为营整合策略。

（1）创造性整合策略

创造性整合策略是指创业企业存在资源束缚，但又需要解决新问题，在此过程中发现现有资源的新用途，并创造新的价值，由此实现资源的整合。

（2）杠杆整合策略

杠杆整合策略是指创业企业利用外部闲置的资源弥补内部缺乏的或者短时间内难以获取的资源。

（3）拼凑整合策略

拼凑整合策略是指创业企业将手头已有的资源进行整合或者将就使用，包括全面拼凑与有选择性拼凑。

（4）步步为营整合策略

步步为营整合策略是指创业企业在资源限制的情况下，分多个阶段投入资源，且在每个阶段尽量投入最少的资源，以自力更生为主，最大限度地降低对外部融资的需要。

需要注意的是，在整合外部资源的过程中应当注重利益相关者的利益，同时设计出共赢机制，利用真诚有效的沟通，与利益相关者维持长期的信任与合作。

▌阅读资料9-3▐

资源整合之前的准备

俗话说，机会总是青睐有准备的人。许多人虽然有好的创业创意但却因整合不到资源而创业失败。因此，在进行资源整合之前，我们需要做好准备。创业资源整合不仅是一个技术问题，也是一个社会问题，不可能一蹴而就。所以在创业前，我们需要做好以下工作。

1. 积累人力资源

此人力资源包括智力资源、声誉资源与社会资源。即在进行资源整合之前，创业者要提高自己的专业素养并且注重建立自己的声誉，如信用等。信用对于企业和个人都十分重要。在进行资源整合时，信用的作用是潜在的，也是不可忽视的。而且，借助社会资源，创业者可以通过社会关系受益。例如，正常的师生、同学、同事等人际关系可以为创业者带来有用的信息与资源。所以创业者在平时的生活中要善于建立与维护有益的人脉关系。

2. 分析自己已经拥有的资源

在整合资源之前，创业者可以将已有的资源列出一份清单，对这些资源进行分析。思考如何让这些资源升值，如何合理运用这些资源等问题。

3. 提前测算资源的需求量

每个创业者所需要的资源种类是不同的，资源的需求量也是不同的。创业者大致测算对启动资金、运营资金等需求。并且资源需求量的测算也要结合企业的实际情况与发展规划，尽可能地编制财务报表并测算收入、成本与利润等，做到心中有数。

4. 学会编写商业计划

商业计划是重要的融资工具，同样在进行资源整合时也会提高说服力，有助于资源整合的成功。

5. 提前策划资源的来源

对于如何获取自己所需要的资金，创业者要有自己的计划。毕竟获取资源的途径不同，其效果也会不同。

6. 学习资源整合谈判技巧

资源整合时难免会遇到谈判的问题。创业者应该提前和有经验的前辈交流与学习谈判的技巧。在谈判时自信沉着，获取利益相关者（利益相关者是指组织外部环境中受到组织决策和行动影响的任何相关者）的信任，这无疑会提高谈判成功的概率。

2. 创业资源拼凑

（1）创业资源拼凑的概念

法国人类学家列维·斯特劳斯在其出版的《野性思维》中首次提出"拼凑"的理论概念。在人类学中描述的"拼凑"是指人类在环境的影响下，用手头一切可以利用的资源完成任务的一种行为方式。需要注意的是，"拼凑"和"即兴创作"是不同的。"即兴创作"中行动是随时都可能进行的，而"拼凑"虽然也是计划与行动同时进行，但却强调就地取材式地寻求资源支持。之后在2005年，美国创业学者提出了资源拼凑的概念，认为资源拼凑是创业者面临资源约束时进行的行动，创业者会将现有的资源进行将就利用。

资源拼凑理论主要涉及现有资源、资源将就和资源重构三个核心概念。"现有资源"是指创业者拥有的但却未完全意识到其全部价值的资源；"资源将就"是指创业者在资源束缚时急于利用现有资源的一种行为偏见，常常会即兴创作或者积极行动；"资源重构"是指创业者会根据其目的、策略与使用方式去整合资源。

（2）创业资源拼凑的要点

创业资源拼凑并不是简单地将各种资源相加，而是一项复杂的行为。首先，在进行创业资源拼凑时，创业者要利用的是现有的、零成本的、看似无价值的资源。其次，它需要创业者对资源进行重新思考，以达到重构的目的，即创造性地利用拼凑的资源。最后，创业资源拼凑活动甚至会影响创业机会的识别与开发，所以资源拼凑行为并不是一蹴而就的，它要求创业者要突破资源异质性的思维，要善于利用现有的不同资源。

另外，创业者可以通过建立与顾客、供应商、中介、政府等良好的社会关系网络，构建互惠共享的环境，这也有利于创业者发展拼凑能力。这是因为，资源拼凑的主要形式是通过社会网络关系进行的。也就是说，创业者可以与利益相关者进行合作，对现有的资源进行延展，从而获得新的资源。因此，孤立无援的创业者是难以成功的，资源拼凑能力是与社会人际关系网络息息相关的。

9.3 创业融资

创业融资是指创业企业根据自身发展的要求，结合生产经营、资金需求现状，通过科学的分析和决策，借助企业内部或外部的资金来源和方式，筹集生产经营和发展所需资金的行为和过程。

9.3.1 创业融资规划

在进行创业融资时创业者需要提前制订融资规划。如对于如何寻找融资资金、如何使用融资资金、需要多少资金等问题需要提前进行思考。在进行创业融资时，创业者需要做好以下规划。

1. 规划所需要的启动资金数额和来源

不同类型的创业企业所需要的启动资金是不同的。创业者需要提前了解此信息，规划启动资金的数额以及融资方式。

2. 计算所需要的资产数额

资产包括固定资产与流动资产。对于开创企业所需要的设备、机器等固定资产以及现金等流动资产，创业者必须计算其数额，做到不花冤枉钱。因为筹资过多可能会造成资金的浪费，或者企业负债过多，偿还困难，增加经营风险；资金不足也会影响企业的融资计划以及其他业务的正常发展。

3. 预计创业的潜伏期

创业不是一朝一夕的活动，创业初期盈利较为困难，需要一定时间的积累。不同行业的创业潜伏期也是不同的。创业者有必要提前了解在当前创业行业中平均多久可以收回本金，开始盈利。

4. 准备充足的创业储备金

创业储备金是创业潜伏期的产物。因为在创业潜伏期，创业企业无盈利，此期间的现金支出、水电费、店铺租赁费以及员工的工资等需要储备金作为保障。

5. 估算融资的成本

融资的成本包括资金的利息、融资费用以及不确定的风险成本。降低融资成本也是提高融资效率的一种方法。

6. 确定融资的期限以及融资的时期

融资按期限分为短期融资与长期融资。如果企业急需流动资产而进行融资，则需要确定短期融资的期限以及时期，如短期贷款的期限以及时期等。如果企业需要购置固定资产而进行融资，则可以采取长期融资的方法，如长期贷款、发行债券等。

7. 规划如何收回投资

创业的最终目标是获取盈利，如何赚取投资所支出费用以及如何实现真正的盈利至关重要。所以，创业者必须对如何收回投资，进而获取盈利做好预先规划。

9.3.2 创业融资渠道

创业融资的渠道多样，因分类标准不同，渠道分类也多样化。大体而言，融资渠道分为以下几种。

1. 创业者个人资本融资

创业者个人资本融资是指创业者通过个人财富所进行的融资。通常，创业者的启动资金中大部分是创业者个人的资本。对创业者来说，一方面，将个人资金投入到新创企业中，可以在新创企业中持有较多股份，一旦创业成功，将获得较大的创业回报。另一方面，创业者个人资本融资是一种有效承诺，它表明创业者对自己认定的商业机会有极大的把握，对自己创办的企业充满信心，是在踏踏实实地干事业。这无疑是在向其他投资者传递积极的信号，增加其他投资者投资新企业的可能性。但需注意的是，绝大多数情况下，仅靠创业者个人的资金很难满足创业企业的资金需求，特别是对一些前期需大量投资的创业项目来说，创业者的个人资金几乎是杯水车薪。因此，创业者应挖掘一切可能的融资渠道，争取获得更多的资金来源。

2. 亲情融资

亲情融资是指创业者基于血缘或者信任关系，向亲戚或者好友进行融资。这种融资方式是较为常见的，是最简单且有效的融资方式。这种方式筹集资金的风险小，成本低。但是如果创业失败，可能会影响双方的感情。

3. 商业贷款融资

商业贷款融资是指创业者通过商业政策向相关机构进行融资，包括信用贷款、银行贷款、抵押贷款、担保贷款等。

4. 信用贷款融资

信用贷款融资是一种借款人不需要提供抵押品或者其他的担保，仅凭自己的信誉就能取得贷款，而且以信用程度作为还款保证的贷款方式。这种无抵押的贷款方式存在较大的风险，一般要对借款人的经营管理水平、发展前景等情况进行详细的考察后才会发放贷款。

5. 抵押贷款融资

抵押贷款融资是指借款人需要用一定的抵押品作为物品保证，才能向银行取得贷款的贷款方式。其抵押品的所有权并不属于债权人，只是用于保障在债务人不履行债务时，债权人享有的优先受偿权。一般的抵押品包括有价证券、各种股票、房地产等。

6. 担保贷款融资

担保贷款是指由借款人或者第三方依法提供担保而发放的贷款。采用担保贷款融资的主要原因是，贷款人去银行贷款时抵押物不足，银行要求第三方承担担保责任才能提供贷款。担保方可以是个人，也可以是企业，或者专业的担保公司。

7. 创业投资基金融资

创业投资基金（Venture Capital Fund，VC，又翻译成"风险投资基金"）是指主要投资于未上市创业企业的股权投资基金，投资的权益可以是普通股、可转换优先股、可转换债券等，是由一群具有科技或财务专业知识和经验的人士操作，并且专门投资在具有发展潜力以及快速成长公司的基金。

创业投资基金支持"新创事业"，并为"未上市企业"提供股权资本。创业投资基金的投资行为主要是以私人股权方式从事资本经营，并以培育和辅导企业创业或再创业，来追求长期资本增值的高风险、高收益的行业。

创业投资基金属于权益性投资基金，因此对投资的企业有股份的要求，往往拥有创业企业部分的控制权。因为要与所投资的创业企业"共担风险"，创业投资基金对目标企业有着极为严格的考察，投资非常谨慎。据统计，与创业投资基金所接触的企业，只有2%～4%能获得融资。

8. 风险融资

风险融资是指风险管理单位为管理风险、补偿损失而采取各种方式来融通资金。风险投资者与融资企业之间通常为合作伙伴的关系。风险融资包括天使投资，创业板融资等。需要注意的是，风险融资追求高风险与高回报，属于股权性融资。投资方可占有创业企业的股份、参与创业企业的管理，而在股权融资时需要注意控制权的问题。

9. 天使投资融资

天使投资是指自由投资者或非正式机构对有创意的创业项目或小型初创企业进行的一次性的前期投资。通常而言，天使投资是投入最早的外部资金。那些用自有资金以债权或股权的形式向创业者或新创企业提供资本的个体被称为天使投资人。天使投资人一般有两类，一是创业成功者，二是企业的高管或高等院校科研机构的专业人员。他们有富余的资金，也具有专业的知识或丰富的管理经验。他们了解创业者及其面临的困难，所以他们一般直接向创业者提供现金，还会提供专业知识与社会资源支持，而且资金在短时间内就可以到位。

阅读资料9-4

正确理解天使投资

　　如果把一个初创公司比作一个学生，天使投资人培育的一般是幼儿园阶段的学生，即萌芽阶段的企业；风险投资机构青睐的一般是中小学生，即快速成长阶段的企业。天使投资人投资更多是基于自己的主观判断，最大的特点是见好就收。他们在投资时，往往在一个行业同时投资多个项目，以此分散风险。因此，天使投资人不一定就是"天使"，创业者想要让任何人为你的创业买单都不是一件容易的事。想要打动天使投资人，需要首先考虑以下几点。第一，你有什么样的团队？你的产品核心竞争力是什么？第二，你要解决什么问题？你做的事情能够满足用户的哪些需求？市场潜力有多大？第三，你如何为用户提供有效解决问题的方法？第四，如何获得收入？

　　资料来源：陈海涛，杨正. 世界那么大，我们创业吧：创业者必知的生存法则. 北京：中国法制出版社，2016.

---

10. 创业板融资

创业板即二板市场，是第二股票交易场所。与主板市场（也称为一板市场，是指传统意义上的证券市场，是一个国家或地区证券发行、上市以及交易的主要场所）不同，创业板是专门为暂时无法在主板上市的创业企业、中小企业和高科技产业企业等融资的交易市场。

创业板与主板市场相比，其最大的特点是进入门槛较低、运作要求较为严格，强调企业的发展前景而不是现有规模与以往业绩。创业板更有助于有发展潜力的中小企业获得融资机会。可以说创业板是一个孵化科技型、成长型企业的摇篮。创业板融资，可以为处于创业初期、资金匮乏的企业提供融资渠道。

11. 股权融资

股权融资是指企业向投资方出售企业股权，发行股票进行融资。其属于投资性质的资金，资金使用人不需要支付利息，资金所有人能够按照其提供的资金比例享有企业的控制权，参与企业的决策，承担企业经营的风险。

12. 债权融资

债权融资是指企业向投资方发行债券进行融资。其属于借款性质的资金，资金使用者需要支付利息，但是创业者可以保持对企业的控制权。采用这种融资方式的创业者能够独享未来的高额回报，也需要独自承担经营的风险。

13. 众筹融资

众筹是指企业或者其他组织通过网络向大众以投资或者捐赠的方式筹集资金。也就是说，众筹基于互联网展开，创业者可以利用互联网的特性，向大众展示自己的创意以及公司，争取大众的关注与支持，进而获得所需要的资金，实现融资。所以在互联网时代，众筹具有良好的传播性、互动性与高效性的特点。

━━ 阅读资料9-5 ━━

警惕利用"股权众筹"进行非法集资

某投资公司声称自己经营的网上商城App已估值数百亿元，即将在海外上市，为扩大经营规模，该公司打着"金融创新"的名义，在全国范围内接受投资，以5000元人民币起投入股，不设上限，承诺按年化收益率12%分红返现，三年内无法实现上市目标，由公司全额回购股权。

这样的"高收益"项目吸引了不少投资人参与。刚成立两年多的公司，便短时间内在全国范围吸纳了40余万投资人，累计投资额200多亿元。然而好景不长，该公司突然以增资扩股为由停止对投资人的返现，大量投资人到公司办公地点聚集，要求撤回投资时才发现已是人去楼空，前期投资也血本无归。

分析：该公司以股权众筹的名义实行集资诈骗，通过虚设的项目，伪造企业信息，向社会公众开展股权众筹骗取投资人资金，然后卷钱跑路。实际上，这种骗局与非法集资的画饼、造势、吸金、跑路的"四部曲"招式如出一辙。

提示：伪股权众筹的项目发起人与投资人拥有的信息是不对称的，投资人对项目以及项目发起人的资信状况知之甚少，如果投资人被卷入集资诈骗、庞氏骗局，便会蒙受损失，一旦发生社会风险，容易转化为群体性事件，严重破坏投资市场的秩序。

资料来源：腾讯网。

9.3.3 创业融资的困难和风险

创业企业在创业初期面临着较大的市场与环境的不确定性，而这种不确定性大大增加了融资的风险和困难。与此同时，投资者对创业者的信息了解相对较少，创业者如果未将企业各方面数据和材料整理清晰或者这些数据和材料缺乏包装，可能会导致投资者不关注创业企业从而失去融资的机会。具体来说，创业融资的风险和困难主要体现在以下几个方面。

首先，创业企业的融资规模相对较小，而银行贷款等债务融资渠道更倾向于融资规模较大的企业；其次，创业企业刚起步，经营状况不稳定，缺乏可以参考的经营记录，从而影响了投资者的投资意向；最后，创业企业初期资源匮乏，可以抵押的资产较少，由此造成对抵押贷款融资渠道的限制，加大融资困难。下面我们通过悟空单车的融资案例来进一步说明。

在悟空单车的创始人雷厚义最开始寻找投资商时，在不到半个月的时间内，有三四百个意向投资对"悟空单车"项目感兴趣，金额达3000万元。但后来，不少投资人觉得前期市场培育投入多、市场回报未知，因此不敢轻易投资，最后到位的资金只有50万元。借助这些初始资金，2016年12月9日，雷厚义着手开发"悟空单车"项目。2017年1月7日，在不到一个月的时间里，悟空单车投入市场，首批的两三百辆主要投放在光电园和大学城。截至2017年5月，公司因车辆丢失、损坏等原因仅剩下10%可以继续运营，造成累计损失约300万元。尽管悟空单车创始人雷厚义的创业融资计划不算太差，有完整的公司运营策略、市场规划和融资计划，还制定了非常前卫的共筹单车策略，想要通过城乡小商家进行融资进一步扩大市场等，但因为共享单车本身的利润就很薄，成本回收周期漫长，悟空单车前期就不盈利，自然没有投资人愿意入伙。在短时间内无法找到新的融资渠道进行输血，拿不到新融资，悟空单车在五个月后便倒下了。

9.3.4 对创业融资的建议

创业融资对于创业活动的重要性不言而喻，创业者需要理性评估创业项目，多了解与掌握各种融资渠道，合理搭配运用融资渠道。同时，创业者需要依据自身实际情况提前进行融资规划，对创业融资过程中的风险与困难做到了然于胸，遇事从容应对。对于融资成本与效益的分析以及融资结构和控制权的问题，创业者需要多加注意。创业者在融资时，需要重点关注以下几点。

微课堂

对创业融资的建议

1．选择合适的投资人

在融资时，创业者往往会因为缺乏资金，对于各种愿意投资的投资人以及投资机构会不假思索地接受。但是正如投资人经常所说的"投资最重要的是人"，创业者也应该选择志同道合的投资人。投资人选择的是创业者及其创业团队，他看中的是团队人员的理念；而创业者也需要选择一个认同自己想法的投资人。因为一旦投资，创业者与投资人即存在一荣俱荣、一损俱损的关系。只有两者志同道合，投资人才会成为创业者的合作伙伴与真正的知己。两者想法一致，可以减少冲突与很多不必要的沟通成本。

2．不要期望过高

正所谓，不帮你是本分，帮你是情分。很多创业者觉得投资人也许可以帮助其解决资金以外的问题。然而投资人大多不会帮助你解决诸如技术、市场营销等方面的问题。有些投资人可能会将其部分人脉资源、信息资源等分享给创业者，但是这些资源到底能不能得到合理运用，关键还要看创业者。

3．尽早融资

创业者要在其还不需要钱的时候就进行融资，或者说创业者最好在其发展最佳的时候进行融资。因为这样一方面可以避免在需要资金时措手不及，给企业造成严重的损失；另一方面也可以避免各投资人在企业走下坡路的时候对此投资失去信心，进而不投资的情况。

本章习题

一、单选题

1．创业企业的（　　）是决定创业产品是否有市场竞争力和能否获利的根本因素。

    A．管理能力　　　　B．人力资源　　　　C．信息资源　　　　D．科技水平

2．（　　）是指创业企业在资源限制的情况下，分多个阶段投入资源，且在每个阶段尽量投入最少的资源，以自力更生为主，最大限度地降低对外部融资的需要。

    A．创造性整合策略　　　　　　　　　　B．步步为营整合策略

    C．信息整合策略　　　　　　　　　　　D．拼凑整合策略

3．在创业初期，创业者的融资行为一般是依靠（　　）。

    A．个人融资　　　　B．天使投资　　　　C．银行贷款　　　　D．互联网融资

4．（　　）指自由投资者或非正式机构对有创意的创业项目或小型初创企业进行的一次性的前期投资。

    A．个人资本融资　　　　　　　　　　　B．商业贷款融资

    C．天使投资融资　　　　　　　　　　　D．创业投资基金融资

5. 下列有关创业融资说法错误的是（　　）。

　　A. 选择合适的投资人　　　　　　　B. 不要期望过高
　　C. 要尽早融资　　　　　　　　　　D. 不可向外人融资

二、多选题

1. 下列属于资源特性的有（　　）。

　　A. 价值性　　　　B. 稀缺性　　　　C. 容易模仿
　　D. 延展性　　　　E. 难以替代

2. 在以下创业资源中，属于间接资源的有（　　）。

　　A. 资金资源　　　B. 科技资源　　　C. 管理资源
　　D. 人力资源　　　E. 政策资源

3. 获取创业资源的技能包括（　　）。

　　A. 应变技能　　　B. 合作技能　　　C. 沟通技能
　　D. 信息获取技能　E. 信息利用技能

4. 创业资源整合策略主要包括（　　）。

　　A. 创造性整合策略　B. 杠杆整合策略　C. 信息整合策略
　　D. 拼凑整合策略　　E. 步步为营整合策略

5. 以下属于创业融资渠道的有（　　）。

　　A. 创业者个人资本融资　　　　　　B. 商业贷款融资
　　C. 创业投资基金融资　　　　　　　D. 天使投资融资
　　E. 互联网融资

三、名词解释

1. 无形资产　2. 杠杆整合策略　3. 创业融资　4. 创业投资基金　5. 抵押贷款融资

四、简答及论述题

1. 获取创业资源需要哪些技能？
2. 何谓步步为营整合策略？
3. 创业资源拼凑的要点主要有哪些？
4. 创业融资的渠道主要有哪些？
5. 试论述创业融资的困难和风险。

案例讨论

资源整合实现蒙牛快速发展

1999年8月，蒙牛乳业（集团）股份有限公司（以下简称"蒙牛"）的创立者牛根生离开伊利集团创业时，没有工厂、没有奶源、没有品牌等，可是却跑出了火箭一般的速度。如今，蒙牛已是国家农业产业化重点龙头企业、乳制品行业龙头企业，2022年营业收入高达925.9亿元，距千亿元大关仅有一步之遥。

为什么蒙牛能够发展如此迅速？这离不开创始人牛根生的超强资源整合能力。

牛根生曾说"一个企业90%的资源都是整合进来的"。家喻户晓的蒙牛是中国知名的乳制品企业，拥有液态奶、冰淇淋等产品。但鲜为人知的是，其董事长牛根生刚开始只是伊利集团的一名普通的洗碗工人，后来凭借其勤奋与聪明，成了生产部的总经理、伊利的副总裁。但之后由于各种原因，40多岁的牛根生离开了伊利。此后，他曾去北京找工作，但人家大都嫌他年纪大。无奈之下，牛根生回到呼和浩特，邀请原来在伊利工作的同事一起创业。

创业初期，即使寻找到了合伙人，他们仍然缺乏资金、缺乏奶源、缺乏场地、缺乏品牌等各种资源。面对此困境，牛根生走上了整合资源以及融资的道路。

牛根生开始进行资源整合，通过人脉关系找到哈尔滨一家乳制品公司，这家公司的设备都是新的，但是生产的乳制品质量却不高，且营销渠道存在问题，产品一直滞销。牛根生马上找到这家公司的老板说："你来帮我们生产，我们这边都是伊利技术高层，帮忙技术把关，牛奶的销售铺货我们也承包了。"这位老板一听，马上答应下来。如此他们几个一起出来创业的伙伴也有了落脚的地方，解决了生存的问题。

为了解决奶源问题，蒙牛整合了三方面的资源，一是农户，二是农村信用社，三是奶站。一方面，蒙牛说服信用社将钱借给奶农用于购置奶牛，由蒙牛做担保。另一方面，蒙牛承诺奶农的奶牛生产出来的奶由蒙牛的奶站接收。这样，信用社的钱有了保证，奶农又得到了利润，蒙牛趁机喊出一个口号："一年养10头牛，过的日子比蒙牛的老板还牛。"

关于资金问题，蒙牛最初的启动资金是牛根生和其团队的个人财富积累，并且四处通过人脉关系寻求资金，如南方谢姓老板曾出资380万元等。好在它的销售收入开始以223%的年复合增长率上升。2000年是2.467亿元，2001年升至7.24亿元，2002年再升至16.687亿元，2003年跃过40亿元！产量由初期的5万吨增至2003年的90万吨。之后，蒙牛先后经历了多次融资。2001年，蒙牛销售收入约7.3亿元。为了寻求更快发展，蒙牛需要更多资金，牛先生开始与国内外投资者接触，欲借力资本市场解决资金短缺问题。2002年初，股东会、董事会同意在法国巴黎百富勤的辅导下到香港二板上市。然而由于流动性比较差，机构投资者不感兴趣，造成企业融资困难。2004年6月，蒙牛上市前，牛根生先后引入两轮投资。可见融资过程并不是一帆风顺的。在融资时，投资者一方面想获得更大的投资回报，另一方面想最大限度地降低投资风险。在与投资方的谈判博弈中，牛根生将信心更多地寄托在蒙牛的高速成长上。双方签订了对赌协议，规定2003—2006年，蒙牛业绩复合年增长率不得低于50%。如果达不到该预期，蒙牛管理团队支付投资方7800万股上市公司股份；反之投资方奖励蒙牛管理团队相应股份。值得一提的是，蒙牛在进行融资的同时，制定了独特的激励机制，以此来解决控制权的问题。

思考讨论题：

1. 蒙牛的资源整合与融资案例给我们哪些启示？
2. 结合本案例，请您谈谈创业企业如何进行资源与融资规划。

第10章 成立新创企业

本章导读

可供创业者选择的企业组织形式有多种，而且不同类型的组织形式各有其优点和缺点。创业者要综合考虑各种因素选择适合自己的企业组织形式。本章主要介绍企业的含义、企业的要素、企业的特征、成立新企业的相关法律、新创企业的组织形式选择与设立等内容。通过对本章的学习，我们可以全面认识企业，了解企业创建的法律要求，掌握新创企业组织形式的选择方法。

知识结构图

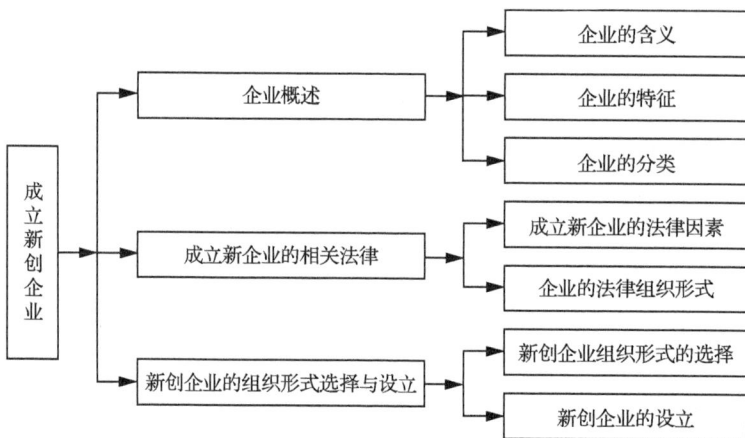

开篇引例

从乡镇企业成长为上市公司

1985年，福建南方的一个海边小镇——金井镇，出现了一家名为晋江县金井劳务侨乡服装工艺厂的民营小企业，这就是七匹狼实业股份有限公司的雏形。用总经理周先生自己的话说："一开始只是做些小买卖，买卖布料等。后来慢慢积累，做了两三年后，就萌发了做服装的想法，开办了服装厂。"这样的故事在20世纪80年代的闽南可以说是举不胜举。许多闽南人凭着一股摆脱贫穷的念头四处打拼。起初，周先生做面料贸易，因为没有经验，加上太年轻，难以让别人相信他会做生意，因此没赚到什么钱。但周先生并不灰心，继续等待机会。几年间，他跑遍了大半个中国，吃够了苦头，终于攒下一笔钱。

在经营中，周先生惊讶地发现，当地的服装与海外那些胸前绣有商标的服装价格反差很大。为什么不能靠自己的力量创出一个国产品牌呢？强烈的创业欲望在周先生与他的伙伴心中萌发了。于是，七位年轻人坐在一起，琢磨起海外那些品牌来。经过一番激烈的争论，他们选定了"七匹狼"为品牌名称，并将公司更名为福建七匹狼实业股份有限公司。周先生等七位创业者认为，狼是非常有团队精神的动物，具有机灵敏捷、勇往直前的个性，而这些都是企业创业成功不可缺少的素质。而且按闽南风俗，"七'代表"众多"，是寓意生命、活力和胜利的吉祥数字，既象征着一个由奋斗者组成的团体，又体现了年轻人同心协力、矢志不移的创业精神。

1990年，"七匹狼"夹克进入上海"华联""一百"等一线百货大楼，一炮而红。但很快，市场上就出现了不少仿冒者，周先生借此大张旗鼓地进行打假，将数家仿冒者告上法庭，一时间"真假狼之战"成了上海、北京、广州等地媒体的头版新闻，七匹狼因此而声名大振。到了2001年，七匹狼夹克已风靡全国。据当年的统计数据，七匹狼的夹克市场占有率位居全国前列。2004年，福建七匹狼实业股份有限公司成为第九只在深圳股票交易所中小板块上市的公司，这也是福建省第一家在深圳中小企业板块挂牌上市的公司。

资料来源：改编自人人文库。

10.1 企业概述

10.1.1 企业的含义

企业是指依法设立、自主经营、自负盈亏、独立核算、具有法人资格、从事商品生产和经营的营利性社会经济组织。企业必须具备以下基本要素。

（1）企业须拥有一定的资源，如必要的人力、物力、财力等资源，这是企业设立和运营的基础。

（2）企业须有开展经营活动必要的经营场所，如办公地点、生产车间、销售终端等。

（3）为实现营利目的，企业须开展一系列的研发、生产、流通等活动。

（4）企业的设立和经营须遵守相关的法律，企业的活动要受到法律的约束，同时也受到法律的保护。

（5）企业须具有独立运营的自主权，自主经营、自负盈亏。

10.1.2 企业的特征

与其他类型的组织相比较，企业主要具有以下四大特征。

1. 企业是一个营利性组织

企业作为经济社会的基本细胞，从其生产的原始动机到现在人们创立、经营企业，主要的目的都是获取利润。

财富是人们生活的物质基础，人们要生存，就要有物质财富。一般来说，拥有物质财富的多寡对人们的生活质量起着决定性的作用。为了取得财富，人们需要开展生产活动。在开展生产活动的过程中，对原材料、工具、能源、人工等要素的耗费，就构成生产成本。如果生产出的产品的价值超过成本，超出的盈余部分就是利润，利润意味着物质财富的增加。企业作为一个经济组织，将人工和其他生产要素组织起来，就是为了提高生产效率，降低成本，更多地创造利润，从而获取更多的物质财富。

2. 企业是一组资源的集合

企业为了获得利润，需要将资金、设备、劳动力、管理才能等生产要素组织起来。这些要素就是企业用于生产经营的资源。

企业的资源可以分为有形资源和无形资源两大类。有形资源是指能被看到并且易于测量的资源，如物化资源（包括生产设备、原材料、办公用具等）、财务资源（资金、有价证券等）、组织资源（企业的组织结构和它的管理系统）等。无形资源指的是企业长期积累的、没有实物形态的，甚至无法用货币精确度量的资源，通常包括品牌、商誉、技术、专利、商标、企业文化以及组织经验等。有形资源和无形资源对企业来说都很重要，但单独的任何一种资源都不能创造价值和利润，我们只有把各项有形资源和无形资源有效地整合在一起，形成企业特有的资源，才能为企业构建竞争优势，创造价值和利润。

3. 企业是一组利益关系的集合

企业是各方利益相关者所组成的一个系统，如股东、经理人和企业员工等。由于出发点和目的不同，这些利益相关者构成了错综复杂的利益关系，如股东与经理人之间的委托代理关系，企业高层决策者与基层管理者的利益关系，企业管理者与工人之间的管理与被管理、监督与被监督的制衡关系。由于这些错综复杂的利益关系的存在，企业就必须妥善处理这些关系，以便上下一心，共同为企业的发展而努力。

4. 企业是依法设立的经济组织

企业作为经济社会的基本细胞，其行为对社会有着重大的影响。除了企业内部的利益关系外，企业与银行等债权人、与税务局等国家机构、与消费者等客户、与同行竞争者之间等，都存在着更多的复杂关系，如果这些关系得不到恰当处理，将会给社会造成极大的危害。所以，国家对企业的设立有严格的法律要求。企业必须按照国家法律的规定设立，才能取得从事生产经营活动的合法资格，得到国家相关法律的保护，享有其独立的企业权益，并承担相应的义务。

10.1.3 企业的分类

在我国，按照投资者的出资方式和责任形式，企业分为三类，即个人独资企业、合伙企业和公司制企业。其中公司制企业是现代企业中最典型、最主要的类别。另外，企业还有其他的多种划分方式。例如，按照资产所有制性质来分，企业可以分为国有企业、集体企业、私营企业和混合所有制企业。按照资本来源的国别分类，企业可分为中资企业、外资企业、中外合资和中外合作经营企业。按照所属行业及从业人员数量和营业收入，企业分为大型企业、中型企业、小型企业和微型企业。按照企业生产经营业务的性质分类，企业可分为工业企业、农业企业、商业企业、金融企业、建筑企业、交通运输企业等。

需注意的是，很多人混淆了企业与公司的概念，事实上企业并不等同于公司。两者的关系是，凡是公司均属于企业，但企业未必都是公司。公司只是企业的一种组织形态，依照我国法律规定，公司具有企业属性，但专指有限责任公司和股份有限公司，而个人独资企业和合伙企业并不属于此列。

10.2　成立新企业的相关法律

在企业创建期，创业者必须处理好相关的法律问题。创业涉及的法律问题较为复杂，创业者要充分认识到这一点，以避免因对法律问题的疏忽而导致新创企业付出沉重的代价。

10.2.1　成立新企业的法律因素

与新办企业相关的法律包括公司法、个人独资企业法、合伙企业法、知识产权法、劳动合同法、反不正当竞争法、质量法等。其中公司法、个人独资企业法和合伙企业法将结合下一节内容进行介绍。限于篇幅，本节仅介绍与新创企业关系密切的知识产权法和劳动合同法。

1. 知识产权法

知识产权是人们对自己通过智力劳动创造的成果依法享有的权利。知识产权包括专利、商标、版权等，是企业的重要资产。知识产权可以通过许可经营或出售获得经营收入。知识资产是新创企业尤其是技术型新创企业最为重要的资产。为有效保护自身知识产权不受侵犯或在受到侵犯时能够拿起法律武器捍卫自身权利，创业者必须了解知识产权内容及其相关法律。

我国的知识产权法是由《中华人民共和国著作权法》《中华人民共和国商标法》和《中华人民共和国专利法》三部法律构成的。下面分别进行介绍。

（1）著作权与著作权法

著作权又称版权，指著作权人对其创作的文学、科学和艺术作品依法享有的某些特殊权利，包括著作人身权和著作财产权。著作人身权也称精神权利，是作者享有的与其人身不可分割的，没有直接经济利益体现的权利，包含发表权、署名权、修改权和保护作品完整权。著作财产权又称经济权利，是指著作权人自己使用或者授权他人以一定方式使用作品而获取物质利益的权利，包括复制权、发行权、出租权、展览权、表演权、放映权、广播权、信息网络传播权、摄制权、改编权、翻译权、汇编权以及应当由著作权人享有的其他权利。

著作权人包括作者和其他依法享有著作权的自然人、法人或者非法人组织。著作权属于作者，创作作品的自然人是作者。由法人或者非法人组织主持，代表法人或者非法人组织意志创作，并由法人或者非法人组织承担责任的作品，法人或者非法人组织视为作者。作者的署名权、修改权、保护作品完整权的保护期不受限制。自然人的作品，其发表权、复制权、发行权、出租权、展览权、表演权、放映权、广播权、信息网络传播权、摄制权、改编权、翻译权、汇编权以及应当由著作权人享有的其他权利的保护期，为作者终生及其死亡后50年，截止于作者死亡后第50年的12月31日；如果是合作作品，截止于最后死亡的作者死亡后第50年的12月31日。

我国实行作品自动保护原则和自愿登记原则，即作品一旦产生，作者便享有版权，登记与否都受法律保护；自愿登记后可以起证据作用。国家版权局认定中国版权保护中心为软件登记中心，其他作品的登记机构为所在省级版权局。

《中华人民共和国著作权法》于1990年9月7日通过，并于2001年10月27日进行了第一次修正，2010年2月26日进行了第二次修正，2020年11月11日进行了第三次修正。我国根据著作权法，制定了《计算机软件保护条例》。该条例指出，计算机软件是指计算机程序及其有关文档。2000年，我国最高人民法院颁发了《关于审理涉及计算机网络著作权纠纷案件适用法律若干问题的解释》，该司法解释规定，已在报刊上刊登或者网络上传播的作品，除著作权人声明或者上载该作品的网络服务提供者受著作权人的委托声明不得转载、摘编的以外，网站予以转载、摘编并按有关规定支付报酬、注明出处的，不构成侵权。但网站转载、摘编作品超过有关报刊转载作品范围的，如对录音、录像制品、计算机软件等进行转载，应当认定为侵权。2006年11月20日，我国最高人民法院颁发了《关于审理涉及计算机网络著作权纠纷案件适用法律若干问题的解释》（第2次修正），其中第二条规定："受著作权法保护的作品，包括著作权法第三条规定的各类作品的数字化形式。在网络环境下无法归于著作权法第三条列举的作品范围，但在文学、艺术和科学领域内具有独创性并能以某种有形形式复制的其他智力创作成果，人民法院应当予以保护。"

（2）商标与商标法

商标是指在商品或者服务项目上所使用的，由文字、图形、字母、数字、三维标志和颜色组合，以及上述要素的组合或者其组合构成的显著标志。它用以识别不同经营者所生产、制造、加工、拣选、经销的商品或者提供的服务。商标是企业的一种无形资产，具有很高的价值。这种价值体现在独特性和所产生的经济利益上。保护和提高商标的价值，可以为企业带来巨大的收益。

商标分为注册商标和非注册商标。商标注册，是指商标使用人将其使用的商标依照法律规定的条件和程序，向国家商标主管机关（国家知识产权局商标局）提出注册申请，经国家商标主管机关依法审查，准予注册登记的法律事实。在我国，商标注册是商标得到法律保护的前提，是确定商标专用权的法律依据。目前我国只对人用药品和烟草制品实行强制注册，通常所讲的商标都是注册商标。注册商标包括商品商标、服务商标、集体商标和证明商标；商标注册人享有商标专用权，受法律保护。注册商标的有效期为十年，自核准注册之日起计算。注册商标有效期满，需要继续使用的，商标注册人应当在期满前十二个月内按照规定办理续展手续；在此期间未能办理的，可以给予六个月的宽展期。每次续展注册的有效期为十年，自该商标上一届有效期满次日起计算。期满未办理续展手续的，注销其注册商标。

《中华人民共和国商标法》于1982年8月23日通过，于1993年2月22日进行了第一次修正，2001年10月27日进行了第二次修正，2013年8月30日进行了第三次修正，2019年4月23日进行了第四次修正。

（3）专利与专利法

专利是指受国家认可并在公开的基础上进行法律保护的专有技术。专利制度主要是为了解决发明创造的权利归属与发明创造的利用问题。专利法可以有效地保护专利拥有者的合法权益。创业者对其个人或企业的发明创造应及时申请专利，以寻求法律保护，使自己的利益不受侵犯，或者在受到侵犯时，依法提出诉讼，要求侵害方予以赔偿。

专利包括发明专利、实用新型专利和外观设计专利三种。我国法律规定发明专利权的期限为二十年，实用新型专利权的期限为十年，外观设计专利权的期限为十五年，均自申请日起计算。

我国在1984年3月12日颁布了《中华人民共和国专利法》，并于1992年9月4日进行了第一次修正，2000年8月25日进行了第二次修正，2008年12月27日进行了第三次修正，2020年10月17日进行了第四次修正。

2．劳动合同法

劳动合同是用人单位（包括事业单位、国家机关、社会团体等组织）同劳动者之间确定劳动关系，明确相互权利义务的协议。创业企业与被招聘员工签订劳动合同时，必须遵守国家政策和法规规定，坚持平等自愿和协商一致的原则；劳动合同的内容必须完备、准确。

为完善劳动合同制度，明确劳动合同双方当事人的权利和义务，保护劳动者的合法权益，构建和发展和谐、稳定的劳动关系，我国在2007年6月29日颁布了《中华人民共和国劳动合同法》，2012年12月28日进行了第一次修订。

该法第八条规定：用人单位招用劳动者时，应当如实告知劳动者工作内容、工作条件、工作地点、职业危害、安全生产状况、劳动报酬，以及劳动者要求了解的其他情况；用人单位有权了解劳动者与劳动合同直接相关的基本情况，劳动者应当如实说明。

该法第十七条规定，劳动合同应当具备以下条款。

（1）用人单位的名称、住所和法定代表人或者主要负责人；

（2）劳动者的姓名、住址和居民身份证或者其他有效身份证件号码；

（3）劳动合同期限；

（4）工作内容和工作地点；

（5）工作时间和休息休假；

（6）劳动报酬；

（7）社会保险；

（8）劳动保护、劳动条件和职业危害防护；

（9）法律、法规规定应当纳入劳动合同的其他事项。

此外，该法还对用人单位与劳动者在劳动合同履行、变更、解除或者终止等方面做出了详细的法律规定，新创企业应认真研究并遵照执行。

10.2.2　企业的法律组织形式

创业者在创建企业之前，应事先确定企业的法律组织形式。目前我国企业主要有个人独资企业、合伙企业和公司制企业这三种基本的组织形式。

1．个人独资企业

个人独资企业，也称业主制企业或个体企业，是指由个人投资兴办，自主经营，财产归投资者个人所有，投资人以其个人财产对企业债务承担无限责任的经营实体。《中华人民共和国个人独资企业法》（以下简称《个人独资企业法》）规定，设立个人独资企业必须具备以下条件。

（1）投资人必须是自然人，且必须为中华人民共和国公民。

（2）有合法的企业名称，个人独资企业的名称不得使用"有限""有限责任""公司"字样，个人独资企业名称可以为厂、店、部、中心、工作室等。

（3）对投资人的出资金额未做限制，只是规定要有出资；设立个人独资企业可以用货币出资，也可以用实物、土地使用权、知识产权或者其他财产权利作价出资，但不能用个人劳务作价出资，也不能用个人信誉或者名誉作价出资。采用实物、土地使用权等作价出资时要折算成货币数额，投资人申报的出资也要与企业生产经营规模相适应；投资人可以以个人财产出资，也可以以家庭共有财产作为个人出资，但要在设立或变更登记申请书上予以注明。

（4）有固定的生产经营场所和必要的生产经营条件。

（5）有必要的从业人员，即要有与生产经营范围、规模相适应的从业人员。

个人独资企业的优点在于设立门槛较低，所有权与经营权归于一体，开业和关闭的手续简单；工商部门对资金没有什么要求，经营场地的要求也较为宽松；企业主拥有完全的自主权；税负较低，企业主可独享全部净利润；同时，企业信息一般不要求被公开，以利于保守商业秘密。

个人独资企业的主要缺点有以下四点。第一是要负无限责任。《个人独资企业法》第十八条规定："个人独资企业投资人在申请企业设立登记时明确以其家庭共有财产作为个人出资的，应当依法以家庭共有财产对企业债务承担无限责任。"该法第三十一条规定："个人独资企业财产不足以清偿债务的，投资人应当以其个人的其他财产予以清偿。"第二是个人独资企业信誉不高、地位较低。第三是由于资金来源单一，一般个人独资企业实力不强。第四是企业的寿命有限。企业的存在完全取决于企业主，一旦企业主终止经营，如市场竞争失败或企业主自然死亡（除非有子女继承），企业的生命也会由此终止。

2．合伙企业

合伙企业是指由两人以上按照协议投资，共同经营、共负盈亏的企业，分为普通合伙企业和有限合伙企业。合伙企业财产由全体合伙人共有，共同经营，合伙人对企业债务承担无限连带责任。《中华人民共和国合伙企业法》（以下简称"合伙企业法"）规定："普通合伙企业由普通合伙人组成，合伙人对合伙企业债务承担无限连带责任。有限合伙企业由普通合伙人和有限合伙人组成，普通合伙人对合伙企业债务承担无限连带责任，有限合伙人以其认缴的出资额为限对合伙企业债务承担责任。"

设立普通合伙企业，应当具备下列条件。

（1）有两个以上合伙人。合伙人为自然人的，应当具有完全民事行为能力；

（2）有书面合伙协议；

（3）有合伙人认缴或者实际缴付的出资；

（4）有合伙企业的名称和生产经营场所；

（5）法律、行政法规规定的其他条件。

设立有限合伙企业，应当具备以下条件。

（1）有限合伙企业由两个以上五十个以下合伙人设立，但是，法律另有规定的除外；

（2）有限合伙企业至少应当有一个普通合伙人；

（3）有限合伙企业名称中应当标明"有限合伙"字样；

（4）合伙协议中，还应当分别载明下列事项。

① 普通合伙人和有限合伙人的姓名或者名称、住所；

② 执行事务合伙人应具备的条件和选择程序；

③ 执行事务合伙人权限与违约处理办法；

④ 执行事务合伙人的除名条件和更换程序；

⑤ 有限合伙人入伙、退伙的条件、程序以及相关责任；

⑥ 有限合伙人和普通合伙人相互转变程序。

普通合伙和有限合伙的主要区别体现在以下两个方面。

一是合伙人要求不同，普通合伙企业的投资人数为2个以上，没有上限规定，而有限合伙企业的投资人数为2人以上50人以下且至少有一个普通合伙人。

二是承担的责任不同：普通合伙企业的所有出资人即全部普通合伙人都必须对合伙企业的债务承担无限连带责任，而有限合伙企业中有限合伙人对企业债务承担有限责任，普通合伙人承担无限连带责任。

由于不同类型的合伙企业的合伙人所承担责任不同，普通合伙企业名称中应当标明"普通合伙"字样，而有限合伙企业名称中应当标明"有限合伙"字样。

合伙企业的优点在于组建较为简单和容易，扩大了资金来源，提高了信用能力、经营水平与决策能力。缺点主要有普通合伙人承担无限连带责任、稳定性差、易造成决策上的延误。

无论是个人独资企业还是合伙企业都有一个共同的特点，即企业不具有法人资格。一般把这两类企业统称为自然人企业。

3. 公司制企业

（1）公司制企业的产生

公司制企业是指由出资人（股东）出资兴办，自主经营，自负盈亏，具有法人资格的经济组织。公司制企业，是适应了市场经济发展和社会化大生产的需要而逐步形成的，其物质基础是生产社会化的发展和经营的专业化趋势，直接动因是资本联合带来的出资者多元化。18世纪60年代的英国，凭借着有限责任制、债务人监狱和专利法三大法宝，以股份公司为主要载体，启动了轰轰烈烈的产业革命和现代经济增长历程。荷兰之所以能够率先步入现代世界，其原因主要就是荷兰人最先发明了现代股份公司制度和支撑股份公司发展的证券交易所。在欧洲的历史上，国家的经济决策第一次由商人们做出，而不是由王室、一小撮统治者或教廷来决定。通过股份公司制和股票市场制度，经济权力广泛分布于人民手中的荷兰，战胜了经济权力集中于王室手中的西班牙。

公司的出现，极大地推动了生产力的发展，成为现代企业的主要组织形式。

（2）公司制企业的分类

我国公司法规定，公司制企业主要形式为有限责任公司和股份有限公司。这两类公司均为法人组织，有限责任公司的股东以其认缴的出资额为限对公司承担责任；股份有限公司的股东以其认购的股份为限对公司承担责任。

有限责任公司和股份有限公司的区别主要有以下几个方面。

股权表现形式不同。有限责任公司里，权益总额不作等额划分，股东的股权通过所认缴的出资额比例来表示。股份有限公司的全部资本分为数额较小、每一股金额相等的股份，每股有一票表决权。

设立方式不同。有限责任公司只能由发起人集资，不能向社会公开募集资金，也不能发行股票，不能上市。股份有限公司除了可以使用有限责任公司的设立方式外，还可以向社会公开筹集资金并上市融资。

股东人数限制不同。有限责任公司的股东不得多于50人。股份有限公司必须有2～200位发起人，股东人数无限制。

组织机构设置规范化程度不同。有限责任公司可以只设董事、监事各一名，不设监事会、董事会。股份有限公司必须设立董事会、监事会，定期召开股东大会，而上市公司在股份有限公司的基础上，还要聘用外部独立董事。

股权转让限制不同。有限责任公司，向股东以外的人转让出资时，必须经股东会过半数股东同意。股份有限公司的股票公开发行，转让不受限制。

信息公开化程度不同。有限责任公司的生产、经营、财务状况，只需按公司章程规定的期限向股东公开，供其查阅，无须对外公布，财务状况相对保密。股份有限公司要定期公布财务状况，而且上市公司要通过公共媒体向公众公布财务状况。

（3）公司制企业的优点

① 永续经营。在最初的所有者和经营者退出后仍然可以继续存在。

② 有限债务责任。其债务是法人的债务，不是所有者的债务。所有者的债务责任以其出资额为限。

③ 所有权的流动性强，股权转让容易。

④ 具有较高的信用，在资本市场上更易融资。

（4）公司制企业的缺点

① 双重课税。其作为独立的法人，需缴纳企业所得税，利润分配给股东后，股东还需缴纳个人所得税。

② 组建成本高。公司法对于建立公司制企业的要求比建立个人独资企业或合伙企业高，并且需要提交各种报告。

③ 存在委托代理问题。经营者和所有者分开以后，经营者被称为代理人，所有者被称为委托人，代理人可能为了自身利益而伤害委托人的利益。

需要说明的是，公司制企业还包含一个较为特殊的类型，即一人有限责任公司。一人有限责任公司本质上是有限责任公司的特例，又被称为"一人公司""独资公司"或"独股公司"。这类公司只有一个自然人股东或法人股东。一人有限责任公司的股东不能证明企业财产独立于自己财产的，应当对企业债务承担连带责任。

▌阅读资料10-1 ▌

有限责任公司的章程问题出在哪儿？

甲、乙、丙三家企业准备投资组建一个有限责任公司。经协商，三家企业共同制定了公司章程。其中，章程中有如下条款。

（1）公司由甲、乙、丙三方组建；

（2）公司以生产经营某一科技项目为主，注册资本为30万元人民币；

（3）甲方以专利权和专有技术折价出资10万元；乙方以现金出资5万元；丙方以土地使用权与房屋折价出资15万元；

（4）公司设立董事会为最高权力机构；

（5）公司经理由董事会聘任，作为法定代表人，负责日常经营管理工作；

（6）公司存续期间，出资各方均可自由抽回投资。

根据上述材料，请回答：上述章程中的条款，哪些符合规定？哪些不符合规定？为什么？

案例分析：

（1）根据公司法的规定，组建有限责任公司的最低注册资本为3万元人民币，货币出资部分不得少于公司注册资本的30%，货币出资5万元低于公司法关于货币出资的最低限额的规定；

（2）根据公司法的规定，有限责任公司的法定代表人是董事长或执行董事，而不是经理，最高权力机构是股东大会不是董事会。

（3）根据公司法的规定，在公司存续期间，出资人不得抽回出资，如确需抽回投资，须按转让投资的方式进行。因此，第6条的约定是不符合规定的。

10.3 新创企业的组织形式选择与设立

10.3.1 新创企业组织形式的选择

企业是创业活动的载体。创业者一旦决定了创业，就必须创办新企业（以个体工商户身份创业除外）。而创办新企业，首先面临的就是企业组织形式选择的问题。创业者需要综合考虑拟创企业所处的行业、不同组织形式企业的特点、创业者所需承担的风险、税负因素、投资者的资本和人数、经营期限以及创业者的企业经验等。

1. 拟创企业所处的行业

创业者在选择创业企业组织形式时首先要考虑的因素就是拟创企业所处的行业，这是因为某些行业按照法律规定只允许企业采用某种特定的组织形式或禁用某种组织形式。例如，银行、保险、证券等行业只能采用公司制形式，而律师事务所则不能采用公司制形式。

2. 不同组织形式企业的特点

个人独资企业、合伙企业、公司制企业是我国新企业创建常选用的三种基本的法律组织形式。《中华人民共和国个人独资企业法》《中华人民共和国合伙企业法》和《中华人民共和国公司法》分别对三类组织形式企业的行为进行了规范，并对企业各利益相关方的合法权益进行了规定。因公司制企业中的有限责任公司和股份有限公司在投资者要求及出资方面存在差异，在此将其分开介绍。下面从法律依据、法律地位、投资者要求、出资方式、财产权性质等方面对个人独资企业、合伙企业、有限责任公司和股份有限公司进行比较，具体比较结果如表10-1所示。

微课堂

新创企业组织形式的选择

表10-1 不同组织形式企业的特点

企业组织形式	个人独资企业	合伙企业	有限责任公司	股份有限公司
法律依据	《中华人民共和国个人独资企业法》	《中华人民共和国合伙企业法》	《中华人民共和国公司法》	《中华人民共和国公司法》
法律地位	非法人经营主体	非法人营利性组织	企业法人	企业法人

企业组织形式	个人独资企业	合伙企业	有限责任公司	股份有限公司
投资者要求	1人，具有完全民事行为能力的自然人	2个以上合伙人，合伙人为具有完全民事行为能力的自然人	50人以下法人、自然人	2人以上200人以下法人、自然人，半数以上的发起人在中国境内有住所
出资方式	投资者申报	协议约定	全体股东认缴的出资额	认购的股本总额或者募集的实收股本
财产权性质	投资者个人所有	合伙人共有	法人财产权	法人财产权
责任形式	无限责任	无限连带责任	有限责任	有限责任
出资转让	可继承	经合伙人一致同意	需经股东过半数同意	可完全转让
经营主体	投资者及其委托人	合伙人共同经营	股东不一定参与经营	股东不一定参与经营
事务决定权	投资者个人	全体合伙人或从约定	股东会	股东大会
利亏分担	投资个人	约定，未约定则均分	按投资比例分担	按投资比例分担

以上三种法律组织形式没有绝对的好坏之分，对创业者来说，各有利弊。例如，个人独资企业、合伙企业设立简单、从业限制少、经营灵活性高，但创业者需承担无限连带责任、融资渠道有限等。创业者要综合考虑不同组织形式企业的特点，并结合自身的实际情况，选择最适合的企业组织形式。

3. 创业者所需承担的风险

企业类型与创业者今后所需承担的风险息息相关。公司制企业的股东仅以出资额为限承担有限责任，而个人独资企业和合伙企业的投资者则要承担无限连带责任。从创业风险的角度来说，公司制企业显然要低于个人独资企业和合伙企业。因此，如果创业项目具有较高的风险性，创业者应选择公司制企业形式。

4. 税负因素

不同组织形式的企业税负存在一定差异。我国不同企业组织形式虽然在增值税等流转税上税负待遇并无二致，但在所得税上差异很大。公司制企业存在双重课税的问题，在产生利润后除了要缴纳企业所得税外，剩余利润分配给股东时，股东还要按20%的税率缴纳个人所得税。而个人独资企业和合伙企业不是法律上的法人实体，对于企业收益仅对投资者征收个人所得税。这使得公司制企业的股东实际负担的所得税税率远高于个人独资企业和合伙企业股东所承担的税率。

5. 投资者的资本和人数

创业资金的多少对企业组织形式的选择有着重要的影响。创业者在资金充足时，可以考虑注册有限责任公司（包括一人公司）。如果创业者资金有限，注册个人独资企业或合伙企业更适合。投资者的人数对于企业组织形式的选择也有重要的影响。如果投资者仅有一人，则可考虑个人独资企业或者一人公司。如果是多人投资的企业，有限责任公司和股份有限公司是可考虑的企业组织形式。

6. 经营期限

个人独资企业和合伙企业对创业者的人身依附性非常强，投资者的个人变故，都可能造成企业无法经营下去。如果创业者希望企业能长久经营，公司制企业是应该选择的组织形式。

7. 创业者的企业经验

如果创业者具有丰富的企业经验，具有独立经营企业的能力，可选择个人独资企业或一人公司等独立性较强的企业组织形式。如果创业者的企业经验不足，最好选择合伙企业或有限责任公司，以发挥集体的智慧，防止企业经营出现大的问题。

10.3.2 新创企业的设立

1. 个人独资企业的设立

申请设立个人独资企业，应当由投资人或者其委托的代理人向个人独资企业所在地的登记机关提交设立申请书、投资人身份证明、生产经营场所使用证明等文件。其中申请书应当载明下列事项：企业的名称和住所、投资人的姓名和居所、投资人的出资额和出资方式、经营范围。委托代理人申请设立登记时，应当出具投资人的委托书和代理人的合法证明。

个人独资企业不得从事法律、行政法规禁止经营的业务；从事法律、行政法规规定须报经有关部门审批的业务，应当在申请设立登记时提交有关部门的批准文件。

2. 合伙企业的设立

申请设立合伙企业应提交相关的文件、证件，包括《企业设立登记申请书》(《企业设立登记申请表》《投资者名录》《企业经营场所证明》等表格)；公司章程（提交打印件一式两份，请全体股东亲笔签字；有法人股东的，要加盖该法人单位公章，并由其法定代表人亲笔签字）；验资报告，出资权属证明；《名称预先核准申请书》及《企业名称预先核准通知书》；股东资质证明；《指定（委托）书》；经营范围涉及前置审批项目的，应提交有关审批部门的批准文件。除上述必备文件外，还应提交打印的股东名录和董事、经理、监事成员名录各一份。然后按照相应的步骤程序，递交申请材料，领取《受理通知书》、缴纳登记费并领取执照。

3. 公司制企业的设立

申请设立公司制企业（有限责任公司、股份有限公司及一人公司），应提交的登记注册文件、证件包括《企业设立登记申请书》（内含《企业登记申请表》《投资者名录》《企业法定代表人登记表》《董事会成员、经理、监事任职证明》《企业住所证明》等表格)；公司章程（提交打印件一式两份，请全体股东亲笔签字；有法人股东的，要盖法人单位公章并由其法定代表人亲笔签字）；验资报告；以非货币方式出资的，还应提交资产评估报告（涉及国有资产评估的，应提交国有资产管理部门的确认文件)；《名称预先核准申请书》及《企业名称预先核准通知书》；股东资质证明；《指定（委托）书》；经营范围涉及前置审批项目的，应提交有关审批部门的审批文件。除上述必备文件外，还应提交打印的股东名录和董事、经理、监事成员名录各一份。根据规定的步骤程序，递交申请材料，领取《受理通知书》、缴纳登记费并领取执照。

需注意的是，要使新创企业成立起来，创业者需要做的具体工作还很多。例如，新创企业的名称设计、新创企业的选址、去工商管理部门或在企业登记网上完成工商注册、刻制公章、开立银行账户、办理税务登记以及办理社会保险等。随着网络信息技术的不断发展，不少地方已实现网上办理新创企业的工商注册、银行账户开立、税务登记等功能，简化了新企业创办的流程，并大大提升了工作的效率。因此，创业者在创办新企业之前，要先浏览当地工商行政管理部门的网站，尽可能通过网络直接办理相关手续。

本章习题

一、单选题

1. （　　）的优点在于组建较为简单和容易、扩大了资金来源、提高了信用能力、经营水平与决策能力。

　　A. 个人独资企业　　B. 合伙企业　　　　C. 公司制企业　　　D. 个体工商户

2. （　　）是现代企业中最典型、最主要的组织形式。

　　A. 个人独资企业　　B. 公司制企业　　　C. 合伙企业　　　　D. 两合企业

3. （　　）是作者享有的与其人身不可分割的，没有直接经济利益体现的权利，包含发表权、署名权、修改权和保护作品完整权。

　　A. 著作人身权　　　B. 著作财产权　　　C. 著作复制权　　　D. 著作发行权

4. （　　）企业会存在委托代理关系问题。

　　A. 个人独资　　　　B. 普通合伙　　　　C. 有限合伙　　　　D. 公司制

5. 注册商标的有效期为（　　），自核准注册之日起计算。

　　A. 三年　　　　　　B. 五年　　　　　　C. 十年　　　　　　D. 十五年

二、多选题

1. 以下属于企业有形资源的是（　　）。

　　A. 品牌　　　　　　B. 资金　　　　　　C. 生产设备

　　D. 商标　　　　　　E. 管理系统

2. 我国企业的三大基本组织形式是（　　）。

　　A. 个人独资企业　　B. 个体工商户　　　C. 合伙企业

　　D. 有限责任公司　　E. 公司制企业

3. 我国的知识产权法是由（　　）这三部法律构成。

　　A.《中华人民共和国著作权法》　　　　B.《中华人民共和国品牌法》

　　C.《中华人民共和国专有技术法》　　　D.《中华人民共和国专利法》

　　E.《中华人民共和国商标法》

4. 以下属于合伙企业优点的是（　　）。

　　A. 有限债务责任　　B. 扩大了资金来源　C. 税负较低

　　D. 信用较高　　　　E. 永续经营

5. 以下属于公司制企业缺点的是（　　）。

　　A. 稳定性差　　　　B. 资金来源有限　　C. 双重课税

　　D. 组建成本较高　　E. 需承担无限连带责任

三、名词解释

1. 企业　2. 知识产权　3. 劳动合同　4. 个人独资企业　5. 合伙企业

四、简答及论述题

1. 企业必须具备哪些基本要素？
2. 企业的四大特征分别是什么？
3. 设立个人独资企业必须具备的条件是什么？
4. 试论述有限责任公司和股份有限公司的区别。
5. 试述新创企业组织形式的选择。

案例讨论

"饿了么"外卖平台的创立

民以食为天，生活节奏的加快，让很多人没有时间和精力去做一顿美食犒劳自己。张旭豪领头的"饿了么"外卖平台却以它为商机，把盒饭成功搬到网上卖。

2008年，张旭豪还是上海交通大学的在读研究生。一天晚上十点多，他感觉肚子饿了。由于时间太晚了，他们没有定上餐。张旭豪随口说出，不如我们做个外卖网站吧。

张旭豪的舍友听到这句话，十分认同，两个年轻人说干就干。东拼西凑了12万元的启动资金，他们的创业就正式开始了。

刚开始，他们一边承揽餐饮店的送餐服务，一边做市场调研。为扩大业务，两人在宿舍里安装了热线电话，当接线员又当调度员。几个月下来，已有17家饭店愿意将外卖业务承包给张旭豪。为了让这17家店入伙，张旭豪和舍友费尽了苦心。他们自行印制了一万本"饿了么"外卖平台外送广告小册子，内容囊括了17家餐厅的菜单，在校园和街道上分发。

2008年9月，"饿了么"外卖平台团队开始研发订餐网络平台。用了半年左右时间，他们开发出了首个订餐网络平台。为了更专业，张旭豪先通过校园BBS招来软件学院的同学入伙。

在广告的推动作用下，"饿了么"外卖平台业务猛增。广告发布期间，他们每天要接150～200份订餐单。

为了给网站造势，张旭豪不停地参加各种创业大赛，以扩充创业本金。2009年10月，"饿了么"外卖平台网站在上海慈善基金会和觉群大学生创业基金联合主办的创业大赛中，获得最高额度资助——10万元全额贴息贷款。12月，网站在欧莱雅大学生就业创业大赛上获得10万元冠军奖金……获得资金的"饿了么"外卖平台网如鱼得水，到2009年年底，订餐平台已拥有50家餐厅进驻，日均订餐交易额突破万元。

思考讨论题：

1. 创立新企业之前要做好哪些准备？
2. "饿了么"外卖平台的成功创立对我们有哪些启示？

第11章 管理新创企业

本章导读

科学有效的管理是新创企业生命活力的源泉。本章主要讲述新创企业管理的含义与特点、新创企业的运营管理，以及新创企业的成长管理等内容。通过本章的学习，我们可以加深对新创企业管理的认识，掌握基本的新创企业管理方法。

知识结构图

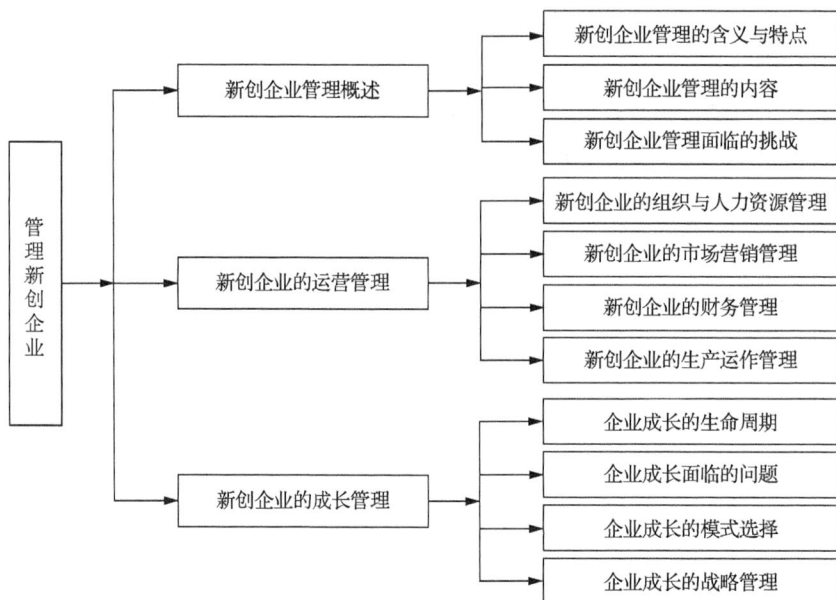

开篇引例

多方合力，推动我国"小巨人"企业大发展

2022年9月8日，2022全国专精特新中小企业发展大会在南京举行，会上发布了《专精特新中小企业发展报告（2022）》。报告详细阐述了一年来培育专精特新中小企业的重要举措和积极成效。报告显示，截至2022年8月，工业和信息化部已培育四批8997家专精特新"小巨人"企业，"小巨人"企业总量快速提升、主导产业更加聚焦，专业化优

势进一步凸显。

报告指出，中小企业能办大事，在"小巨人"企业身上得到充分体现。

1．"小巨人"走上大舞台

"小巨人"企业参与修订标准13000余项，展现了较强的行业话语权。约半数"小巨人"企业的主导产品国内细分市场占有率为10%～30%，其中有235家企业的主导产品国内细分市场占有率达90%以上。

2．"小巨人"撑起大创新

"小巨人"企业共设立国家级、省级研发机构超一万家，平均研发人员占比达28.7%，平均研发强度达8.9%，平均拥有有效发明专利15.7项，70余家"小巨人"企业近三年荣获国家科学技术奖励，1500多家专精特新"小巨人"企业近2年承担过国家重大科技项目。

3．"小巨人"创造大效益

2021年，"小巨人"企业营业收入总额超3.7万亿元，同比增长31.5%，比规上中小工业企业高11.6个百分点。利润总额近0.4万亿元，平均每户企业利润4000万元，是规上中小企业的3.4倍。

4．"小巨人"牵引大发展

前三批培育认定的"小巨人"企业中已有114家成长为制造业单项冠军企业，占单项冠军企业比重达到13%。67%的"小巨人"企业产品获得发达国家或地区权威机构认证，核心竞争力明显。九成专精特新"小巨人"企业至少为一家国内外知名大企业直接配套。"小巨人"企业对高端新材料、5G新一代信息技术、新能源汽车和智能网联汽车等制造强国重点领域的支撑作用尤为明显。

2021年以来，工业和信息化部会同有关部门、地方协同发力，持续完善专精特新工作政策体系，构建了政府公共服务、市场化服务、公益性服务"三位一体"服务体系。中小企业发展环境进一步优化，全力护航专精特新中小企业发展壮大。

为更好地赋能"小巨人"企业高质量发展，释放其活力与韧性，人民日报社旗下的在线信息交互平台人民网于2022年8月28日发布了"小巨人护航计划"，并上线了"828企业服务平台"，征集专精特新企业发展面临的问题，展示大中小企业融通创新的优秀案例，助力推动形成协同、高效、融合、顺畅的大中小企业融通创新生态，促进中小企业高质量发展。

具体来看，依托"828企业服务平台"，人民网"小巨人护航计划"将广泛联合各界资源，通过政策解读、课题调研、资源对接、产业合作、经验交流等多种形式，重点围绕政策服务、诉求反馈、供需对接、专业服务、品牌建设与经验交流等功能，为全规模、全所有制、全生命周期企业，提供一站式平台服务。

资料来源：人民网。

11.1　新创企业管理概述

新创企业的管理展现了一个从无到有、从理念到行为、从简单到复杂的创业活动管理过程。科学有效的管理能够把新创企业的潜能最大限度地调动并发挥出来，提高企业的竞争力，使企业在不断变化的市场中取得属于自己的生存空间。

11.1.1 新创企业管理的含义与特点

新创企业是指创业者在不确定的环境中，把握创业机会并有效整合创业资源所创建的一个新的实体组织。所谓新创企业管理，是指企业产生的过程以及孵化发展期的企业管理，是对将创业构思付诸实践的具体行为和过程的管理。该管理是企业管理中相对最具有风险的管理活动。企业在其不同的发展时期的管理重心和关键职能及表现形态都有所不同，新创企业管理体现了企业在初创阶段的管理特点。

1. 新创企业管理具有创新性

新创企业要求管理者采用新的商业模式、新的管理方式以及新的产品或服务来满足市场需求。新创企业通常会采用扁平化的组织结构、开放的工作氛围、灵活的工作方式等，以鼓励员工积极创新、提高工作效率。此外，新创企业还会积极推动企业文化的创新，以激发员工的创造力和团队合作精神。

2. 新创企业管理是以生存为首要目标的"生存管理"

在激烈的市场竞争形态下，尚处于初创期的新创企业大多缺乏核心竞争力，处于高度的不确定之中，其先天性的资金短缺问题、系统创业指导的缺乏，以及相关政策的限定，同时企业人员配备不齐以及制度还不完善，极大地制约了新创企业的发展，时刻面临着生存与发展的问题，该阶段新创企业的管理以生存为首要目标。

3. 新创企业管理具有较强的灵活性

新创企业一般规模较小，资金有限，通常缺乏稳定的现金流和客户基础，更容易受到外部环境变化的影响。这就要求新创企业的管理者必须时刻关注外部环境的变化，并根据这些变化，灵活地调整经营策略。

4. 新创企业管理面临多重挑战

相对于成熟企业，新创企业的管理面临着更多的挑战，如创业团队需要时间来磨合，管理者经验不足，缺乏资源，难以获得市场及合作伙伴的信任等。这要求新创企业的管理者必须勇于面对挑战，不断克服各种困难，成功度过创业初期这一艰难时刻。

▌**阅读资料11-1**▐

第五批专精特新"小巨人"企业培育启动

近年来，我国大力推进中小企业特别是专精特新"小巨人"企业培育，在从中央到地方的一系列政策推动下，专精特新"小巨人"企业每年的增量正在呈指数级增长。工业和信息化部数据显示，目前我国已培育8997家专精特新"小巨人"企业、848家制造业单项冠军企业。

2023年2月21日，工业和信息化部印发通知，将组织开展第五批专精特新"小巨人"企业培育。工业和信息化部将组织专家对各地上报的推荐材料进行评审和实地抽检，并根据审核结果对拟认定的第五批专精特新"小巨人"企业名单进行公示。

资料来源：缴翼飞. 第五批专精特新"小巨人"企业培育启动全国"小巨人"企业年底预计超1万家. 21世纪经济报道，2023-02-23（1）.

11.1.2 新创企业管理的内容

新创企业管理虽然有其独特性，但和成熟企业的管理一样，需要运用各类策略与方法，对企业中的人、机器、原材料、技术、资产、信息、品牌、销售渠道等进行科学管理，从而实现企业目标，主要涉及组织与人力资源管理、市场营销管理、财务管理以及生产运作管理等方面的内容。新创企业创建后创业者首要面临的就是如何使新创企业成功地成长起来，因此，新创企业还涉及企业成长管理，具体管理内容如图11-1所示。

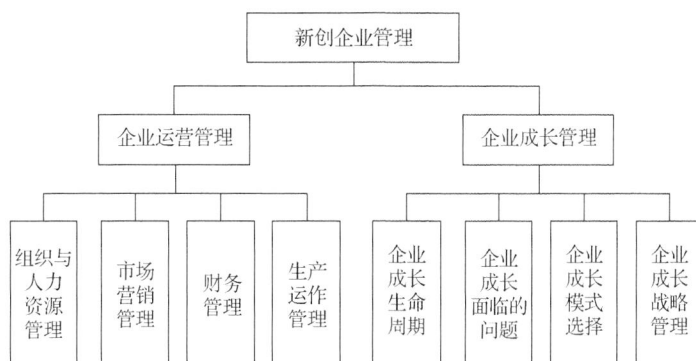

图11-1 新创企业主要管理内容

11.1.3 新创企业管理面临的挑战

在竞争激烈的商业社会中，新创企业时刻面临着来自市场、资本、竞争者等外部环境变化以及自身融资困难、管理水平较低等发展瓶颈，这对新创企业的管理也带来了一系列的挑战。

1. 创业者个人因素的关键性

新创企业更多地依赖创业者的素质、能力、社会资源等个人因素。创业者的个人因素，在很大程度上决定了创业的成败。创业者事必躬亲，新创企业往往深深地打上创业者个人的印迹。这一印迹在企业未来的发展中，可能成为企业进一步发展的推动力，也可能变为企业进一步发展的阻碍。

2. 抗风险能力低

由于新创企业刚刚成立，规模小、资本少，是市场竞争的弱势群体。一个良好的创业环境能够推动新创企业走向成功，而不利的创业环境则可能将新创企业推向深渊。新创企业抵御风险的能力相对较低，对复杂的外部环境具有高度的敏感性。另外，由于新创企业信息通道较窄，资源整合能力弱，创业者管理经验不足，并且缺乏一定的业务关系和商业信誉，新创企业的创业项目在市场竞争中往往具有很大的脆弱性，抗风险能力弱。一旦在创业过程中遇到阻碍，创业企业往往会失败。

3. 资源的稀缺性

经营历史较长的企业具有明显的资源整合优势，而新创企业由于自有资金有限、信誉不高、固定资产稀缺、信用等级普遍较低，利用社会闲散资金的能力弱等原因，加之经营效益差，企业诚信度不高，难以申请银行贷款，导致资金不足，也很难吸引高素质的人才。因此，新创企业面临着资金、技术、人才等各个方面的约束，只能依靠自有资金不断创造、保障正向现金流，有时即使创业者发现了极佳的市场机会，但由于新创企业资源较为缺乏，也可能痛失市场机会。

4．创业目标的短期性

新创企业从创立开始就充满着诸多不确定的因素，需要根据实际情况随时调整发展方向，因而很难制订长期的战略目标及战略计划。新创企业在短期内就是以维持生存的目标为主。生存空间的拓展或面向生存的突围，将一直是新创企业管理的首要问题。

11.2　新创企业的运营管理

新创企业的发展离不开中间强力的过程监控，作为管理中枢的运营管理，其作用不言而喻。对于新创企业来说，运营管理贯穿于企业组织与人力资源、市场营销、财务以及生产运作等各个领域。创业者通过科学的运营管理能够有效保障企业的存活、成长，并最终实现企业战略目标。

11.2.1　新创企业的组织与人力资源管理

人力资源是任何企业宝贵的资源。人力资源的有效利用是新创企业在国内外的激烈竞争中占有一席之地的必要条件。对于新创企业来说，人力资源管理工作直接影响企业的整个经营状况，在很大程度上决定了企业的生存发展。

1．组织设计

组织设计是指企业为实现企业战略目标对组织活动和组织结构设计进行合理组合设计的过程。新创企业应根据企业的规模、特点、发展战略以及所处的内外部环境选取合适的组织形式。组织设计的基本内容包括以下几个方面。

（1）组织职能设计

组织职能设计是指企业的经营职能和管理职能的设计。新创企业为完成战略目标，要根据企业所处行业特点、环境特点以及企业自身技术特点来进行职能设计。职能设计在组织设计中起着承上启下的桥梁作用。所谓的"上"指的是企业战略目标和任务，"下"指的是企业组织结构的框架，即承担各项管理职能的各个管理层次、部门、职位。

（2）组织结构设计

组织结构设计是以企业组织结构和框架为核心的组织系统的整体设计，包括企业的各个管理层次、部门、职位和岗位的设计，是企业组织设计的主要部分。新创企业应根据企业自身特点来选择组织结构形式，常见的组织结构形式有直线制组织结构、职能制组织结构、直线—职能制组织结构、事业部制组织结构和矩阵制组织结构等。不同类型的组织结构各有利弊，新创企业应有针对性地选择合适的组织结构形式，以保证企业良好运行。

（3）职责和权力设计

职责和权力设计是保证新创企业各部门能够真正履行职责的一项重要的组织设计工作。企业应按照权责一致的原则将不同类型的职权合理分配到各个层次和部门，明确规定各部门、各种职务的具体职责和权力范围，建立起集中统一、上下左右协调配合的职权结构，建立一个科学合理的职权结构。

（4）组织人员设计

在职权划分之后，企业应对组织人员进行选拔、培训、考评和使用，确保配备合适的人员充实组织机构中所规定的各项职务，以保证组织活动的正常进行，进而实现组织既定的目标。企业应了解和掌握每一名员工的特点，知人善任，按照工作需要将最适合于该职位的人选安排到相应岗位上去，充分发挥候选人的长处，并通过各种形式进行人才开发和培养，鼓励和支持员工终身学习，不断提高人员的素质，最大限度地发挥员工的潜能。

（5）组织协调设计

新创企业各部门之间需要密切联系和高效配合，应设立规章制度、工作规范以及各部门之间工作关系和工作流程等相关制度，以实现工作目标衔接、岗位衔接、实务衔接、信息衔接，充分发挥各部门的职能，从而达到管理工作过程最优化。

2. 人力资源管理

新创企业人力资源管理工作主要集中在人力资源管理的四个环节：人力资源规划、员工招聘、员工培训与开发和绩效考核。通过以上四个环节的人力资源管理，企业建立起规范化的人力资源管理体系，提高新创企业的人力资源管理水平。

（1）人力资源规划

新创企业要根据企业的发展目标，对企业在未来一定时期内的人力资源需求和供给状况进行分析及估计，根据预测结果制订人力资源供需平衡计划，以确保企业在需要的时间和需要的岗位上，能够获得各种必需的人力资源，保证事得其人、人尽其才，从而实现人力资源与其他资源的合理配置，有效激励、开发员工，以保证实现企业的各种目标。

（2）员工招聘

企业进行员工招聘的途径一般有两种——内部挖掘培养和外部招聘。由于新创企业常常由一个人或者几个人发起，难以覆盖多种技术或管理工作，一般常采用外部招聘方式获取人员来解决企业的人力资源短缺问题。首先，新创企业应对人才的需求有清晰的定位，坚持够用原则，有效控制人力成本。其次，新创企业应根据岗位需求招聘与岗位要求相匹配的高质量人才，尤其是关键人才。根据不同人才的特点，选择适当的招聘渠道。常见的外部招聘渠道有广告招聘、员工推荐、在线招聘、校园招聘以及利用中介机构招聘等。最后，新创企业常常人员缺口较大，业务还没有全面铺开，运营资本相对不足，企业没必要进行全面招聘，可以重点招募关键岗位，如技术岗位和市场岗位等。

（3）员工培训与开发

员工培训是指企业为开展业务及培育人才的需要，采用各种方式对员工进行有目的、有计划的培养和训练的一种连续性的管理活动。新创企业大部分员工为新招聘员工，企业文化尚未深入人心，员工培训与开发显得尤为重要。管理者需要创造必要的条件和环境，营造学习型组织文化氛围，建立员工培训体系，制订员工逐步发展的培训计划，通过公开课、内训等方式组织实施专门化、系统化的技能和素质培训，促使员工不断更新观念，优化知识结构，提高综合素质，从而实现企业整体绩效的提升。

（4）绩效考核

绩效考核是企业为了实现生产经营目的，运用特定的标准和指标，采取科学的方法，对承担生产经营过程及结果的各级管理人员完成指定任务的工作实绩和由此带来的诸多效果做出价值判断的过程。实施绩效考核的目的是为企业制定员工调迁、升降、委任、奖惩、培训计划等人力资源政策提供依据。通过绩效考核，企业可以不断发现当前的工作和员工行为是否按照整体的战略规划进行，从而对可能出现的偏差采取即时的纠正措施。科学的绩效考核能够为员工提供公平竞争和发展的机会，保障新创企业人员队伍稳定，并激发员工的工作热情。

11.2.2 新创企业的市场营销管理

要创办一个企业离不开市场，一个企业要发展也离不开市场，市场是企业生产经营活动的起点和终点，也是企业生产经营活动成功与失败的最终评判者。正如管理大师彼得·德鲁克在1954年出版的《管理实践》中所指出的，任何一个企业只有两个基本的职能，即市场营销与创新，而其他的职能只是一些细节问题。由此可见市场营销管理对新创企业经营成败的决定性作用。创业者必须从市场营销的角度来分析创业活动中的每个环节。

微课堂

新创企业的市场营销管理

1. 市场调研与预测

新创企业需要根据不断变化的外部环境，发挥新创企业的内在技能，调整企业的营销策略，以适应外部环境的变化，从而获得营销的成功。

（1）市场营销环境分析

市场营销环境是指影响企业市场营销活动及其目标实现的各种因素和动向，市场营销环境调查的内容一般有两个方面。

一是对市场宏观环境的调查。宏观环境调查主要包括对政治环境、法律环境、经济环境、人口环境、文化环境和自然环境的调查。

二是对市场微观环境的调查。微观环境调查包括有竞争者调查、潜在竞争者调查、替代品调查、供应商调查、消费者调查等。

不同的企业在市场中所处的情况都不一样，同一个企业在不同阶段所遇到的营销问题也都不同。新创企业可以根据自身实际情况界定营销问题，开展有针对性的市场调研。

（2）市场机会分析

基于市场营销环境调研资料，新创企业营销管理人员可以开展市场需求、市场供给、市场价格变化、消费需求变化、市场占有率等相关市场预测。企业通过开展消费者需求预测、研究竞争者产品等方法来寻找、发现市场机会；也可以通过分析产品—市场扩展方格来识别市场增长机会，如图11-2所示；还可以根据地理、人口、心理和行为等因素，进行市场细分。营销管理人员不仅要善于寻找、发现有吸引力的市场机会，还要善于对所发现的各种市场机会加以评价，决定哪些市场机会能成为本企业有利可图的市场机会。

	现有产品	新产品
现有市场	市场渗透	产品开发
新市场	市场开发	多元化

图11-2 通过产品—市场扩展方格识别市场增长机会

2. 市场细分与市场定位

（1）市场细分

市场细分是指企业按照某种标准将市场上的顾客划分成若干顾客群。每一个顾客群构成一个子市场，不同子市场的需求存在着明显的差别。市场细分是企业发现良机的有力手段，能够使企业用最少的费用取得最大的经营效益。细分市场的因素主要有地理、人口、心理和行为。

（2）市场定位

面对市场细分后可供选择的不同子市场，面对细分市场上不同的竞争态势，企业应全面考虑自身的实力、产品的特点、市场的性质、产品的生命周期和市场竞争的情况等多方面因素，在进行通盘利弊权衡的基础上有计划地加以选择，来完成市场定位，以确保能够在营销活动中取得良好的营销效果。新创企业定位一般有市场领导者、市场挑战者、市场追随者以及市场补缺者四种形式，不同的定位形式应有相对应的营销策略。

① 市场领导者。多数行业中都有一家企业被公认为市场领导者，该企业不仅在相关产品市场上占有最大的市场份额，而且在价格调整、新品研发、分销渠道建设和促销推介策略等方面对本行业和其他企业起着领导作用。占据市场领导者地位的企业往往成为竞争者的众矢之的，竞争者可能会向其发动挑战，可能会模仿其经营行为，可能会避免与其冲突。总之，其他企业会不断地向居于支配地位的领导者发动攻击。因此，处于市场领导者地位的企业要想继续保持领先，必须随时保持警惕，并采取有效措施。

② 市场挑战者。在所有行业中都有位居第二、第三或者排名更靠后的企业，这些企业即追赶企业，亦可称为亚企业。在制定营销战略时，它们有两种选择：一是小心谨慎、维持原状来保全现有的市场份额和竞争地位；二是向市场领导者和其他竞争对手发起进攻，以夺取更大的市场份额。前者是市场追随者，后者是市场挑战者。市场挑战者往往存在于固定成本高、存储成本高、初级需求停滞的行业中。

③ 市场追随者。市场追随者是跟随在市场领导者之后的企业。市场领导者往往是行业里创新、研发、服务都做得最好的企业，它们也承担了巨大的投资支出。市场追随者紧随着其步伐，对其进行模仿和跟随，在产品、技术、价格、渠道、促销等大多数营销战略和战术上均紧随其后。这并不意味着市场追随者无所作为、一味模仿。市场追随者为了保持现有的消费者和争取新的消费者，通常会更努力地给所选择的目标市场带来某些新的利益，如在服务可及性、产品使用的便利性等方面超过竞争对手，从而形成特色优势。

④ 市场补缺者。市场补缺者就是专门为规模较小或者大企业不感兴趣的细分市场提供产品和服务的企业。市场补缺者能够灵活巧妙地拾遗补阙。尽管在整个行业市场上占据的份额较少，但是它们比其他企业更了解、更能满足某一细分市场的需求，能够提供高附加值而得到快速增长，从而实现高额利润。成功的市场补缺者的共同特征是：提供高品质的产品和服务、收取附加费用、创造新的经验曲线、拥有良好的企业文化和企业形象。

3. 制定市场营销组合策略

市场营销组合策略，是指企业综合运用各种可控的营销策略和手段，组合成一个系统化的整体，以实现企业的营销战略目标，通常包括产品（Product）策略、价格（Price）策略、渠道（Place）策略和促销（Promotion）策略这四个部分。

（1）产品策略

产品策略是市场营销战略的核心，其他策略都要围绕产品策略展开。企业制定产品策略，主要是确定目标消费者及其需求和特征，将产品设计、性能、成本和价格与目标消费人群需求相匹配，为目标市场开发合适的产品或产品组合。新创企业一般新产品居多，应特别注重新产品的研究开发工作，注重投入资金开发新产品，这也是提高新创企业实力的根本途径。

（2）价格策略

企业在对产品进行定价时，必须考虑以下因素：产品成本、竞争者价格、替代品价格和消费者感受的产品价值。新创企业主要涉及新产品的价格策略制定。常见的新产品价格策略主要有以下三种。

① 撇脂定价策略。撇脂定价指产品定价比其成本高出许多，因此撇脂定价策略即高定价策略，当新产品刚刚上市，类似产品还没有出现之前，为在短时间内获得最大利润，企业通常采取这一价格策略。

② 渗透定价策略。渗透定价即企业为了让消费者迅速地接受新产品，尽快提高产品销售量，占领更大的市场份额，有意将产品价格定得很低。采用渗透定价策略不但可以快速占领市场，而且可以有效阻止其他企业进入这一产品生产领域。

③ 适宜定价策略。适宜定价策略是使新产品的价格介于上述两种策略确定的产品价格之间，即处于一种比较合理的水平上的策略。

（3）渠道策略

营销渠道是新创企业营销活动的中介枢纽，渠道策略旨在为企业的产品通过一定的社会网络或经销商而卖向不同的区域，以达到销售的目的。营销渠道大体可以分为直销渠道和分销渠道两种形式。从两种形式的特点来看：直销渠道能减少流通的中间环节，使企业直接面对市场，对销售情况有第一手把握。这种形式能保持企业对市场的控制力并使企业赢得更多利润；而分销渠道根据中间商的多少，又可以分为长渠道和短渠道，分销渠道能够使企业充分利用经销商现有资源，弥补企业直销时铺货面有限的劣势，有助于产品迅速占领全国市场。

（4）促销策略

促销指企业宣传介绍其产品和说服消费者购买其产品所进行的种种活动，其中包括人员推销、广告、营业推广、公共关系等。由于大部分新创企业资金受限，不可能采取全方位的促销手段，因此，制定促销策略时，新创企业应选择在那些能迅速为企业带来收益而又花费较低的区域和恰当的位置做促销。选择媒体时，要根据目标消费者的状况来确定，如针对民用消费品，选择电视、网络广告是有效的，而对一些工业用品，选择专业杂志广告或人员推销等方式将更有效。

4. 营销管理

好的市场营销战略规划还需要好的实施与管理。市场营销管理过程需要的四种营销管理职能——分析、计划、执行和监督，如图11-3所示。

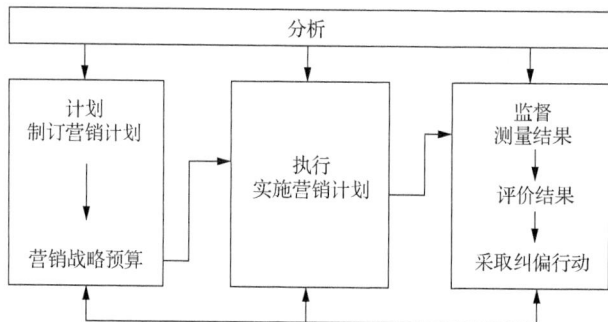

图11-3 市场营销管理：分析、计划、执行和监督

（1）制订营销计划

通过对营销管理整体过程的分析可知，市场营销策略的规划是建立在企业战略规划的基础上的。新创企业要以企业战略规划为基础，制订营销计划，主要包括市场定位与开发目标、销售计划任务与目标、营销策略、销售人员的权责范围以及销售人员和分销商的销售激励政策与绩效考核制度等，然后将营销计划细化到每个部门、产品和品牌。

（2）营销战略预算

营销战略预算是指企业为实现市场营销战略目标而做的资金使用计划。营销战略预算是新创企业首要的预算项目，它既是实现创业企业营销战略目标的资金保障，也是保障新创企业正常营运的重要控制手段。

（3）实施营销计划

新创企业通过实施营销计划，将计划转化为行动。其重点工作是目标分解和任务落实，就是将计划的目标转化为指标水平，纵向层层分解，横向平衡协调，按照权责对等原则，落实到具体岗位，并做到知人善任，人尽其才。

（4）监督营销实施过程

企业要依据行动结果与计划的差异进行有效控制。在营销计划实施过程中，企业要对营销计划实施的环境要素进行监测，并不断对实施的效果进行跟踪和评价。当发现问题时应及时采取矫正措施。

11.2.3　新创企业的财务管理

财务泛指社会各经济环节中涉及钱、财、物的经济业务。新创企业的资金一般不充裕，特别是在大力开拓市场时，许多企业由于资金链断裂而被迫申请破产，从而丧失了发展壮大的机会。强化财务管理，选择适合企业发展的财务管理模式，对新创企业生产和发展具有重要的作用。财务管理是在一定的整体目标下，对资本的融通、资产的购置、经营中的现金流量以及利润分配的管理，概括来说主要包括筹资管理、投资管理、营运资金管理和股利分配管理。

1．筹资管理

筹资是指企业根据生产、对外投资的需要，通过筹资渠道和资本市场，运用筹资方法，有效地筹集企业所需要资金的财务活动。筹资是企业财务管理工作的起点，关系到企业能否正常开展生产经营活动。筹资渠道主要分为由投资者投入和向银行借入，筹资的具体方式包括企业发行股票、债券、银行贷款、赊购、租赁等。筹资管理要解决的问题是如何获得企业所需要的资金，包括向谁、在什么时候、筹集多少资金。具体来讲，筹资管理主要包括预测企业资金需求、规划企业筹资渠道、考虑短期筹资和长期筹资的组合问题、研究企业最理想的筹资方式、确定企业的资本成本与最佳资本结构，其关键是决定各种资金来源在总资金中所占的比重及确定资本结构，使筹资风险和筹资成本相配合。筹资管理和投资管理、股利分配管理密切相关。企业在确定筹资的金额时要考虑投资需要和后续的股利分配问题。

2．投资管理

新创企业筹集到资金后，接下来需要考虑的就是投资问题，即将所筹集的钱花到哪里去。投资是指投资者当期投入一定数额的资金而期望在未来获得比原有投入更多的回报。新创企业常见的投资方式有购置设备、兴建工厂、开办商店、新产品研发、市场开拓、购买政府债券、购买企业股票和债券等。根据投资时间长短，投资可以分为长期投资和短期投资。新创企业一方面要进行长期投资，即对固定资产和长期有价证券的资本性投资；另一方面也要进行短期投资，即对现金、短期有价证券、应收账款、存货等流动资产的投资。需要注意的是，财务管理人员在进行投资管理时，应以企业的财务管理目标为依据，要始终围绕这一目标来进行。

3. 营运资金管理

营运资金亦称营运资本，是指流动资产减去流动负债后的余额。流动资产是指在一年以内或超过一年的一个营业周期内变现或运用的资产，主要包括货币资金、短期投资、应收及预付账款、存货等。流动负债则是指将在一年或超过一年的一个营业周期内必须清偿的债务，主要包括短期借款、应付票据、应付账款、预收账款、应付工资、应交税金、一年内到期的长期借款等。从财务管理角度看，流动资产与流动负债之间存在一定的对应关系，且一般是流动资产大于流动负债。

营运资金管理是对企业流动资产及流动负债的管理，主要内容包括：保持现金的收支平衡；加强对存货、应收账款的管理，提高资金的使用效率；通过制定各项财务预算和定额，降低产品消耗，提高生产效率，节约各项成本开支等。一个企业如果缺乏营运资金，会给企业带来短期的经营风险；而营运资金的盈利能力较差，过多持有会降低企业的投资回报率。因此，企业要维持正常的运转就必须拥有适量的营运资金，对流动资产和流动负债进行合理的规划。

4. 股利分配管理

股利分配管理是指企业赚得利润后，将多少作为股利发放给股东，将多少留在企业作为再投资使用。在进行分配时，企业既要考虑股东近期利益的要求，定期发放一定比例的股利，又要考虑企业的长远发展，留下一定的利润作为留存收益。股利政策的制定受到多种因素的影响，包括各种资金来源及其成本、企业未来的投资机会、现金股利和资本利得的不同税收政策以及股东对当期收入和未来收入的相对偏好等。过高的股利支付率，将会影响企业再投资的能力，可能造成未来收益减少，股价下跌；过低的股利支付率，可能引起股东不满。企业必须根据自身情况，权衡利弊，确定最佳的股利政策。

┃ 阅读资料11-2 ┃

H公司的股权风波

H公司是一家从事IT产品开发的企业。由三位志同道合的朋友共同出资100万元，三人平均分配股权比例共同创立。企业发展初期，创始股东都以企业的长远发展为目标，关注企业的持续增长能力，因此，他们注重加大研发力度，不断开发新产品，这些措施有力地提高了企业的竞争力，使企业实现了营业收入的高速增长。在开始的几年间，销售业绩以每年60%的递增速度提升。然而，随着利润的不断快速增长，三位创始股东开始在收益分配上产生了分歧。股东王力、张伟倾向于分红，而股东赵勇则认为应将企业取得的利益用于扩大再生产，以提高企业的持续发展能力，实现长远利益的最大化。由此产生的矛盾不断升级，最终导致坚持企业长期发展的赵勇被迫退出，出让持有的1/3股份而离开企业。

但是，此结果引起了与企业有密切联系的广大供货商和分销商的不满，因为许多人的业务发展壮大都与H公司密切相关，他们深信H公司的持续增长能力将为他们带来更多的机会。于是，他们表示如果赵勇离开企业，他们将断绝与企业的业务往来。面对这一情况，企业两位股东提出他们可以离开企业，条件是赵勇必须收购他们的股份。赵勇的长远发展战略需要较多投资，这样做将导致企业陷入没有资金维持生产的境地。这时，众多供应商和分销商伸出了援助之手，他们或者主动延长应收账款的期限，或者预付货款，最终使赵勇又重新回到了企业，成为公司的掌门人。

经历了股权风波后，H公司在赵勇的领导下，不断加大投入，实现了企业规模化发展，在同行业中处于领先地位，企业的竞争力和价值不断提升。

11.2.4 新创企业的生产运作管理

生产运作管理是新创企业最基本的活动之一，主要表现为企业将人、财、物与信息等生产要素进行有序投入并转变为产出的过程。生产运作管理的重点是尽可能高效地将材料和劳动力转化为商品和服务，在组织内部创造更高水平的效率，从而实现组织利润的最大化。新创企业生产运作管理是一个系统的过程，主要包括生产计划、生产过程组织和生产运作控制三个环节。这三个环节既相互联系，又相互制约，共同确保生产经营活动保质保量按时完成。

1. 生产计划

（1）生产计划的类型

生产计划是生产运作管理的首要环节，是组织和控制企业生产活动的基本依据。生产计划是企业依据企业战略、市场需求调查和预测等，制定企业在一定时期内应当生产的产品种类、数量、质量和出货期等指标。企业的生产计划一般分为长期生产计划、中期生产计划和短期生产计划，如图11-4所示。

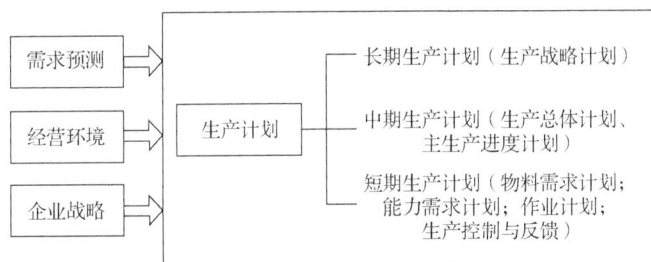

图11-4 生产计划系统

长期生产计划主要是对企业产品、生产能力以及确立何种竞争优势进行决策，一般时间较长，主要由高层领导者负责制订，如企业的生产战略计划；中期生产计划是将已知的或预测的市场需求细化为企业的生产指标和产品任务计划，要求企业能充分利用现有资源，依托现有生产能力，合理地控制库存水平，最大限度地满足市场需求并取得最佳的经济效益，一般应由企业主管生产的部门负责制订，如生产总体计划、主生产进度计划等；短期生产计划是在掌握顾客订单的情况下，合理地安排生产活动的每一个细节，使它们能够紧密衔接，从而保证按期保质保量交货，如物料需求计划、能力需求计划、作业计划、生产控制与反馈等。

（2）生产计划工作的主要内容

生产计划工作主要包括以下四个方面的内容。

① 做好编制生产计划的准备工作。这项准备工作是对计划期市场需求的预测以及对企业自身生产能力的核算，主要包括生产预测与核定生产能力。

② 确定生产计划指标。这是指根据市场需求情况和企业自身的生产能力，在综合平衡的基础上，确定和优化企业生产计划指标。企业生产计划指标主要有产品品种指标、产品产量指标、产品质量指标和产品产值指标。这些指标从不同的层面反映了企业生产产品的具体要求。

③ 安排产品的生产进度。在编制完成生产计划，并确定了全年总的生产任务后，企业还需要将全年的生产任务进一步细分到各个季度和各个月份，完成对产品生产进度的安排。安排产品生产进度的总原则是：保证交货期，实现均衡生产，注意企业技术准备工作及各项技术组织措施的衔接。企业在安排产品生产进度的同时，还要对各车间的生产任务进行安排。企业类型不同，其生产特点也不同，对产品生产进度的安排方法也存在差异。

④ 组织和检查生产计划的实施。生产计划还必须包括如何保证生产目标及生产进度的实现这部分内容。在进行生产计划的编制过程中，企业必须有保证生产计划实现的方法、途径、措施等内容，如劳动组织措施、跟踪检查计划执行等。

2．生产过程组织

合理组织生产过程，对于企业完成生产任务，提高经济效益有着直接的影响。生产过程组织是指对生产过程的劳动者、劳动工具、劳动对象以及生产过程的各个环节、阶段和工序从时间和空间上进行合理安排，使它们能够相互衔接、紧密配合，形成一个协调的产品生产系统，从而提高生产效率、缩短生产周期。生产过程组织主要包括空间组织和时间组织两项基本内容。

3．生产运作控制

生产运作控制是指在企业生产运作过程中，根据既定的方针、政策、目标、计划和标准等，通过监督检查生产活动的进度、实际结果，及时发现偏差，找出原因并采取措施，保证完全按照既定的目标和计划去执行与实现，主要包括质量控制、费用控制、进度控制等三个方面的内容。

11.3　新创企业的成长管理

管理大师彼得·德鲁克认为："成长是企业生存所必需的。"企业成长是一个动态的过程，是通过创新、变革和强化管理等手段积蓄，整合并促使资源增值进而追求企业持续发展的过程。

11.3.1　企业成长的生命周期

企业成长如同有生命的机体一样，要经历出生、成长、老化、死亡等阶段，企业持续成长也就意味着这几个成长阶段的顺利延续与递进。

1．企业生命周期理论

企业生命周期是指企业从诞生到死亡的时间过程。迄今为止，国内外学者已提出20余种生命周期阶段模型。不同学者对企业生命周期的阶段数目划分不一样。美国著名的管理学家伊查克·爱迪思（Ichak Adizes）于1989年提出了企业生命周期理论，将企业生命周期划分为十一个阶段，即孕育期、婴儿期、学步期、青春期、盛年前期、盛年后期、稳定期、贵族期、官僚化前期、官僚期和死亡期。后续有学者分别把企业生命周期确定为三个阶段、四个阶段、五个阶段、七个阶段等。国内学者在总结国外企业生命周期理论研究的基础上，将企业的生命周期分为创业期、成长期、成熟期、衰退期四个阶段。

2. 企业生命周期各阶段的特征与管理策略

（1）创业期

创业期是新创企业所处的阶段，企业的生存能力还比较弱，企业拥有的科技、人力、物力等资源有限，管理制度不够健全，品牌、信誉等无形资产尚未形成，很容易受到已有竞争者的威胁，风险较大。该阶段企业的可塑性较强，主要工作：一是通过市场分析，发现细分市场机会，开发具有特色的产品或服务，满足市场的需求；二是设计企业战略、经营计划、财务预算、分工权责以及激励机制等基本制度；三是注重产品生产和销售，强化市场策略的制定，对销售运作和业务范围进行有效控制。该阶段是企业的起步期，企业首要解决的是生存问题而不是成长问题，只有在市场上站稳脚跟，企业才能为将来的快速发展创造有利条件。

（2）成长期

相比创业期，在成长期的企业将面临更多发展性问题，主要以成长为导向开展"成长管理"。为了进一步开拓市场和提高盈利能力，企业在产品或技术上的创新开始增多。这一阶段是企业发展最快的时期，企业经济实力增强，市场占有率提高，员工人数增加，抵御市场风险的力量得以加强。在这一阶段，企业的主要任务：一是建立相对完善的规章制度，在创业期，创业者的话语权较大，现在应该向职业经理人治理阶段转变；二是重点强调经营效率，组织结构由创业期的松散结构转变为正规的组织结构；三是完善职业化的经营与管理队伍，强化员工培训制度，进行企业规范化管理。

（3）成熟期

成熟期一般是企业生命周期中最为理想的时期，企业成长到该阶段，往往规模较大、市场占有率较高，不易被竞争对手撼动其在市场中的地位。但是该阶段的企业也存在一些问题，如竞争加剧，消费者对企业的产品或服务感到缺乏特色，市场中出现众多同质产品等。通常当企业销售额逐渐稳定后，创业者就必须开始考虑企业未来三五年的出路在哪里。该阶段是企业进入经营更为合理、更具获利能力阶段或进入衰退期的中间时期，这一阶段，变革创新对于企业未来的成功就显得至关重要了。成熟期的企业的主要任务是激发员工创新精神，注重新产品的研发，引入创新人才，加强人才培训，采用先进的管理手段增强企业面对市场竞争的快速应变能力。

（4）衰退期

没有创新的企业无法避免破产倒闭的命运。企业发展到衰退期，一般成本较高，工艺设备落后，销售额持续下滑，效益下降，组织官僚化现象明显，企业创新能力低下，资金链断裂，人才流失，面临被市场淘汰的风险。该阶段的企业要走出困境，可以收购其他有创新能力的企业来实现企业新的增长，或者研究开发新产品，推出新服务来弥补现有产品和服务的不足，通过业务重组、流程再造等方式提高企业适应市场需求的应变能力。如若无法让企业重获创新活力，企业则不可避免地难逃破产厄运，这时管理者只能采取申请破产或者被并购的策略了。

11.3.2　企业成长面临的问题

新创企业在成长过程中将会遇到呈几何级数递增的复杂问题，这些问题往往超过许多创业者的想象。为了充分了解企业在成长过程中管理任务的艰巨性，"未雨绸缪"，提前做好应对准备，无论是创业者还是企业员工，都应该对企业在成长过程中面临的问题有所了解。企业成长面临的问题可以总结为以下6个方面。

1. 战略决策方面

（1）战略规划能力不足。缺乏战略规划是制约企业成长的关键因素之一，生存的压力迫使新创企业更加注重行动而非战略规划，甚至许多创业者认为新创企业和中小企业不需要战略规划。

（2）决策能力有限。企业的经营决策失误往往会导致整个企业经营的失败。许多新创企业在总体上缺乏清晰的经营目标和战略计划，当发现某种产品有利可图，便迎风跟上。这种短期行为往往会影响企业有限资源的最优配置。企业在成长到一定阶段有了资金积累后，可能出现盲目投资行为。例如，不考虑企业自身的实际情况，一味贪大求洋，盲目上马新项目，最终导致资金链断裂，难逃破产倒闭的厄运。

2. 生产方面

生产方面的问题主要表现为企业对其成长速度、规模不能有效估计和控制。新创企业抓住了一个市场机会，可能就迅速发展，达到一定规模，而若企业对这种情况准备不足，便会出现组织机构、管理体制、销售等跟不上生产的问题。同时，由于现金支出不断增加，而现金回笼却总是滞后，提高资金断链的风险。例如，美国计算机行业的奥斯伯乐公司创业仅两年，其销售额就超过了1亿美元。但由于管理者对生产规模不能有效估计和控制，导致过多的库存积压、费用激增，使该公司出现了严重亏损，以致最后不得不申请破产。

3. 组织系统方面

（1）管理机制不完善。很多新创企业的发起人创业经验不足，要经历一个"摸着石头过河"的阶段，容易出现管理机制不完善，缺乏现代管理制度，对知识产权保护不力，财务、信息、人力资源管理混乱等问题。

（2）因人设岗。新创企业成立后，由于资金缺乏等原因，重点招募关键岗位，因人设岗。随着企业成长，业务不断扩大，将会出现人员不足、一人多岗、权责不明等问题，这将限制员工的创造能力，引起企业组织管理混乱。

4. 人员方面

（1）领导者素质的问题。新创企业设立时，人力资源缺乏，常出现因人设岗问题。随着企业不断发展，对领导者的水平和素质要求也越来越高。一些创业元老的观念和技能无法适应企业发展的要求，但因为占据决策岗位制约了企业人力资源建设与管理。另外，创业者在创业初期没有明确的书面合作协议，对企业成长缺乏规划，进而在扩张过程中出现了利益冲突等方面的问题，在企业发展方向及重大经营决策等方面可能存在严重分歧，而这将引发创业团队裂变问题。

（2）人才引进问题。由于新创企业的待遇和稳定性等问题，很多高素质的人才不愿到新创企业工作。高素质人才缺乏是困扰新创企业的重要问题。

5. 资金方面

（1）融资难、融资贵。随着新创企业不断成长，企业需要大量资金用于产品延伸开发和市场开拓，但由于新创企业没有什么固定资产，在融资过程中很难获得银行和金融机构的支持，面临融资渠道不畅、融资难、融资贵的问题。

（2）资金管理能力不足。新创企业可能出现管理者管理能力有限，缺乏对企业的长期战略规划，把短期贷款用于较长时间才能产生效益的投资项目、把股份转让给对"事业"毫无怜悯心的风险资本家、盲目扩张等问题，造成现金支出超过收入，最终导致企业资金断链，甚至破产倒闭的局面。

6. 创新能力方面

（1）技术创新能力不足。一些创业者在挣到第一桶金后，在企业利润分配时，先满足股东短期利益，导致企业研发资金不足，从而也更难吸引高素质的创新人才加入企业。

（2）企业管理缺乏创新。新创企业在资本、技术、管理等方面都很难与大企业相抗衡，再加上市场竞争激烈，新创企业要想生存发展，就必须不断创新。这里所谓的创新，不仅包括产品、技术创新，也包括企业价值链各个环节上的管理创新。然而，新创企业刚成立，管理制度还不够完善，同时企业主要以生存为目标，从而造成创业者忙于眼前事务而无暇顾及管理创新。

通过以上对企业在成长过程中面临的问题的分析可以知道，这些问题可以发生在每一个部门、各个环节，为此企业应针对各个方面的问题有针对性地提出解决方案。

11.3.3　企业成长的模式选择

新创企业的成长有一定的路径依赖，即成长模式。每一个新创企业都会经历企业生命周期各阶段，处于不同阶段的企业的经营特点和面临的问题各不相同。企业应结合自身的特点，选择合适的成长模式。

1. 企业创业期成长模式选择

在创业期，新创企业的主要任务是"先生存再求发展"，要重点解决如何在激烈的竞争中占有一席之地，可以采用的成长模式主要有以下几类。

（1）产品创新模式

企业不断提高创新能力，加大新产品研发力度，推出新产品给消费者，利用现有的顾客关系来借力使力，推出新一代或者相关的产品给现有的顾客，以提高企业产品的市场占有率。

（2）市场开发模式

新创企业在开业初期要高度注重市场的开发，加强对市场和销售的管理。新创企业可通过寻找目标市场的潜在顾客、开拓新的销售渠道、扩大销售区域范围等方式不断提高企业销售额；可通过微信、微博、电视、杂志、短视频或广播等媒介进行广告宣传，不断提高企业的知名度。

（3）市场细分模式

大企业往往对某些"小市场"不屑一顾，这就给新创企业提供了很好的发展契机。新创企业可以关注市场容量较小、大企业进入不划算的市场或现有企业一直忽略的市场等，将这些细分市场作为自己的目标市场。

2．企业成长期成长模式选择

在企业发展到成长期，现金流开始由负转正，产品逐渐得到市场认可后，企业应该关注的主要问题是如何集中资源，在竞争对手还没有来得及反应之前迅速扩大规模，抢占市场，增加业务范围。

（1）低成本扩张模式

以"质"取胜还是以"量"取胜取决于企业的战略地位。企业低成本扩张并不意味着企业靠牺牲产品质量来降低成本，也不等同于企业的低价格促销。在这一阶段，新创企业得到进一步发展，销售额有了明显提升，可以尽量降低产品的生产成本，以较低的价格促进销量的进一步提升，大量生产产品获得规模经济。

（2）产品系列化模式

企业通过银行贷款、发行债券、股份融资等筹资方式，获得更多资金，不断开发新产品，增加产品种类，扩展产品系列，占据市场的多个细分市场，既可以满足企业扩大市场的需求，又不会给竞争者留下细分空间。

（3）合资扩张模式

合资是两个或两个以上的企业共同投资组建新企业的过程。合资经常和企业之间的兼并、资产重组联系在一起，但是合资与企业之间的兼并是有区别的，也不等同于企业之间的简单合并。合资的目的不仅是帮助企业获得资金，还要使企业获得技术、销售渠道、管理能力等方面的资源，以实现企业间资源的互补，进而形成竞争优势。

3．企业成熟期成长模式选择

在成熟期，企业通常有稳定的市场份额，产销两旺，制度健全，企业文化业已形成。在这一阶段，企业不应满足于保持既得利益和现有地位，而是要积极进取，重视顾客需求，提高对市场的响应速度，提升顾客满意度和市场美誉度。

（1）多元化经营模式

随着新创企业的不断发展，原有的经营领域难免会进入发展瓶颈期。为降低经营风险，拓展新的市场，形成协同效应，提高资源利用效率，新创企业可以尝试采用多元化的经营模式。如企业以现有的产品或服务为基础，通过研发、创新等方式扩展产品线或服务领域，以满足客户的不同需求。再如，企业通过前向一体化战略或向后一体化战略整合产业链，扩展产品线或服务领域等。多元化经营模式的实施需要企业具备相应的资源、技术、市场和管理能力，并且需要注意风险控制和资源分配。在实施多元化经营模式时，企业需要根据自身情况和市场环境制定合适的战略和计划，以确保企业的多元化发展能够取得成功。

（2）国际化模式

随着全球化经济的不断发展，企业要发展壮大，应当积极参与全球市场的竞争。因此，如何使产品走向国际市场是我国当前企业避开国内产业过度竞争，解决企业间相互资金拖欠，寻求新发展的一个方向。

4．企业衰退期成长模式选择

进入衰退期后，企业现有经营领域的市场吸引力下降，失去发展活力而趋向衰退，企业市场占有率下降，经营活动困难。企业应从当前最紧急的问题出发，寻找解决办法。在这一阶段，企业所采取的主要是企业变革模式，争取识别到更好的市场机会，从原有领域脱身。根据企业的具体情况选择合适的管理方式，通过组织结构转型、重塑企业文化、业务流程再造等方法，提高企业的创新能力，不断创立新业务，实现企业转型，塑造一个崭新的企业形象。

11.3.4 企业成长的战略管理

企业成长战略是指企业抓住有利机会，充分发挥自身在产品、市场和技术等方面的竞争优势，以实现企业快速发展的战略。一般而言，可供新创企业选择的战略主要有密集型成长战略、集中化战略、多元化战略、一体化战略和国际化战略。

1. 密集型成长战略

密集型成长战略主要有三种方式，即市场渗透、市场开发和产品开发。市场渗透是以现有的产品面对现有的顾客，在不改变目前产品的情况下，使发展焦点转为提高销量，力求增大产品的市场占有率。企业具体可以采用鼓励现有顾客进行更多的购买行为、争取竞争者的顾客、设法吸引新顾客等三种措施实现市场渗透。市场开发是指企业通过提供现有产品来开拓新市场，扩大市场占有率。产品开发是指企业通过推出新产品给现有顾客来提高现有产品的深度和广度，提高该企业产品的市场占有率。

2. 集中化战略

集中化战略是指企业在产品及业务方面都保持单一，将全部资源集中在自己最具有优势的某一技术、某一市场或某种产品上的一种战略。企业采用集中化战略，重点关注某个特殊的顾客群、某产品线的一个细分区段或某一地区市场，能够使企业以更高的效率、更好的效果为某一战略对象服务，从而提高市场占有率。

3. 多元化战略

多元化战略是指企业同时生产和提供两种或两种以上基本经济用途不同的产品或服务的一种经营战略。随着社会经济的日益发展，消费者的需求呈现多层次性，企业利用现有技术、特长、经验及资源等生产多种产品，使企业服务向多元化的方向发展。例如，海尔投入的领域涉及冰箱、洗衣机、计算机、手机、生物制药、家庭整体厨房等，是明显的多元化经营的格局。

4. 一体化战略

一体化战略是指企业利用社会化生产链中的直接关系来扩大经营范围和经营规模，在供、产、销方面实行纵向或横向联合的战略。一体化战略可分为横向一体化和纵向一体化两大类，其中纵向一体化又分为前向一体化和后向一体化两种类型，如图11-5所示。

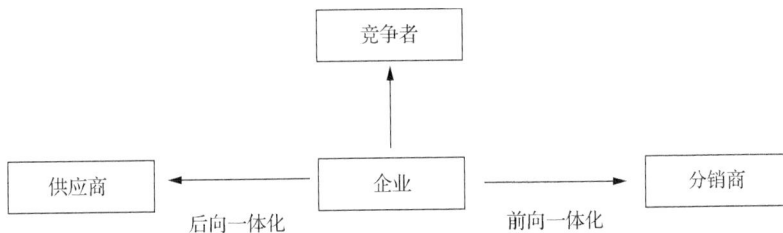

图11-5 一体化战略

前向一体化是指企业将生产经营向产业链的下游延伸，使企业的业务活动更加接近于最终的客户。例如，"双汇"集团原是一家肉联厂，主要从事生猪屠宰、冷藏业务，后来开始发展猪肉的深加工业务——生产火腿肠和各类熟肉制品，接下来又涉足肉制品零售业务，在全国陆续设立多家"双汇"专卖店，向食品零售业发展。

后向一体化是指企业的生产经营范围向产业链的上游延伸，如肉类加工、零售企业进入生猪养殖领域就属于此类。

横向一体化也称水平一体化，是指企业为了扩大生产规模、降低成本、巩固现有的市场地位、提高企业竞争优势、增强企业实力等而与同行业的企业进行联合的一种战略，如视频网站优酷网与土豆网的合并，就属于此类。

5. 国际化战略

当企业日益壮大，国内市场无法满足企业进一步发展需求时，企业也将采用国际化战略，寻求跨越国界开展经营活动。目前，企业主要采用出口、技术授权、交钥匙工程、合资企业、独资企业、战略联盟等方式开展国际化经营。

战略方案的选择对企业来说是一个重大决策过程，新创企业所处的生命周期阶段、企业规模大小、业务经营范围等都将影响企业战略的选择。企业应当在内外部环境分析的情况下，结合企业实际来选择合适的战略。同时，在战略实施时，企业也应对战略实施的环境要素进行监测，并不断对战略实施的效果进行跟踪和评价。当发现战略规划存在与环境或企业能力不相适应时，要及时对规划进行调整、修订或补充，甚至改变战略和目标。

本章习题

一、单选题

1. 下面不属于新创企业管理特点的是（   ）。
    A. 风险性高   B. 以生存为首要目标
    C. 稳定性好   D. 高成长性

2. 财务管理是新创企业经营管理的核心，首要的一个问题就是（   ）。
    A. 筹资   B. 投资   C. 报销制度   D. 绩效考核

3. 新创企业在初创期首要解决的是（   ）问题而不是成长问题。
    A. 人力不足   B. 生存   C. 盈利   D. 多元化

4. 生产过程组织就是对生产过程的劳动者、劳动工具、劳动对象以及（   ）的各个环节、阶段和工序从时间和空间上进行合理安排。
    A. 财务管理   B. 人力资源   C. 管理风险   D. 生产过程

5. 新创企业在创业期一般选用的成长模式是（   ）。
    A. 市场细分模式   B. 多元化经营模式   C. 国际化模式   D. 企业变革模式

二、多选题

1. 新创企业管理面临的挑战包括（   ）。
    A. 创业者个人因素的关键性   B. 抗风险能力低
    C. 资金不足   D. 人员过多
    E. 创业目标的短期性

2. 市场营销微观环境调查的内容包括（　　）。

    A. 现有竞争者调查　　B. 潜在竞争者调查　　C. 替代品调查

    D. 供应商调查　　　　E. 消费者调查

3. 财务泛指社会各经济环节中，涉及钱、财、物的经济业务，财务管理概括来说主要包括（　　）。

    A. 筹资管理　　　　B. 担保贷款融资　　　C. 投资管理

    D. 营运资金管理　　E. 股利分配管理

4. 企业成熟期可选择的成长模式有（　　）。

    A. 低成本扩张模式　　B. 多元化经营模式　　C. 产品系列化模式

    D. 国际化模式　　　　E. 市场开发模式

5. 密集型成长战略的形式有（　　）。

    A. 多元化　　　　　B. 市场渗透　　　　　C. 产品开发

    D. 国际化　　　　　E. 市场开发

三、名词解释

1. 组织结构设计　2. 一体化战略　3. 营运资金　4. 企业生命周期　5. 集中化战略

四、简答及论述题

1. 新创企业人力资源管理工作主要集中在哪四个环节？

2. 新创企业成长面临的问题主要有哪些？

3. 新创企业的价格策略主要有哪三种？

4. 试论述新创企业的营运资金管理。

5. 试论述企业生命周期各阶段的特征与管理策略。

案例讨论

水发集团的创业发展之路

从无到有，从小到大，从最初9个人到如今25000名员工，从白手起家到资产超千亿元，从单一水利投融资平台到特大型综合企业集团，商业版图从美丽的胶东半岛到覆盖全国31个省份，拓展境外8个国家和地区。水发集团所行的每一步，既激情铿锵，又踏踏实实。

水发集团成立于2009年11月，是山东省政府批准组建的全省骨干水利工程投融资平台。

2010年，收购众兴公司、控股天源公司，开启创业发展之路。

2011年，省水利厅党组任命王振钦为董事长、郭秀生为总经理。进军水利施工、污水处理、水利信息化等领域，公司进入发展快车道。

2012年，开启山东省农村饮水安全平原水库建设序幕，成为公司发展史上第一个重大机遇。以平原水库建设为契机，提出"公益带动经营、经营反哺公益"的思路，推进"水务一体化"市场布局。

2013年，加快实施"水务一体化"战略，初步完成省内水务市场布局，发展成为山东资产规模最大、产业链条最完整的水利企业。

2014年，确立"根植水务、聚焦民生、适度多元"的产业战略，建设第一个跨区域调水项目——鲁南大水网工程，开启首个现代农业项目，水发公司资产规模首过百亿元。

2015年，市场布局向省外拓展，进军四川水力发电领域，首次涉足清洁能源产业。更名为山东水务发展集团有限公司，走上集团化发展道路。

2016年，确立"立足山东、布局全国、走向世界"的发展战略，首次走出国门签约尼泊尔水电项目。更名为水发集团有限公司，突破地域和行业限制。

2017年，市场布局继续推进，国内市场拓展到二十多个省份，海外市场拓展到孟加拉国、印尼、尼日利亚等国家。划归省国资委统一监管，成为省属一级企业，迈上更宽广的发展平台。

2018年，对省水利厅、省农业农村厅所属企业实施划转重组，在全省水务、农业领域的地位进一步巩固，提出打造全省农业和环保发展平台的发展思路。

2019年，明确聚焦"生态、环保、民生"领域，打造水务、农业、环保三大省级平台和清洁能源、文化旅游两个产业集群的发展定位。实施改造管理体制、创新运行机制、推进产业整合、加快转型升级等改革举措，开启高质量发展新阶段。集团资产规模超过千亿元。

2020年，系统提出首位度引领战略和星团式管理体系，首次跻身中国企业500强，位列全国水利企业百强首位。

2021年，调整产业定位，集中发展水务、农业、环保、清洁能源四大板块，提出建设具有全球竞争力的世界一流企业新目标。

水发集团2022年实现营业收入780亿元，位列2022中国企业500强第308位、山东企业100强第22位。业务涵盖水利水务、现代农业、清洁能源等产业，三大主业板块产业规模均位居省内第一、国内前列，是在山东乃至全国具有重要影响力的大型企业集团。水发集团以混合所有制改革为抓手，在国有资本投资运营、公司管控机制、市场化经营等方面破解了不少难点。水发经验具有颠覆性创新、系统性集成特征，水发管理模式是中国改革的样本，是新时代改革管理的样本。

资料来源：人民网山东频道、水发集团官网。

思考讨论题：

1. 企业成长的不同生命周期，水发集团分别选择了何种成长战略？
2. 结合本案例，请谈谈新创企业如何进行成长管理。

第12章 大学生创业

本章导读

近年来，在国家各项优惠政策的鼓舞下，大学生的创业激情被不断点燃。但从总体上来看，大学生毕业后选择自主创业的比例依然较低。高校毕业生不仅是求职者，而且还是新的工作岗位的创造者。因此，大学生的创业行为对于缓解当前就业压力，促进社会经济发展具有积极的现实意义。本章分析了大学生创业的优劣势，介绍了大学生创业的常见项目，并对大学生创业的前期准备进行了较为详细的阐述。

知识结构图

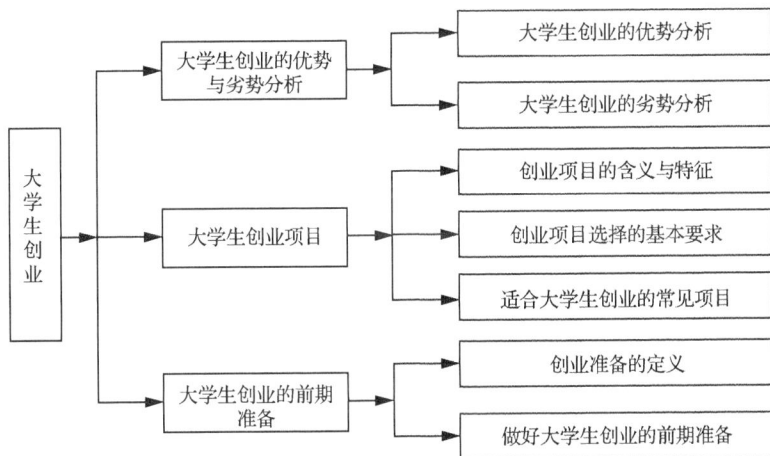

开篇引例

北京鹏图助梦科技有限公司的免费软件

张先生，男，2017届某软件职业技术学院毕业生，2018年注册北京鹏图助梦科技有限公司。成立时公司3人，如今发展为14人。自2020年6月开始，张先生带领团队成立开发小组，抽调公司的技术骨干力量6人，历时3个月，开发了一款数钢管App，供人免费使用。

数钢管App是一款帮助工地快速清点钢管数量的软件。传统的钢管清点方式为人工点数，为防止重复点数，通常采用向钢管内插筷子、放石子、画粉笔道等方式，但依然耗时、费力、易出错，一捆钢管（一般为100根）需要双人耗时3～5分钟同时清点并完成复核。为了解决该问题，数钢管App采用了人工智能技术，通过用户拍照的方式，在3秒内完成对照片中数百根钢管的清点，大大地提高了工作效率，同时会有历史留存，便于后期的回溯。

数钢管App是一款拍照自动点数工具，采用了前沿的人工智能目标检测技术，将人们从繁重的点数工作中解脱出来。人们以往需要数分钟完成清点，现在仅需使用App拍照并等待1秒即可完成清点工作。数钢管App于2020年9月上线，截至2022年1月，已累计清点了550亿根钢管。

经过运营数钢管App，张先生发现人们不仅对数钢管有清点需求，对其他物品同样有大量的清点需求，所以经过对用户需求的重新梳理，决定重新开发一款点数相机App。"点数相机"的核心功能与"数钢管"类似，但定位不同，"点数相机"将包罗万象，不拘泥于钢管类物品，可以清点更多种类的物品，同时会根据用户的反馈持续增加可清点的物品种类。

"点数相机"是一款帮助用户快速清点物品的App，仅需拍照即可清点出画面中的物品数量，将用户从重复、烦琐的清点工作中解脱出来。目前，"点数相机"支持清点20余种物品，如钢管、钢筋、方管、快拆架、轮扣、盘扣横杆、竹签、猪仔、方木、圆木、布料卷、玉石颗粒、胶囊、汉字、焊条等。

公司开发实用型免费软件供人使用，不仅体现了当代大学生勇于创新创业的精神风貌，还展现了新时代的民营企业无私奉献、服务社会、服务人民的宗旨和理念。

资料来源：李雨锦，张春生，王新文. 大学生创新创业教育与实践. 人民邮电出版社，2022.

12.1　大学生创业的优势与劣势分析

大学生是一个特殊的群体，他们正值人生最美好的年华，朝气蓬勃，意气风发，有理想、有追求，而且拥有一定的专业知识，因此不乏创业的激情、勇气和知识储备。但大学生涉世未深，缺乏必要的工作和社会历练，在生活中也未遭遇过什么大的挫折，大部分对创业的难度认识不足，因而创业的失败率较高。

12.1.1　大学生创业的优势分析

1. 自身素质较高

与其他创业者相比，大学生知识层次较高，年轻有为，敢想敢做，思维活跃，而且更容易接受新鲜事物。这有助于大学生通过新思路、新方法、新技术将创意转化为现实产品。

2. 具有较强的环境适应能力

高等教育阶段系统的学习，培养了大学生创业者较强的理解能力、逻辑思维能力以及自我学习和继续学习的能力。因此，在面对瞬息万变的外部环境时，大学生比其他创业者具备更强的适应能力。

3. 拥有创新能力

与其他创业者相比，大学生思维活跃，富有激情，年轻且头脑灵活，因此拥有较强的创新能力。他们往往能更加敏锐地发现市场商机，然后果断采取行动将商业设想付诸实施。例如，共享单车的想法来源于一名北京大学的学生，他在读本科的四年内总共丢了5辆自行车，除了经济上的损失外，丢车之后在出行上的不便更是让他恼火。于是他开始思考如何解决这一痛点。他做了一个大胆的设想：最方便的就是出门看到车就可以骑，骑到哪儿放下就可以不管了。这个设想最终促成了他的共享单车的创业历程。

4. 团队组合有优势

大学生因群体生活能够结识很多志同道合的创业伙伴，因为存在着一定的学缘关系，创业成员间的感情基础深厚，默契度较高，关系也更加牢固。而且因为经历相似、年龄相仿，团队成员的创业意识、管理观念和管理风格也更为一致，所以在创业过程中更容易精诚合作。

5. 国家对大学生创业提供了有力的支持

为支持大学生创新创业，国家相继出台了一系列优惠政策，包括提供大学生创新创业教育与指导、优化大学生创新创业环境、加强大学生创新创业服务平台建设、推动落实大学生创新创业财税扶植政策、加强对大学生创新创业的金融支持政策、促进大学生创新创业科技成果转化、办好中国国际"互联网+"大学生创新创业大赛以及加强大学生创新创业信息服务。

例如，在提高大学生创新创业能力方面，2021年颁发的《国务院办公厅关于进一步支持大学生创新创业的指导意见》（以下简称《指导意见》）指出，要将创新创业教育贯穿人才培养全过程，深化高校创新创业教育改革，健全课堂教学、自主学习、结合实践、指导帮扶、文化引领融为一体的高校创新创业教育体系，增强大学生的创新精神、创业意识和创新创业能力。建立以创新创业为导向的新型人才培养模式，健全校校、校企、校地、校所协同的创新创业人才培养机制，打造一批创新创业教育特色示范课程。要加强大学生创新创业培训。打造一批高校创新创业培训活动品牌，创新培训模式，面向大学生开展高质量、有针对性的创新创业培训，提升大学生创新创业能力。组织双创导师深入校园举办创业大讲堂，进行创业政策解读、经验分享、实践指导等。支持各类创新创业大赛对大学生创业者给予倾斜。

在推动落实大学生创新创业财税扶持政策方面，《指导意见》指出，高校毕业生在毕业年度内从事个体经营，符合规定条件的，在3年内按一定限额依次扣减其当年实际应缴纳的增值税、城市维护建设税、教育费附加、地方教育附加和个人所得税；对月销售额15万元以下的小规模纳税人免征增值税，对小微企业和个体工商户按规定减免所得税。对创业投资企业、天使投资人投资于未上市的中小高新技术企业以及种子期、初创期科技型企业的投资额，按规定抵扣所得税应纳税所得额。对国家级、省级科技企业孵化器和大学科技园以及国家备案众创空间按规定免征增值税、房产税、城镇土地使用税。做好纳税服务，建立对接机制，强化精准支持。

在加强对大学生创新创业的金融政策支持方面，《指导意见》指出，要落实普惠金融政策。鼓励金融机构按照市场化、商业可持续原则对大学生创业项目提供金融服务，解决大学生创业融资难题。落实创业担保贷款政策及贴息政策，将高校毕业生个人最高贷款额度提高至20万元，对10万元以下贷款、获得设区的市级以上荣誉的高校毕业生创业者免除反担保要求；对高校毕业生设立的符合条件的小微企业，最高贷款额度提高至300万元；降低贷款利率，简化贷款申报审核流程，提高贷款便利性，支持符合条件的高校毕业生创业就业。鼓励和引导金融机构加快产品和服务创新，为符合条件的大学生创业项目提供金融服务。

此外，各地人民政府也为大学生创业提供了不同的优惠和扶持政策。如北京市人民政府将对每名优秀大学生创业团队给予最多5万元奖励，对遴选的"高校示范性创业中心"给予每校50万元的支持；上海专门设立了大学生创业"天使基金"，大学生创业贷款最高30万元，大学生开办企业可获5万元至30万元支持等。

6. 高校积极开展创业教育和创业培训

近年来，我国高校越来越重视大学生的创业教育问题，并采取了一系列的积极措施。例如，通过开设创业管理的相关课程培养大学生创业意识；通过指导大学生参加创业大赛以及举办各类创业讲座来培养大学生的创业能力。高校的创业教育和培训大大提高了大学生的创业素养，为大学生今后的创业奠定了坚实的基础。此外，高校还积极建立大学科技园区，为大学生的创业提供实践基地，帮助大学生进行创业项目的孵化，进一步为大学生的创业活动提供有力的支持。

阅读资料12-1

我国高校的创业教育体系日趋完善

此前高校针对大学生的创业教育主要是通过培训、讲座等形式开展的，缺少必要的课程体系，致使教学形式流于表面、教学观点不够完善。对于大学生的实践教学也仅仅是依靠竞赛等方式展开，缺乏真实性。随着国家对大学生创业的支持，各高校也开始加强对学生创业管理的教育和培训。我国高校目前创业课程体系的建立主要依靠理论与实践双手抓的原则，确保学生的创业理论与创业实践相辅相成；创新创业教育与专业教育有机融合的原则，在这个原则上确保学生的创业理论可以与自己的专业相结合；对学生大学四年进行全程化的创业管理培训，确保创业培训可以融入大学生人才培养的整个过程。同时还建立了专门的教育平台、辅导平台、实践平台，帮助学生了解创业，解决创业中遇到的问题。并为大学生创业教育提供切实的保障，高校通过健全组织机构和完善工作制度来加强创新创业的组织保障建设；为学生进行创业培训的除了自己学校的专业老师，还会聘请在创业或有创业经历的社会名家和知名校友，为学生提供创业实务指导；除此之外，高校还搭建了多样化的创新创业实践训练平台供学生进行创业锻炼。

12.1.2 大学生创业的劣势分析

1. 缺乏必要的创业经验

就目前大学生创业的现状来看，很多大学生对创业计划和市场前景的描绘不过是纸上谈兵。大学生创业缺少社会实践经验，对于公司的创立以及经营等知识都是通过书本得来的，并没有亲身实践过。而且很多大学生创业者对创业的艰辛和困难认识不足。

在不少大学生创业者看来，创业就是生产出产品卖出去挣钱或者低买高卖以此赚取差价。但实际上创业绝非像大学生创业者所想象的那么简单，创业活动要涉及财务风险、预算投资、前景预测、市场调研、市场销售等多个方面，有一个环节出现问题，就有可能导致创业的失败。

2. 创业行为较为盲目

很多大学生的创业行为非常盲目，往往在还没有准备好的情况下就仓促行动。有不少大学生根本不考虑风险，也不去做周密的市场调查，创业全凭个人的直觉和激情，因此极易导致创业活动的最终失败。这种盲目的创业行为，不仅打击了大学生创业者的创

微课堂

大学生创业的劣势

业积极性，而且还会让家庭一道遭受经济损失，同时也会造成社会资源的浪费。所以，大学生在创业之前务必做好缜密的计划，要对创业的困难和风险有一个深刻的认识，切不可贸然行事。

3. 创业资金不足

创业资金不足是大学生创业者普遍遇到的一大难题。由于大学生没有稳定的收入来源，因此缺乏创业必需的资金投入，即使依靠家人资助，资金也大都非常有限。由于事业尚未开展，通过金融机构贷款融资较为困难，所以大学生创业资金不足的问题很难妥善解决。很多大学生创业者在创业过程中都是因为资金问题而不得不终止创业，创业活动也因此最终失败。

阅读资料12-2

23岁大学生办公司 开业九天宣告倒闭

开业时的鲜花还在绽放，但仅仅坚持9天，公司却要宣告"破产"。面对媒体镜头，小舒有种说不出的滋味。

创业时信心十足

23岁的小舒是"陕西ZZ科技发展有限公司"的创办人，2007年从某工程大学电子信息专业毕业，和许多大学毕业生一样，他跑过招聘会、托过家人找工作。后来虽然有一份不错的工作，但他却选择了辞职，他想在自己的专业上有所发展。

后来，小舒和同学、朋友等8人筹资7.8万元，开始创办自己的公司。当年4月21日，这家主营域名注册、网站建设开发等项目，并取得了一种环保防水手电陕西总代理的公司成立了。"把一件平凡的事做好就不平凡，把一件普通的事做好就不普通——这是我和我们公司的宗旨。"公司成立当天，小舒信心十足。

9天后陷入困境

公司先后招聘了20多名员工，而且大多是在校大学生，他们代理的产品也在不断地拓宽市场。但是经营公司和上学完全是两回事，短短几天时间，小舒就感到了压力，而且当初承诺办理公司注册手续的代理公司在拿了他1万元后杳无音信，一时间资金短缺成了这家刚刚起步公司的绊脚石。

4月29日，小舒一天没有吃饭，他拖着疲惫的身体跑学校、跑银行，但是没获得贷款，"原因很简单，现在我没有房子、汽车做抵押，也没公司做担保"。

在这个困境中，小舒没有跳出来，而是做出了一个决定，通知媒体，召开记者招待会，让公司"破产"。

其实，由于注册一直没办下来，因此从严格意义上来讲，小舒的公司还未成立便告夭折。

---

4. 社会对大学生创业者的信任度较低[①]

一部分大学生自认为具备了一定的专业知识和能力，总感觉高人一等，往往给人以眼高手低、好高骛远、看不起蝇头小利、喜欢纸上谈兵等负面的印象，致使很多人对大学生都产

[①] 陆晓峰. 大学生创业项目的选择. 复旦大学，2010.

生了这样的偏见。加上在交往中往往认为大学生年纪太轻，社会阅历太浅，办事不牢靠，不值得信任，给大学生创业造成了很多的障碍。

12.2 大学生创业项目

12.2.1 创业项目的含义与特征

1. 创业项目的含义

组织的活动可以分为两种类型，一类是连续不断、周而复始的活动，大家称之为"运作"（Operations），如企业日常生产活动；另一类是临时的、独特的、一次性的活动，人们称之为"项目"（Projects），如企业的技术改造活动。随着经济的不断发展和人们需求的多样化，项目对各类经济活动和人们日常生活的影响日益增加。

有关项目的定义很多，虽然表述有所差别，但基本都包含了项目的一些基本特征，如一次性、特殊性、目标的确定性、活动的系统性以及组织的临时性和开放性等。因此概括起来，项目可以简单定义为在有限的资源和特定的约束要求下，为实现某种目的而做的一次性努力。

与一般的项目定义相比，创业项目更为持久，因为大多数创业项目都是为了建立基业长青的企业，所以将创业项目定义为"在特定资源和环境约束下，创业者为创建新企业而进行的一系列的工作"较为准确。

2. 创业项目的特征[①]

虽然创业项目也是"项目"，但与一般或传统意义上的项目相比，创业项目还是具有一定特殊性的。了解这些特殊性，对于选择和管理创业项目具有重要的作用。通过对比分析，可发现创业项目具有不同于一般项目的六个主要特征，如表12-1所示。

表12-1 创业项目和一般项目的特征比对表

项目管理要素	创业项目	一般项目
管理者	个人或志同道合的创业团队	母公司指派的项目小组
管理方式	更多使用"例外管理"和"创新管理"	以一般规则化管理为主
技术要求	需要创新技术和工艺	技术和工艺较成熟
获利方式	企业成长时权益资本的增加	项目产品投入运营后的收益
市场开拓	无市场基础，开拓较难	有一定市场认知度，开拓相对较易
项目目标	企业运营上轨道	按要求交付产品项目

首先是管理者和管理方式的不同。创业项目是由个人或一群志同道合的人组成的创业团队，为了实现创业理想而选择的项目。由于创业的不确定性较高，对于创业项目的管理一般不可能按一般常规化的企业管理方式，尤其是创业初期，"例外管理"可能是创业项目管理的主要方式。同时，创业项目没有现成的管理制度，需要建立新的管理方式、制度和方法，这对管理者的思想、素质和知识结构提出了更高的要求。而一般项目的管理团队一般由母公司通过组织内部的人力资源调配而形成，并且有相当成熟的管理制度和流程，对管理者的要求也相对较低。

---

① 陆晓峰. 大学生创业项目的选择. 复旦大学，2010.

其次是技术要求上的不同，创新和不确定性是创业项目的技术和工艺的主要特征，而一般项目的技术和工艺相对比较成熟。随着科学技术的发展，技术和工艺革新速度不断加快，一些技术型的创业项目时常面临技术开发时间紧，应用新技术、新工艺与批量生产时稳定性和可靠性要求高的困境。

在获取收益上，创业项目主要是通过企业的成长来使初始投入的资本不断增值，如果经营情况较正常，一般收益会随着时间的推移不断增加；而一般项目是通过产品投入运营后的营收来获取收益的，由于大部分项目产品会随着时间增加而不断降低性能，加上维护成本的不断上升，其收益呈现先多后少的态势。从市场开拓的角度看，一般项目的产品依靠其母公司的影响力一般具有一定的市场认知度和比较确定的需求量，容易进行市场调查和销售量预测。创业项目的产品基本上没有市场基础，购买者和消费者从认知、接受到使用或消费其产品需要一定的时间，同时创业项目需要在市场营销方面投入更多的时间和费用。

最后，创业项目和一般项目的达成目标不同，创业项目的目标是把握创业机会，通过努力使新企业运营步入轨道，以形成较为完善的经营管理模式并获得相对稳定的收益为目标，而一般项目只要完成项目建设并交付使用即为达成目标，前者是强调寻找、把握和利用机会的机会导向，后者是资源保证前提下的项目导向。

12.2.2　创业项目选择的基本要求

1. 可行性

可行性是指确定和准备一个项目可以实施的各种条件，确保项目可以按照计划顺利进行。例如，一个创业团队需要50万元的创业初始资金，但是团队想尽了各种融资办法，也只能凑到35万元，那么这个项目最终也只能被放弃。再如，有些项目因为受到国家政策或法律的限制，也不能实施。

创业项目是否可行因人而异，如对学习语言专业的大学生来说，创办一家软件公司是十分困难的，因为不具备相应的专业基础和技术技能，但对于软件编程专业的大学生来说，情况则恰恰相反。所以，在进行创业项目可行性判断时，一定要充分考虑创业环境、创业基础和创业者自身的能力。

2. 盈利性

盈利性是指创业项目在正式运转以后要能够为创业企业带来利润。即项目实施后预期收入要大于创业投入。一般来说，企业的基本使命可概括为股东获取利润，为员工谋求福利，为客户创造价值，为社会做出贡献，而上述的一切都是建立在企业盈利的基础上的。如果创业项目不能盈利，也就失去了创办的意义。创业者可以采用项目评估的方法，预测创业项目未来的投资回报率，以此作为判断可否盈利的依据。

3. 市场发展前景和潜力

一个可以盈利的项目并不一定是一个值得创业的好项目，因为这种盈利有可能只是眼前的而不具有持续性。因此，创业者还应关注市场未来的发展前景。良好的市场前景或巨大的市场潜力，可以帮助创业企业获得长期稳定的发展。所以在选择创业项目时，一定不能忽视对市场发展前景和市场潜力的评估。

12.2.3　适合大学生创业的常见项目

创业其实就是创业者利用和整合资源对市场机会进行识别和捕捉，为市场提供产品和服务，通过创业项目实现自我价值和收益的过程。创业项目可分为传统项目和新兴项目。

1. 大学生创业的传统项目

按照创业领域和途径，传统项目可分为自主经营项目、孵化器型项目、网络销售型项目和创意服务型项目。

（1）自主经营项目

自主经营项目主要指那些传统的餐饮、服装、图书、商品的零售和开发等行业。自主经营项目在创业初期一般都是自行筹措创业初始资金，是需要创业者付出必要劳动力的项目，该项目领域内的行业都需要创业者自负盈亏。这种项目对创业者的创新能力和科技敏锐度要求不高。自主经营项目的风险小，相应的收益偏低。

（2）孵化器型项目

孵化器型项目是指创业者通过参加国家、地方人民政府或学校组织的创业比赛将自己的创业设想变为现实，通过大赛平台模拟创业的过程，帮助创业者积累实践经验，提升个人能力和创业素养。孵化器型项目可以充分利用国家和高校的创业资源，帮助大学生进行创业。创业园区的设立为大学生创业提供了免费场地，还可以及时对大学生创业项目予以创业风险评估、创业项目咨询等服务和帮助，并对好的创意进行孵化和催熟。这种项目一般对创业者自身的要求比较高，要求其创业构思具有一定的新颖性、可行性，还要具有一定的科技水平。这种项目风险小、成本低，同时还可以享受国家、政府和高校提供的政策优惠和各种帮助。

（3）网络销售型项目

网络营销型项目需要大学生依靠现代网络工具，通过互联网、微博、微信、QQ等网络社交工具进行线上营销。这种类型的创业项目可以销售特产、化妆品、日用品等一系列商品，其优点是准入门槛低，技术含量不高，只要会操作使用网络工具即可。同时因为是线上销售，经营成本较低，但是也存在规模小、创新性差、经营方式被动的问题。

（4）创意服务型项目

创意服务型项目主要需要大学生依靠自身的专业素养和艺术性思维，通过提供创意、设计、构思、策划、安排获取报酬。这种类型的项目主要涉及家装设计、婚庆策划、会议设计、艺术装饰等行业。这类项目对创业者的审美设计、创新思维有一定的要求，同时还要求大学生具有一定的美术和音乐素养。

2. 大学生创业的新兴项目

伴随着科学技术的进步，互联网的创新发展，国家关于大学生创业扶持政策的出台和不断修正完善，"大众创业，万众创新"的社会氛围日渐形成。高校对于创业教育模式的探索也在逐渐深入，大学生的创业项目也从传统项目不断向新兴项目演化。

下面介绍三类比较适合大学生创业的新兴项目。

（1）"互联网+"创业项目

"互联网+"创业是利用云计算、物联网、大数据等现代信息技术，通过创业者本身的互联网思维将传统的创业项目进行优化升级或改造重组的活动。这种创业项目需要大学生熟悉互联网知识，能够利用互联网思维并依靠"互联网+"的技术和特点来开展创业活动。

"互联网+"创业项目利用互联网的现代信息技术对传统企业进行升级改造，这要求大学生要具有互联网思维，并对传统创业项目的营销模式、运营模式和服务模式进行创新。"互联网+"创业项目注重企业之间不同利益方的连接，通过大数据和云计算帮助企业获得更多的顾客资源，为企业编织更大的价值网络，并以此获取更多的利益。例如，阿里巴巴的淘宝网既为买卖双方提供了交易平台，又促进了支付宝应用，从而实现了多方共赢的局面。

（2）科技成果转化型创业项目

科技成果转化型创业项目需要大学生对市场需求具有敏锐的辨别能力，依靠高校实验室等科研场所研究出来的科技成果或核心技术，并将这些科研成果转化为产品开展创业。科技成果转化型创业项目具有科技含量高、准入门槛高、创新性的特点，不过一旦成功，创业者将会获得较高的收益。

科技成果转化型创业项目除了要求大学生创业者具有敏锐的市场观察能力外，还要求其具有较高的科研水平和专业技术素养。科技成果转化型创业项目可以促进高新技术成果由科研项目向商业化转变，促进国家制造业的发展和优化，是值得鼓励的一类大学生创业项目。

（3）公益型创业项目

公益型创业项目是指大学生改变原有公益项目的运营模式，将其市场化、商业化，通过商业运营模式帮助公益项目获得可持续发展的一种创业活动。公益型创业项目作为一种新兴的创业项目，既可以带动国家公益事业的发展，又可以通过公益组织促进大学生就业，从侧面拉动我国的经济增长。目前，这种创业项目因具有较强的创新性和社会意义而被国家、政府、高校以及各类非营利性组织所重视。公益型创业项目需要大学生有爱心、有恒心并且要有较强的社会责任感和奉献精神。

公益型创业项目的主要特点有社会性、实践性和创业性。这三个特点是公益型创业项目运营的主要依据。社会性是开展公益型创业项目的最终目的，这就需要大学生创业者对社会上存在的问题进行深入的观察、分析和探讨，制定具体可行的方案去解决这些社会问题，以此帮助企业获取收益；实践性是指大学生创业者通过公益型创业项目可以获得创业实践的经验，这要求大学生提出的社会问题解决方案要切实可行、高效便捷；创业性是公益型创业项目目得以运营维持的重要保障，创业者将商业化的运营模式引入公益型创业项目，并根据市场变化对商业运营模式进行不断的修改调整，促进项目的可持续发展。此外，大学生选择的公益型创业项目必须符合社会发展的要求。

12.3 大学生创业的前期准备

凡事预则立，不预则废，对于大学生创业者来说，充分的创业准备可以大大提高创业成功的概率，帮助大学生在创业之路上走得更加平稳和长久。

12.3.1 创业准备的定义

创业准备是创业者在进行创业之前收集和整理创业相关信息并调整自己心态的过程。充分的创业准备工作可以为大学生创业实践奠定良好的物质基础，从而促进创业活动顺利地开展。此外，创业准备还可以帮助创业者确定创业的方向、明确创业的目的，准确把握创业的机会，及时掌握市场的动态并做出相应的决策。

12.3.2 做好大学生创业的前期准备

大学生在创业之前要精心做好一系列的前期准备工作，包括明确创业方向、发现和评估市场机会、创业项目的选择、创业计划的编写、确定创业的融资方式、创建创业团队以及提升创业心理素质等，下面分别予以介绍。

1. 明确创业方向

大学生在创业之前应综合考虑自身的能力和所拥有的资源，以此来确定创业的方向，绝不能任凭主观臆断做出草率决定。创业方向的确定需要一个艰苦的过程。创业者一定要做好前期的调研和对自身的评估工作。创业方向最好能与创业者自身所学的专业和曾经的兼职经历有一定的相关性，这样有助于发挥优势，从而提高创业成功的可能性。

2. 发现和评估市场机会

创业者的创业动机常常是源于发现了新的市场痛点，通过创业活动来解决痛点并从中获取收益。但发现机会并不意味着马上就可以去创业，创业者还需对市场机会进行客观、全面的评估。要明确市场机会能够带来多高的收益，会导致哪些风险，能否帮助企业维持长期稳定的经营发展，以及创业者在现有条件下能否设计和生产出市场所需要的产品和服务等。

3. 创业项目的选择

选好项目是成功创业的前提，而一旦不幸选错，创业之路必将异常艰辛，甚至会导致最终的失败。大学生创业者在选择创业项目时，应优先考虑以下几点。

（1）选择有政策优惠的项目

我国政府为鼓励大学生积极创业先后出台了一系列的优惠政策，如大学毕业生新办咨询业、信息业、技术服务业的企业或经营单位，经税务部门批准，可免征企业所得税两年；新办从事交通运输、邮电通信的企业或经营单位，经税务部门批准，第一年免征企业所得税，第二年减半征收企业所得税；新办从事公用事业、商业、物资业、对外贸易业、旅游业、物流业、仓储业、居民服务业、饮食业、教育文化事业、卫生事业的企业或经营单位，经税务部门批准，免征企业所得税一年。大学生创业者一定要事先了解这些政策，并充分加以利用。在其他条件相似的情况下，应优先选择这些项目。

（2）初始资金投入少、资金周转快的项目

麦可思公司发布的《中国2016届大学毕业生求职与工作能力调查报告》显示，78%的本科生和75%的高职高专学生的创业资金来自父母、亲友、借贷和个人储蓄。大学生创业者的家庭多属于工薪阶层，能够获取的创业资金有限，为防止出现资金短缺问题，应尽量选择那些初始资金投入少、资金周转快的项目。

（3）选择处于成长期的项目

大学生创业者都是年轻人，他们喜欢新生事物，也勇于创新。所以在创业时偏好选择全新或刚开发出来的项目。虽然创新值得鼓励，但如果项目本身缺乏必要的市场基础，这样往往会导致较高的风险。就大学生的抗风险能力来说，选择市场已经开发且现有供给不足的项目，应该更为稳妥。这样的选择一方面能够降低创业风险，另一方面也能保证较为长期的收益。另外，完全成熟的项目，市场竞争激烈而且缺乏市场发展前景，也是大学生创业者应该回避的。

（4）有特色的项目

众所周知，产品的同质化将会导致市场竞争激烈，最终使所有商家都很难获利。而创业项目也是如此，一些项目一哄而上之后，必然造成乱象丛生，创业风险骤增。因此，创业者在选择创业项目时，应考虑项目的特色，走差异化之路。

阅读资料12-3

"90后"掘金阿拉迪小切糕

一提到切糕，就会让人联想到用核桃仁、葡萄干、芝麻、玉米馅等原料熬制而成的西域美食，但真正吃过的人并不多。"90后"襄阳小伙刘思源为了让美味平价的正宗西域小切糕成为大众小吃，奋斗了整整3年。他和团队里同样年轻的"90后"小伙伴，凭借着自主研发的"阿拉迪小切糕"在2015年湖北农村青年电商创业大赛上脱颖而出，夺得了初创组冠军。

当"90后"爱上"小切糕"

春夏是休闲食品的旺季，刘思源和小伙伴们也格外忙碌。周末时，他带着几十盒"阿拉迪小切糕"在武商襄城购物广场的超市里试销。穿着真空"外套"的"阿拉迪小切糕"让人眼前一亮，顾客没见过，更没吃过，好奇地驻足观望。

此前在襄阳，市民们见到的都是商贩用推车沿街出售的大块切糕，有需要就切下一块论斤卖。可这是一款改良后的全新产品，刘思源和小伙伴们不知道市场如何，更不知道如何定价。因此，只要有顾客驻足试销台，他们就会马上推介："这有一款正宗西域小切糕，您愿意购买尝一尝吗？"

顾客们同意后，已为"阿拉迪小切糕"奋斗了整整3年的小刘极为高兴。

试吃之后，许多顾客直接付钱买走切糕。"顾客给出的心理价位在30元/盒至50元/盒，而我们预售价是39.8元1盒。"刘思源对市场的判断相当敏锐。

"切糕王子"新闻激发灵感

2012年，一则新闻吸引了正在上大学的刘思源的眼球，"长沙理工大学的一名大学生勤工俭学，在互联网上卖切糕，生意非常红火，被网友称为'切糕王子'，一下子成了'明星'"。不过，刘思源的关注点是切糕生意。

刘思源在大学里就是个"创业达人"，开了好几个小公司，头脑灵活，嗅觉敏锐。从"切糕王子"的创业故事中，他嗅到了商机，"我联系了长沙'切糕王子'，谈到我也想做切糕的想法。他建议我去西部走走，看看正宗的切糕。"

于是，2013年刘思源在寒暑假期间去了西部大城市两趟，找到当地制作切糕的老艺人，走进家庭作坊看制作过程。此外，他也找到当地知名的切糕专卖店，现场观看制作工艺。

改良"西域美食"大赛夺冠

在考察市场的过程中，刘思源一直在思索：作为西域传统美食，切糕很受当地人欢迎，但为何没能进入更广阔的市场？

通过不断试吃和了解切糕制作工艺，他最终确定了"把切糕改小、切薄，做成小包装；提高果仁含量，降低糖分的比例"的改良思路。确定创业方向后，刘思源和4名与自己同龄的"90后"开始了追梦之旅，他们成立了湖北襄阳阿拉迪食品科技开发公司。五位合伙人之前都曾创办过公司，也都是资深"吃货"。

历经3年的研发，每块10克左右的真空小包装、干净卫生、更适合大众消费的"阿拉迪小切糕"新鲜出炉。据悉，小切糕一"出生"，就吸引了40多位全国各地的微商代理加盟。"加上苏宁网店和淘宝网店，我们的重点销售渠道已经就位。"刘思源这样介绍。

不过，刘思源的"野心"很大，他有一个大目标，希望切糕能像大白兔奶糖一样成为消费者的手边零食，让所有人尝到正宗的西域风味美食。

资料来源：搜狐网。

（5）需要人员较少的项目

大学生缺少人力资源管理经验，如果创业初期人员过多，很可能会被内部人事工作所拖累，而无法集中精力开拓市场。而创业伊始，市场开拓是最为核心的工作。因为没有市场，创业企业就失去了生存之本。待市场局面打开之后，企业有了新发展，创业者的管理经验得到了积累，自然就可以根据需要增加更多的员工。

4. 创业计划的编写

计划是对未来工作的预先安排，在创业活动中具有统筹和指导性的作用。因此，编制创业计划是大学生创业者必须做好的一项重要工作。因为在此前的章节我们已经对创业计划做了专门的论述，所以本章仅就大学生创业计划的内容和制订创业计划的基本要求进行简单的介绍。

（1）创业计划的内容

创业计划的内容一般包括十个方面，即对创业目标的规划、创业背景的简单介绍、市场调查与预测、公司的发展战略、应急措施、创业团队、组织管理、项目可行性分析、财务预测和具体的实施方案。

在具体内容方面，创业目标的规划应该包括创业的区域、成立企业的性质（营利性还是非营利性等简单概述）、对计划设计目的的简单阐述，以及企业创立对社会发展的价值和预期能够达成的最高目标。创业背景包括对目前拥有的资源条件、存在的缺陷、主要竞争对手、企业成立后市场及产品开发策略等的介绍。市场调查与预测主要是通过调研，了解市场需求并做出相应的市场前景预测。公司的发展战略主要是制定企业长远发展的方针和政策。应急措施主要是针对创业过程中可能遇到的风险进行分析并提出相应的对策。创业团队部分主要是介绍团队成员的特长、专业和主要职责等。组织管理部分介绍组织结构、组织的运行模式等。项目可行性分析主要是对创业项目的可能性、有效性、如何实施、相关技术方案及财务效果进行分析和论证。财务预测部分主要介绍创业企业资金的取得和投放、各项收入和支出预测及企业经营预期成果等。具体的实施方案则是对创业各项活动所做的详细安排。

（2）制订创业计划的基本要求

首先，创业的计划要具有科学性。大学生的创业计划应该是在对市场需求进行充分调查的基础上撰写的，不能凭主观臆断，撰写的数据要符合客观真实的原则。其次，创业计划需要对创业活动中的各类风险进行充分的评估。再次，创业计划应该切实可行，创业计划的内容要真实可信、言之有物。最后，创业计划必须符合国家的法律法规。

5. 确定创业的融资方式

创业融资的渠道较多，如亲情融资、金融机构贷款、天使投资、网络平台借贷、合伙融资以及政府政策性融资等（鉴于本书此前在创业资源与创业融资一章中对融资渠道已进行过专门介绍，所以在此不再赘述）。但因大学生创业者普遍缺乏成功的创业案例且抗风险能力较弱，所以真正愿意为其提供资金的渠道并不多。就现状而言，大学生在创业融资时应优先考虑亲情融资、政府政策性融资和合伙融资。

6. 创建创业团队

大学生创业团队，是指有着共同创业理想的大学生，在其价值观、创业理念基本一致的前提下，所组成的有机整体。创业团队能够克服大学生个人创业资源和能力不足的弊端，是实现成功创业的人力保障。

大学生创业团队建设是指寻求创业伙伴，形成团队并不断改进和完善团队的过程。大学生创业团队必须不断完善自身才能形成坚强有力的领导团体。必须从社会知识、商业理论等各方面不断学习和提升，系统地掌握创业的理论和创业基础知识，了解相关法律法规以及相关政策的规定，提高社会责任感，从而不断提升团队竞争力[①]。需要注意的是，创业管理者必须要做好团队成员的利益分配工作，避免日后引起争议和矛盾。同时，还需要注意做好创业团队内部决策权的分配问题，以避免权力的过分集中或过于分散，从而提高团队决策的质量和效率。

阅读资料12-4

"厨小先"创业团队的创业历程

在广州大学城打开某外卖App，附近商家中综合排序第一的是一个月销售量达一万多单的商家——"厨小先"。它的团队成员大多是大学生。

2017年7月，"厨小先"创业团队的初创成员在原来的餐饮项目中遇到了瓶颈，在思考如何转型以及如何在餐饮行业寻求突破后，他们快速组建新的团队，只用了一个月的时间就完成了从方案确定到筹备上线的整个过程。上线一个月内，"厨小先"成为广州大学城外卖销量冠军，之后更因其突出的成绩成为美团在全国推广的案例。在外人看来，这一切来得如此顺利，但对于这一群坚信"年轻就是无限"的年轻人来说，如今取得的成绩绝非一日之功。

永葆热情，是因为有一颗不怕吃苦的心

和许多大学生创业团队一样，"厨小先"团队成员大部分是"90后"，平均年龄为24岁，热情洋溢、活力无限是他们的名片。团队初创成员项宝莹表示，因为大家都是好玩的年轻人，平日里办公室的氛围非常活跃，大家关系也很好，自然就容易团结起来。"团队中也有许多没有或缺乏创业经验的人，但他们都非常愿意吃苦，愿意学习，这一点是我非常欣赏的。"

在公司初创期，发展尚不稳定，每天总会出现大大小小的问题，加班便也成了家常便饭。那个时候，成员们总是会在下班后自觉留下来，总结当天的问题，一起讨论解决方法。在后厨人手不足时，许多办公室的小伙伴更会主动前去帮忙，做起一线的工作。时刻保持热情的他们，不怕吃苦，齐心协力，才让厨小先在高校市场中站稳了脚跟。

精益求精，细节决定成败

大学生创业团队大多因为热情走到一起，但对于"厨小先"团队来说，热情是基础，更重要的是精益求精的态度。品牌上线前一个月的准备，是"厨小先"创业团队迎来的第一个大考验。从品牌UI设计到菜品的研发，团队中的每个人全程都是加班加点，甚至一人兼多个岗位。UI设计要完美呈现品牌理念，听取各方意见，不断修改；后厨不断进行菜品研发，试吃，再升级。

对一个外卖品牌来说，餐盒就是门面，他们对此丝毫不马虎。在品牌筹备阶段，他们

[①] 任红婕. 在校大学生创业团队形成过程及教育反思研究. 四川师范大学，2016.

通过各种途径找遍各种餐盒，测算它的成本、实用性、市场竞争优势，还要走访厂家，最终才确定一款从上海进货的双层饭盒。他们表示，接下来还有升级餐盒的计划，力求在细节上做到最好。

资料来源："00后"创业网。

7. 提升创业心理素质

创业活动之艰辛常人根本无法体会，近年来媒体多次曝光了一些青年群体的创业心路历程，很多创业者在巨大的压力下身心俱疲，不少人因此抑郁，更有极端者时常会产生轻生的可怕想法。大学生涉世未深，经历的挫折较少，很多创业者对困难和危机估计不足，很容易在创业不顺时产生心理问题。因而在创业的前期准备过程中，大学生们还必须注重创业心理素质的提升问题。

提升心理素质的方法有很多，如参加创业心理培训课程、请心理专家辅导以及阅读与创业心理相关的书籍等。只有通过正确的方式提升心理素质，大学生创业者才能在创业过程中遇事冷静，敢于面对创业过程中的风险和挑战，并在遇到挫折时心平气和、安之若素。

本章习题

一、单选题

1. 2021年颁发的《国务院办公厅关于进一步支持大学生创新创业的指导意见》规定，对月销售额（   ）的小规模纳税人免征增值税。

    A. 5万元以下   B. 10万元以下   C. 15万元以下   D. 20万元以下

2. 组织的活动可以分为两种类型，一类是连续不断、周而复始的活动，大家称之为"（   ）"，如企业日常生产活动；另一类是临时的、独特的、一次性的活动，人们称之为"（   ）"，如企业的技术改造活动。

    A. 项目、流程   B. 流程、运作   C. 运作、项目   D. 项目、方案

3. 创业项目选择的基本要求包括（   ）。

    A. 可行性、便利性、专业性

    B. 可行性、盈利性、投资潜力

    C. 可行性、有潜力、有需求

    D. 可行性、盈利性、市场发展前景和潜力

4. 创业项目可以分为（   ）。

    A. 传统项目、新兴项目   B. 实体项目、网络项目

    C. 无本创业、小本创业   D. 自主创业、加盟创业

5. （   ）是创业者在进行创业之前收集和整理创业相关信息并调整自己心态的过程。

    A. 创业教育   B. 创业实训   C. 创业准备   D. 创业心理

二、多选题

1. 大学生创业的前期准备包括（   ）。

    A. 明确创业方向   B. 发现和评估市场机会

    C. 创业项目的选择   D. 创业计划的编写

    E. 确定创业的融资方式

2. 适合大学生创业的常见传统项目有（ ）。

    A. 自主经营项目   B. 孵化器型项目

    C. 网络销售型项目   D. 科技成果转化型项目

    E. 创意服务型项目

3. 创业项目与一般项目相比，在（ ）方面存在着不同。

    A. 管理者   B. 管理方式   C. 技术要求

    D. 获利方式   E. 市场开拓

4. 大学生创业的劣势主要有（ ）。

    A. 缺乏必要的创业经验   B. 创业行为较为盲目

    C. 容易轻信他人   D. 创业资金不足

    E. 社会对大学生创业者的信任度较低

5. 大学生创业的优势包括（ ）。

    A. 自身基础素质高   B. 具有较强的环境适应能力

    C. 拥有创新能力   D. 团队组合有优势

    E. 国家对大学生创业提供了有力的支持

三、名词解释

1. 创业项目   2. "互联网+" 创业   3. 创业准备   4. 公益型创业项目

5. 大学生创业团队

四、简答及论述题

1. 国家对大学生创业提供了哪些支持？

2. 创业项目的特征主要有哪些？

3. 创业项目选择的基本要求有哪些？

4. 如何提升大学生的创业心理素质？

5. 试论述大学生创业的劣势。

案例讨论

三位在校大学生的创业故事

很多大学生毕业后成为求职大军中的一员。可有一群大学生，他们还在求学时，就自己创业当起了老板。

故事1：从兼职到单干，只为实现烘焙梦

周末的一天，刚上大一的女大学生A和同学逛街时刚好遇到一家甜品店招兼职人员。于是就去试了试，没想到一干就是两年多。A刚开始兼职的时候工资是按工作时长计算的，后来她成了兼职领班，有了固定的底薪，两年多总共挣了近3万元。

看似简单的兼职，其实并没有那么容易。回忆起这段经历，A感触良多。"刚进去时每天压力很大，除了搬奶浆这种体力活，最难的是记配方。刚去的那段时间每天像背课文一样背配方，做梦都梦到在配料。兼职两年多后，A决定单干，于是自己开了家烘焙微店。创业之后，A除了上好课外，就一心扑在烘焙微店的经营上。由于兼职期间积累了不少熟客，A的生意做得很不错。

A的父母一开始是反对A创业的，他们觉得大学生应该以学业为重。但A向父母保证绝不会荒废自己的学业，后来她的父母就默许了。说实话，创业难免会对学习产生一些影响，但A表示她要坚持梦想，不会轻易放弃。

故事2：创立格子铺，"包租婆"亲自上阵

很多人都听过卖铲子的故事。当年美国加州淘金热的时候，很多人蜂拥而至挖金子。当很多人淘金的时候，有些人却另辟蹊径，卖铲子和水挣了大钱。大三女学生B的创业经历与此有些类似，"那么多人想开店，为什么不瞄准这部分人的需求呢？"于是她就想到了格子铺。

什么是格子铺？简单地说，就是将商品柜分成一个一个的小格子，每个格子相当于一个小门店，出租给他人使用，格子铺所有人通过收取租金和管理费盈利。"很多人想创业，但是盘一个门面，装修、押金、进货要投不少钱。相比之下，格子铺门槛低得多，百来元月租就能当老板。"不久，B和几个同学合伙经营的部落格格子铺正式开业。

由于创业门槛低，吸引了不少大学生。"一个月租金已破万元，但关键是如何持续。有的东西并不是那么好卖，于是有的同学很快就退出了。"为了带动人气，B开设了免费寄卖二手物品的方式。本来只是想当"包租婆"的B不得不亲自上阵，也开始卖自己的商品。她认为，大学阶段创业算是一次尝试。

故事3：跨界创业一年亏6万元，坚持还是放弃

大学生创业，积累的不仅是经验，也有教训。C是一名机械专业的大三学生，自主创业成立了一家广告工作室。虽然学的是工科专业，如今却跨界成为广告人，C坦言："算是阴差阳错吧，觉得广告和营销挺重要，就入行了。"

广告工作室是靠项目吃饭的，有了大单才能活下去。不久工作室接了一个大项目，C暗自庆幸，觉得自己的运气太好了。但事与愿违，项目做下来之后，C不但没有赚钱，还亏了不少。C后来总结道："项目太大了，时间又很赶，我们团队总共才7个人，根本无法完成。为了履约，不得不花大价钱请'空降兵'，结果贴了钱。"

由于创业的资金是向亲戚朋友们借来的，创业一年多时间亏了6万多元，C感觉压力巨大。但对未来，他有自己的规划，"维护好老客户，签订长期合同先让团队活下去，再谋发展"。

资料来源：改编自《长沙晚报》。

思考讨论题：

1. 你认可案例中三位大学生的创业项目选择吗？请说说你的理由。
2. 从以上三位在校大学生的创业故事中，我们能得到哪些启示？

第13章 典型创业案例与综合实训

本章导读

本章精选了四个颇具代表性的创业案例，并分别进行了分析和点评。对真实创业案例的深入剖析，有助于我们更好地探寻创业成功的途径。此外，本章还设计了创业综合实训项目，希望通过实训，帮助学生进一步提升对创业活动的认识。

知识结构图

```
                                              ┌──────────────────┐
                          ┌─ 比亚迪集团创始人王传福的创业历程 ─┤   案例材料        │
                          │                   ├──────────────────┤
                          │                   │   案例分析与点评   │
                          │                   └──────────────────┘
                          │                   ┌──────────────────┐
          典              ├─ 百年老字号李锦记的创业故事 ─┤   案例材料        │
          型              │                   ├──────────────────┤
          创              │                   │   案例分析与点评   │
          业              │                   └──────────────────┘
          案              │                   ┌──────────────────┐
          例              ├─ 朱梅楠：返乡入乡创业带头人 ─┤   案例材料        │
          与              │                   ├──────────────────┤
          综              │                   │   案例分析与点评   │
          合              │                   └──────────────────┘
          实              │                   ┌──────────────────┐
          训              ├─ 新农人张志远的"花式"创业 ─┤   案例材料        │
                          │                   ├──────────────────┤
                          │                   │   案例分析与点评   │
                          │                   └──────────────────┘
                          │                   ┌──────────────────┐
                          └─ 创业综合实训 ─────┤   实训内容及程序   │
                                              ├──────────────────┤
                                              │   实训评价        │
                                              └──────────────────┘
```

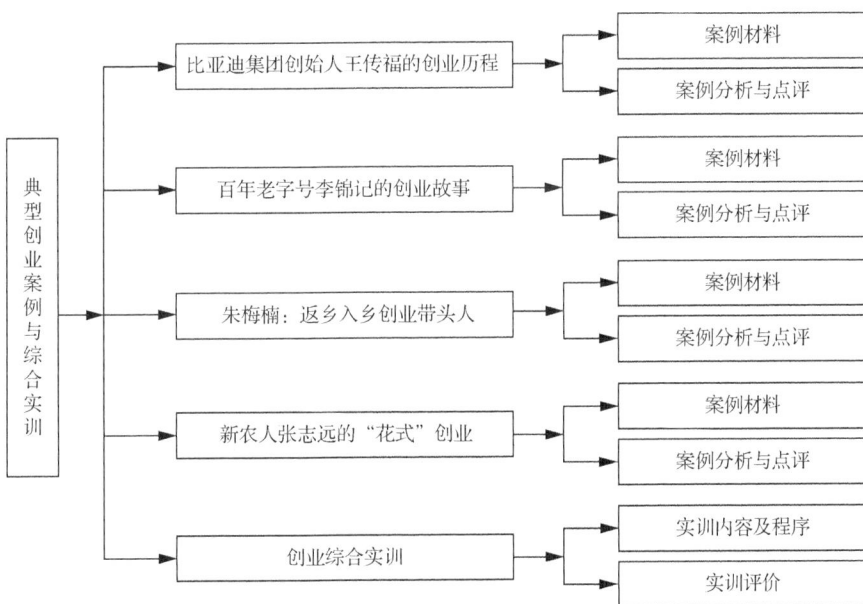

13.1 比亚迪集团创始人王传福的创业历程

13.1.1 案例材料

比亚迪集团创始人王传福的创业历程充满了传奇色彩。他从小家境贫寒，父母离世，兄妹三人相依为命。然而，他并没有被困境打倒，而是通过自己的努力和坚持，创办了全球知名的企业——比亚迪集团。

1. 荆棘丛生的成长之路

王传福的成长之路充满荆棘，但这也锻炼了他坚强的意志。王传福是安徽芜湖人，出生于20世纪60年代的一个农村大家庭，家境贫寒。但王家拥有良好的家风，在父母的教育下，他很小便养成了刚强正直的性格和坚强不屈的精神。

可惜好景不长，在王传福十三岁的时候，他的父亲不幸去世。两年后，在王传福参加中考的时候，母亲也不幸去世了。由于受到母亲离世的打击，王传福在考试时出现了严重的失利，未能如愿考上当时热门、好找工作的中专学校。意外之下只能选择去念高中。其实王传福原本也打算不再继续读书，想要出去挣钱养家。不过大哥却不愿意牺牲他的前途，要王传福继续读书。

后来大哥迎娶了贤惠的大嫂，王传福也享受到了如同母亲一般的长嫂的照顾。善良的大嫂不仅从未嫌弃过照顾王家弟妹的辛苦，还会在每周王先生回家的时候塞给他10元钱做生活费。

就这样在哥嫂的悉心照料下，王传福顺利考取了中南大学冶金物理化学专业。而大嫂为了帮他凑齐大学学费，不惜卖掉了自己的嫁妆。彼时的王传福便下决心要努力学出个样来，将来回报他的哥哥嫂子。

王传福在读大学期间，不仅成绩出色，而且还积极参加学校活动，培养自己的综合能力，视野也得到了很大的拓展。大学毕业后，王传福考上了北京有色金属研究总院的硕士研究生。

2. 辞别铁饭碗，创办比亚迪集团

1990年，王传福正式读完了硕士，留在北京有色金属研究总院做电池研究的工作。而正是因为这段工作经历，王传福不经意间发现了电池领域的投资机会。后来经过一番对市场的了解，他萌生了创业的想法。有着极强行动力以及实操经验的王传福说干就干。于是在1995年，他辞去了原来稳定的工作，与表哥一道创办了比亚迪集团。

王传福创办比亚迪集团时不盲目追求现代化、一味引进外国生产线，而是选择了自主研发之路。凭借着优异的产品品质和低廉的价格，比亚迪集团吸引了国内外企业的青睐，获得了大量的订单。

随后，比亚迪集团开始研发技术难度较高的镍氢电池和锂电池。当时，这项技术为日本人所控制，所有人对王传福都不看好，但王传福认为这是机会，经过不懈努力终于获得了成功。

3. 转战新能源汽车领域

1995—2002年，比亚迪集团接连获得飞利浦、索尼、摩托罗拉和诺基亚等当时手机巨头的电池生产订单，企业的实力不断提升。比亚迪集团逐渐成为镍镉电池领域的领导者，同时在手机锂电池方面也有着不俗的市场表现。但王传福志不在此，他有一颗想要进军汽车领域的心。

2002年7月，比亚迪集团收购了北京吉普吉驰模具厂，开始为这一理想铺路。2003年是个转折年，比亚迪集团在当时已经是全球第二大充电电池制造商，不满足现状的王先生收购了秦川汽车，从此开启了B集团的汽车之路。王传福认为新能源汽车将成为未来的趋势。于是他带领比亚迪集团开始研发电动汽车，并打造出一系列具有竞争力的车型。

2022年，比亚迪集团全年营业收入4240.61亿元，同比增长96.2%，各项核心经营数据均创历史新高。比亚迪集团新能源汽车销量实现大幅增长，2022年新能源汽车全球累计销量突破186万辆，荣膺全球新能源汽车销量冠军。

2023年1—7月，比亚迪集团新能源汽车累计销量突破150万辆，其中，海外累计销售超9万辆，超越2022年全年的海外销售总量。

秉承"技术为王、创新为本"的发展理念，比亚迪集团2022年累计研发投入202.23亿元，同比增长90.31%。截至2023年7月，比亚迪集团全球累计申请专利超4万项、授权专利超2.8万项，拥有超9万名研发人员，赋能新能源行业高质量发展。凭借刀片电池、DM-i超级混动、e平台3.0、CTB电池车身一体化、易四方技术平台、云辇智能车身控制系统等颠覆性技术及应用，比亚迪集团形成庞大的"技术鱼池"，持续引领全球绿色出行的变革。

自成立以来，在创始人王传福的领导下，比亚迪集团坚持前瞻战略和技术创新，实现业绩的持续攀升。如今，比亚迪集团已成长为一家横跨电子、汽车、新能源和轨道交通四大产业的国际型企业。依靠不懈的技术创新，比亚迪集团走出了一条可持续创新发展之路。

13.1.2 案例分析与点评

王传福于1995年创立了比亚迪集团，当时公司主要生产电池。他深知电池行业技术迭代的重要性，便把大量资金投入研发，不断推陈出新。经过几年的努力，比亚迪集团在电池行业逐渐崭露头角，成为国内外众多企业的合作伙伴。在电池领域取得巨大成功之后，王传福开始把目光转向汽车行业。他相信，新能源汽车将成为未来的趋势。在王传福的领导下，比亚迪集团的新能源汽车从无到有，不断壮大。如今，不仅在国内市场广受欢迎，还出口到世界各地。

总结起来，王传福的创业成功得益于以下几个方面。

坚定的信念和远见卓识。王传福始终坚持自己的信念，勇于接受挑战，不断探索新的领域。他对电池和新能源汽车行业有着深刻的理解和独到的见解，早在20年前就预见了新能源汽车的未来。

持续的研发投入和创新。比亚迪集团在研发上的投入和创新精神使公司在电池和新能源汽车领域始终保持领先地位。

敏锐的市场洞察和产品定位。王传福对市场趋势和消费者需求的准确把握，使得B集团的产品能够满足市场需求，赢得消费者的喜爱。

勇于接受挑战和拓展新领域。在取得成功后，王传福并没有停下脚步，而是继续探索新的领域，推出了一系列具有创新性的产品。

总之，王传福是一位富有远见、创新精神的杰出企业家。他的创业历程和经营哲学为我们树立了榜样。

13.2 百年老字号李锦记的创业故事

13.2.1 案例材料

李锦记创建于1888年，凭借严格的品质管理和强大的市场拓展能力，在20世纪70年代迅速建立起一个蜚声海内外的酱料王国，与同珍酱油、淘大和八珍并称香港四大酱园家族。李锦记的畅销产品多达60余种，分销网络遍布世界五大洲100多个国家和地区，有着"有华人的地方就有李锦记产品"的美誉。斐然的成绩，使李锦记殊荣备至，先后荣获香港出口市场推广大奖、海外拓展成就奖、亚洲第四大品牌称号及亚洲食品第一品牌等奖项，并当选为香港二十大杰出商业机构，李锦记集团前主席李文达也被评为香港100位最具影响力的人物之一。进入21世纪，李锦记又被评为千禧年香港十大企业。

1888年，李锦记创始人李锦裳先生于广东南水，发明蚝油并创建李锦记，从此开始了制造调味酱料的事业。1920年，李氏家族的第二代成员李兆南先生致力改进生产及提高产品质量，使李锦记蚝油及虾酱畅销于北美各大城市。20世纪70年代初，李锦记第三代传人李文达先生出任集团主席，大胆改革更新设备，增加品种，调整价格，扩大销路，设计全新企业商标和商品包装，开创了事业崛起的新纪元。李锦记的部分明星产品如图13-1所示。

图13-1 李锦记的部分明星产品

在李锦记发展的初期，香港的消费水平还较低，消费者对高价蚝油的需求较小，因此，李锦记采取了与众不同的市场发展策略：先以海外市场为起点，而后再致力拓展香港市场。这样的变通使得李锦记有了良好的国际声誉。20世纪70年代以后，李锦记大力发展香港市场，最初是在皇后大道的一间零售店以及几家杂货铺里销售产品，后来正好赶上超市迅猛发展的好时机而得以广泛铺货、大量销售。

20世纪70年代，李锦记还只是凭借旧装特级蚝油和虾酱两种产品打天下，但随着消费者需求的多样化，这两种产品显然已经不能满足市场的需求了。于是，李锦记顺势而为，转变经营理念，将原先的品质保证部门独立出来，专门成立了20多人的研究与开发部门，以加大产品研发的力度。为保证新研发的产品的品质，研发人员常常要做大量工作，如目标消费者调查、向烹饪专业人士以及零售商取经讨教等。李锦记不断推陈出新，产品由原先的两种增至150多种。其中，因蒸鱼豉油的开发和推广，李锦记荣获了1997年度香港杰出营销奖HKMA/TVB铜奖。

俗话说"三分长相七分打扮"，为使老字号的产品不显陈旧，李锦记不失时机地设计新的品牌标识。不同于早期土气的外观造型，新包装采用了国际流行的直线设计，因而更具现代感和美感，更易为消费者接受。

1992年，公司还特意聘请专业设计顾问公司为李锦记重新设计一套包装标识系统，把招纸和标签统一，从而给消费者耳目一新的感觉，并便于识别。为增加卖点，招纸上除印有基本资料如成分及重量外，还提供了菜谱及使用方法。另外，公司也在招纸上印上外文以利于外销。

李锦记注重现代营销传播，曾开展一系列的广告及赞助活动：邀请香港歌手拍摄电视广告；独家赞助某马戏团在香港海洋公园的表演；为烹饪界知名人士的电视烹饪提供酱料……这些传播活动大大提高了李锦记的知名度和美誉度。

李锦记是一家名副其实的家族企业，但其决策层通过四次更替，实现了企业的现代化和国际化。第四代家族成员在国外深造后于20世纪80年代先后回港，在集团的不同岗位上发挥所长，使李锦记的管理不断走向正规化和科学化。

20世纪90年代初，由于不满足于调味品事业上的成功，李锦记利用品牌知名度进行品牌延伸，致力拓展地产、餐饮、健康食品和运输等业务，以增大其市场"蛋糕"。

"很多人说'富不过三代'，我们的家族发展要打破这个魔咒。"香港百年老字号企业"李锦记"第四代传人李惠民在清华大学演讲时表示，"无论个人还是社会，能够可持续发展才是有意义的。"李惠民以"文化的基石"为题，分享了"李锦记"作为家族企业发展百年仍不断壮大的秘诀："'思利及人'是我们家族的核心价值观，在考虑自己利益的同时，也从别人的角度、从更宏观的角度思考问题。"

经过对世界各地家族企业的考察，李锦记家族开始了自己的举措，制定了"李锦记家族宪法"，成立家族委员会，委员会的结构如图13-2所示。

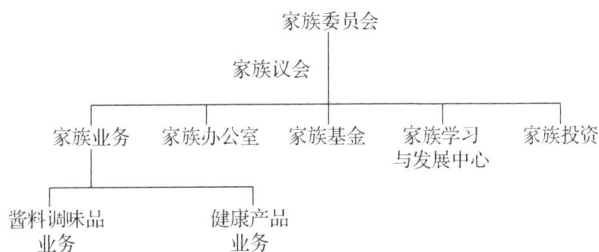

图13-2 李锦记家族委员会结构

"家族宪法"充分保障了李锦记家族的纯洁性和利益，最大可能地杜绝了将来内斗的发生，防患于未然。家族委员会则确立了家族集体领导的模式，不再指定家族企业的接班人，重大的事务全部由家族委员会集体讨论决定。最初家族委员会由李文达夫妇和五个子女构成，共7人，委员会主席一职轮流担任，主席要按照家族事业发展状况选择议题，安排日程。

家族委员会会议每三个月举行一次，会期四天，第一天到第三天讨论家族内部的事情，最后一天交流彼此家庭近况等问题。家族委员会会议之后召开董事会，会期只有三天，这是为了确保家族委员会是凌驾于董事会之上的最重要的决策机构。董事会机构单独设置，会上不讨论家族事项，只讨论并决定有关企业发展的重大事项。

"家族宪法"规定，下一代必须在其他公司工作3年，委员会成员不得超过9人，75%以上成员达成一致即可更改"家族宪法"等。李惠民说，上至股权分配、下至儿女教育，"家族宪法"都做了详细的规定。

相对于"家族宪法"等硬件规定，李惠民将价值观、思维方式等称为家族发展的"软件"。除了"思利及人"，"换位思考、永远创业"等都被这个家族及企业作为信条。"我们提倡'治未病'，采取各种措施保证我们的家族企业不生病。"李惠民说。

李惠民多次强调"要保持的不是一个企业，而是一个家"，提倡家族成员始终以家族为核心，懂得"我们"大于"我"，"家族"大于"家庭"。他介绍，在"李锦记"内部，其至还有一个"三不准"规则：不准晚结婚、不准离婚、不准有婚外情。

为保持家族事业延续，"李锦记"已在潜移默化中，开始对自小就接受西方教育的第五代加以培养，以增强其对家族的责任感。李惠民说，家族曾安排第五代成员到北京参加"李锦记清华大学暑期学习班"等，让他们通过对历史、传统文化的学习和大量的户外考察，感知和接受中华传统文化。

13.2.2　案例分析与点评

通过对李锦记案例的分析可以看出，李锦记通过不断地进行战略创业活动，逐步实现了企业在家族内部的成功传承。在李锦记多年的发展历史中，已完成了几次代际交接，每一次李锦记都可以平稳地渡过传承延续的难关。其关键在于在李锦记以往三代的接班人中，每一代都能够在上一代创业的基础上，延续前任的创业精神，不断加入新的思想，冲破旧的束缚，在现有制度的约束下，突破并且创立新的制度。

李锦记不断地通过制度创新和文化创新，促进家族企业的战略创业活动，从而最终实现创业精神的传承。例如，李惠森在战略创业的推动过程中，通过家族委员会，提出自动波领导等思想，得到了家族人员、员工、合作伙伴以及公众人士的认可。

李锦记通过治理结构变革、外部资源引入、内外部网络构建、国际化发展等战略创业行为，实现了其在第四代成员间的成功发展，并实现了李锦记产业的创新与企业使命的第二次飞跃。作为一个百年企业，李锦记还在以顽强的生命力成长。新鲜血液的加入促进了李锦记的加速发展。李锦记的发展历程，正是一个不断创业的过程。正如李文达和李惠森所言，"不断创业"才是企业发展的长久之计，而李锦记，也将在"永远创业"的理念中走得更远、更长。

家族企业将亲情与利益结合，既会产生能量，也会产生矛盾。这个问题曾经同样困扰着"李锦记"家族，然而跨越四代人，经过多年的发展，这个家族企业已孕育出自己独特的管理智慧。

13.3　朱梅楠：返乡入乡创业带头人

13.3.1　案例材料

朱梅楠是山东省最早一批深入研究多旋翼电动植保无人机生产及服务模式的从业者，于2017年成立了青岛一粒粟农业科技有限公司，并出任总经理。

1. 在路上：用科技为农业植保插上翅膀

朱梅楠在大学毕业后，跟随中国农业大学的教授进行桑果药食同源研究。在黑龙江做项目时，朱梅楠看到了全程机械化为农业生产带来的巨大变革。金灿灿的小麦田中，很难再见到一位佝偻着身影的大叔举着镰刀缓缓而行，更多的是一台台联合收割机轰然而过，将沉甸甸的麦粒转化成农民丰收的喜悦。

就在那个时候，朱梅楠开始重新认识农民，也开始深入思考农业。微耕机、条播机、收割机，各种农业机械在农作物"耕""种""收"过程中大显身手。但在"管"的环节，人们还在依靠人力进行病虫害的防治工作。朱梅楠结合之前了解到的无人机方面的知识，萌生了通过无人机进行农业植保的想法。2017年，朱梅楠回到青岛与合作伙伴共同成立了青岛一粒粟农业科技有限公司，带领团队自主研发多旋翼电动植保无人机。由于当时国内种植户对于植保无人机的作用机理和作业效果都不甚了解，朱梅楠便和同事带着无人机逐个乡镇、逐个市区进行演示介绍。那时因为电机、电池无法航空快递，朱梅楠和团队曾经驱车1000多千米从青岛赶往内蒙古自治区进行飞行实验，也曾经因为人生地不熟，把车子开进了沙漠陷到沙坑里。团队的技术人员甚至在40多摄氏度的东北玉米地里中暑昏倒过。朱梅楠和他的年轻的团队经历了很多困难，也积累了宝贵的现场作业经验，这些经验在无人机后续的研发和生产中发挥了至关重要的作用。

2022年一粒粟农业科技有限公司新推出50千克大载重无人机，每日作业效率可突破1500亩。客户遍布山东、内蒙古、广西、四川等8个省份。其通过植保无人机为"绿色农业"的发展开创了一条新道路。

2．携手同行：以人为本，带头致富

随着无人机机具的成熟，朱梅楠感受到国内专业无人机飞行工作（俗称"飞手"）人员的欠缺，特别是农业植保领域。

于是，朱梅楠创造性地将植保无人机飞手培育与新型职业农民培训进行了结合，作为国家人社部认证的国家三级职业培训师，小朱在向农民进行现代植保作业培训的同时，开始向有兴趣、有能力的农民进行植保无人机方向的培训，内容涉及航空法律法规、植保无人机构造维修、作业原理和实际操作。公司成为国内首家将中国航空运动协会（ASFC）无人机驾驶员的认证与新型职业农民培训相结合的企业，累计输送国家认证农民飞手180余人。

朱梅楠现在还记得ASFC的考官看到他们带着农民兄弟来考证时的震惊，包括同考的其他学员，他们都没有想到无人机现在已经与农业产生了如此深入的关联，在了解到朱梅楠公司在做的事情后直接与公司签订了深层次的合作协议。

朱梅楠培训的年纪最大的无人机飞手已经60多岁。老大爷是村里的文书，写得一手好字，对新鲜事物也保持很开放的接受心态。在学习驾驶无人机的实操阶段，老大爷很快变成了培训班上的明星学员，不仅手稳心细，还积极跟其他学员交流，把他积累的种植知识、田间土配方都告知了其他学员，从学员变成了一名"教员"。

朱梅楠带领公司开创了以植保无人机为核心工具，以培养具备植保专业技能与知识的新型职业农民为工作重点的一粒粟农业服务模式。

一是针对种植者搭建服务体系。围绕着种植者，包括专业的种植大户、种植公司以及普通农户，建立了一套线上线下立体服务体系。以植保无人机替代传统人工进行农田植保，精准施药喷洒，实现人药分离，保障农民安全，创新性地开通了"0元购机"服务渠道，使农民通过完成公司指派的飞防作业置换购机费用，实现"零门槛"进入飞防植保行业。

二是建立成熟开放的线下服务体系。将多年打造成熟的线下服务体系开放给农村创业者，协助农村创业者利用植保无人机在家门口轻松创业，共同服务好种植者。原来需要由专业技术人员从事的飞防植保工作，在一粒粟农业服务模式中，由普通农户即可胜任，大幅地提升了植保效率、降低了成本，带动了农民就业。飞手日收入可达3000元，部分飞手已年收入在10万元以上。这帮助农民累计增收1000余万元。

3．再出发：建设平台，服务更多的中小种植户

随着植保无人机的推广，朱梅楠又发现了新的问题：无人机一天零单作业量在800亩左右，由于小地块的农田不值得无人机去单独服务，这让很多飞手干完大订单后找不到活儿去

干。反过来，因为不熟悉、无标准，农民不敢也没有途径去寻找飞机进行喷防。供需信息不通畅严重影响了无人机植保市场的发展。

于是，朱梅楠又带领公司先后投入近20万元用于研发无人机智慧农业服务系统，实现了无人机作业线上化、数据规模化，开启了"滴滴打药"新的植保服务模式。作为国内首个植保无人机服务的C2C平台，一粒粟无人机智慧农业服务系统以农民更容易接受的微信小程序作为入口。用户可以通过系统来发布信息寻找飞机验收作业；飞手也可以通过系统承接订单完成作业。最重要的是，平台通过农业植保作业区域的类同性，让飞手能自主规划接下多个相近时间的相近订单，能解决为中小种植户服务的难题。同时通过把零散的行为标准化、透明化，以此消除服务者与被服务者的隔阂。通过后台管理系统对人员、订单、机具、款项进行全面的监管，让用户不再害怕搭上"黑出租"，让飞手不再害怕要账难。如此，以无人机为核心的综合性农业科技服务平台初现规模。

2022年，公司加入政府东西协作的大框架。朱梅楠带领技术人员入驻甘肃省甘沟村，在村中吃住近半个月，向当地村委介绍了无人机作业系统、向100余名农民介绍了植保无人机，为中小种植户的田间管理带去了新工具和新思路。

智慧农业服务系统获得青岛市市长杯创新创业大赛乡村振兴专题赛冠军；获得2020年农业农村部组织的第四届全国农村创新创业项目创意大赛三等奖与网络人气奖；获得山东省农业农村厅农村创新创业大赛初创组冠军；获工信部创客中国无人机专项创新创业大赛优胜奖；获得青岛市"市长杯"小微企业创新大赛（胶州初赛）暨胶州市创新创业大赛二等奖。同时朱梅楠总结个人在农业领域创新创业的经历与经验，结合国际劳工组织认证课程，撰写农业SYB（Start Your Business，创办你的企业）创业十步法课程，并与青岛大学展开合作，为更多的大学生、创业者进行农业创新创业培训。

资料来源：青岛人社微信公众号。

13.3.2 案例分析与点评

该案例展示了一位年轻创业者在农业科技服务领域的奋斗历程。朱梅楠凭借对农业植保的热情和敏锐的市场洞察力，成立了青岛一粒粟农业科技有限公司，并自主研发多旋翼电动植保无人机。他带领团队经历了许多困难，积累了宝贵的现场作业经验，最终成功推出大载重无人机，客户遍布多个省份，为"绿色农业"的发展开创了一条新道路。

朱梅楠在职业培训方面也有独到之处，他创造性地将植保无人机飞手培育与新型职业农民培训相结合，使自己的公司成为国内首家将中国航空运动协会（ASFC）无人机驾驶员的认证与新型职业农民培训相结合的企业，累计输送国家认证农民飞手180余人。这种创新的培训模式有助于提高农民的技能水平和就业能力，带动了当地农村的发展。

朱梅楠在发现植保无人机服务市场的供需信息不畅通后，带领公司研发了无人机智慧农业服务系统，创立了国内首个提供植保无人机服务的C2C平台，从而实现了无人机作业线上化、数据规模化，开启了"滴滴打药"新的植保服务模式。C2C平台使得中小种植户能够更容易地找到植保服务，进一步提高了农业生产的效率和效益。

总之，朱梅楠是一位富有创新精神和实干精神的创业者，他在农业科技服务领域的探索和努力为当地农村的发展和农民的致富做出了重要贡献。他的成功经验和创新做法对其他创业者和相关行业都有一定的借鉴意义。

13.4 新农人张志远的"花式"创业

13.4.1 案例材料

粉嫩嫩、肉嘟嘟，这就是多肉，在"北上广"是都市白领竞相追捧的桌面萌宠。在石家庄市鹿泉区，一棚多肉满地金，成了张志远返乡创业的致富法宝。

"我们这个拼盆叫蓝孔雀，里面有十几个品种，售价在100多元。"2023年2月4日，村里的年味儿还没散去，张志远就跑到花棚里忙碌起来，随手端起一个花盆，向记者展示着自己设计的多肉盆景。

1989年出生的张志远，手掌宽厚略显粗糙，脸被晒成了小麦色，从他身上看不到年轻人的精致，只有淡淡的几分乡土味儿。

2014年，张志远从河北经贸大学毕业，在石家庄一家矿泉水企业做起了销售。那时多肉刚从韩国被引进，迅速在一线城市蹿红。一些稀有品种，甚至涨到了上千元一株的高价。

因为工作时间自由，张志远开始在网上帮人代购多肉。"一棵多肉根据品种不同，代购费是0.5元～1元。"本来是打算赚点零花钱，可一种叫"广寒宫"的多肉突然爆火，让小张的手机被两千多个订单"轰炸"了整整一夜。

一晚上挣了两千多元，相当于自己半个月的工资，张志远非常兴奋。"我是市场营销专业的，所有的创业都要先解决销售的问题。"多肉市场的供不应求，让他看到了一个机会：自己种，自己卖。

很快，张志远就辞职去了山东青州，在当时北方最大的多肉集散地，给当地一百多家花农做起了销售。每天带着全国各地的客商挨家挨户选品下单的同时，他还在当地租下一个花棚，根据客商的喜好种起了多肉。

"每次去农户的花棚里，他们问我哪种多肉卖得好，我就问他们这个多肉怎么种？就这样用市场信息换种植技术，一家学一点。"一年多的时间，张志远不仅积累了全国各地的客户资源，还把多肉的种植技术吃透了。

2016年，张志远回到老家，投资二十万元建起了自己的两个多肉大棚。"在山东租棚每年就花费四万多元，两年的租金就够建一个棚了。"回家创业降低了成本，但为了抢占高端市场，张志远开始大着胆子从韩国进货，"我们打十万元过去，人家给我们发来一堆箱子，就跟开盲盒一样，贵的、便宜的，什么品种都有，没有一点自主选择权"。

虽然风险不小，可他还是咬着牙，开了一批又一批的盲盒。因为只要买到一株稀缺品种，他就可以用一片叶子，培育出一大批种苗，卖成市场上的抢手货。

经过几年的发展，张志远已经建起了5个花棚，种植了产自世界各地的70多个品种、200多万株多肉，每年往山东、江苏、云南等各地发货100多万株，年收入五六十万元。不仅自己挣了钱，每年他还会雇佣十几名当地村民，村里的一些年轻人也有了种多肉创业的打算。

近年来，市场竞争加剧，大规模多肉种植基地在全国越来越多，多肉的价格也一路走低。面对市场的变化，张志远开始琢磨转型，增加普通多肉的附加值。"像这种小苗子，一棚能种50万株，现在我们把十几种搭配在一起，增加设计感，就把多肉变成了盆景，这就是市场观念的转变。"

创业多年，张志远一直在自己的花棚里忙碌，春节期间他难得参加了一次同学聚会。看着衣着鲜亮、在城市买房安家的同学们，张志远明显感觉到了自己与城市、与时尚生活的脱节。"但是我不后悔，他们在城里只是工作，我回来以后，还能给村里人一份稳定的工作，我是在干事业。"

资料来源：新浪财经。

13.4.2 案例分析与点评

每个成功的创业者，都有属于自己的特质。张志远有着在河北经贸大学市场营销专业的学科背景，以及在矿泉水这类快消品行业从事销售工作的经历，有着非常强的市场意识。

无论是从代购中发现市场，还是跑去山东边做销售，边考察市场，积累客户资源，张先生创业的每一步，都不是一时兴起。他始终坚持市场导向，先解决终端销售问题，再学习种植技术，最后才开始投资创业。这种反向操作的创业模式，不仅为他的创业之路扫清了障碍，提高了成功率，也能给正在踟蹰之中的创业者提供有益的借鉴。

总之，大学生返乡创业是一项充满挑战和机遇的事业。只有充分准备、勇于创新、积极应对各种挑战，才能在农村这片广阔天地中实现自己的梦想。

13.5 创业综合实训

本综合实训旨在通过实际操作，增强学生的创业体验，提升学生的团队协作、市场调查、产品设计、营销策略、财务管理等方面的能力。

13.5.1 实训内容及程序

实训开始前，由授课教师介绍本次综合实训的任务和要求，让学生明确实训目标。

1. 组建创业团队

学生自由组合，形成创业团队，团队成员应具备不同的技能和特长，分工合作，共同完成实训任务。

2. 实施市场调查

团队成员针对所选创业项目进行市场调查，分析市场需求、竞争情况、行业趋势等因素，为后续产品设计提供依据。

3. 进行产品设计

在市场调查的基础上，团队成员针对所选择的创业项目进行产品设计。在设计时要充分考虑产品的创新性、实用性、可持续性等因素，并分析产品的核心竞争力。

4. 制定营销策略

团队成员制定针对所选产品的营销策略，包括目标市场营销策略、营销组合策略等，力求实现产品的市场占有率和利润最大化。

5. 财务管理

团队成员学习基本的财务管理知识，掌握如何进行成本核算、资金管理、利润分配等操作，确保创业项目的财务状况良好。

6. 项目展示

团队成员将所完成的创业项目进行展示，阐述产品特点、营销策略、财务状况等方面内容，接受授课教师和其他同学的提问和评估。

7．总结反馈

团队成员对本次综合实训进行总结，反思自身的优点和不足，并撰写实训报告，同时接受授课教师的反馈和指导。

13.5.2 实训评价

1．授课教师评价

授课教师根据各团队在实训过程中的表现，从团队协作、市场调查、产品设计、营销策略、财务管理等方面进行总体评价。

2．团队成员自评

每一位参加实训的同学均要根据自己在本次综合实训中的表现进行自我评价。

综合以上评价结果，授课教师对表现优秀的团队和个人进行表彰和奖励，鼓励更多的学生参与创业实践活动。

本章习题

简答与论述题

1．影响创业成功的关键因素有哪些？如何提升创业的成功率？

2．通过对本章创业案例的学习，你受到哪些启发？

参考文献

[1] 巴林杰，爱尔兰. 创业管理：成功创建新企业. 5版. 薛纪志，等译. 北京：机械工业出版社，2017.

[2] 陈冠声. 持续赢利商业模式：移动互联网时代下的商业赢利突围法则. 北京：中国财富出版社，2016.

[3] 李时椿. 创新与创业管理：理论、实践、技能. 5版. 南京：南京大学出版社，2017.

[4] 李莉. 创业基础实训教程. 2版. 北京：北京理工大学出版社，2021.

[5] 谢鸿憬. 大学生创业管理，北京：中国人民大学出版社，2021.

[6] 邓文达，罗旭，刘寒春. 大学生创新创业. 北京：人民邮电出版社，2019.

[7] 刘志阳，李斌，任荣伟，等. 创业管理. 上海：上海财经大学出版社，2016.

[8] 张玉利，薛红志，陈寒松，等. 创业管理. 5版. 北京：机械工业出版社，2020.

[9] 刘平，李坚，王启业. 创业学理论与实践. 北京：清华大学出版社，2009.

[10] 艾森曼. 哈佛创业管理课. 钟莉婷，译. 北京：中信出版社，2022.

[11] 李东进，秦勇. 企业管理学. 北京：人民邮电出版社，2020.

[12] 李东进，秦勇. 市场营销：理论、工具与方法. 2版. 北京：人民邮电出版社，2021.

[13] 姚飞. 大学生创业管理基础. 北京：人民邮电出版社，2021.

[14] 张秀娥. 创业管理. 北京：清华大学出版社，2017.

[15] 付永生，何鹏. 大学生创新创业基础，北京：北京理工大学出版社，2017.